我在硅谷管芯片：
芯片产品线经理生存指南

俞志宏　编著

清华大学出版社
北京

内 容 简 介

本书详细介绍了如何在芯片公司做好产品管理和市场营销,着重讲述了在芯片产业中产品管理者的各方面工作,总结了全球成功的芯片公司的产品开发管理和市场营销较为普遍的运作规律和方法,包括其产品规划、开发流程、组织管理、营销实践等环节。

从产品规划方面,介绍了作为芯片的管理者,芯片产品线经理应该如何分析市场、制订产品方向、制订商业计划;从开发流程方面,描述了如何开始研发、管理项目,到最后量产的各种细节;从组织管理方面,详述了产品和市场组织的合理结构,内部各部门运作的关系,产品线与销售、代理商等外部组织的关系;从营销实践方面,介绍了芯片的推广、定价、谈判和销售策略,以及如何支持和最终赢得客户。

本书的读者可以是芯片产业的任意人士,不限于销售、工程师、财务、法务等人员;对于想参与芯片市场和芯片产品管理的人更有借鉴意义。同时,本书适用于芯片公司的客户,他们可更深入地了解如何与芯片公司合作共赢,以及如何与芯片公司合作来达成自己的目标。对芯片领域感兴趣的投资人和媒体人也可参考本书。本书同样适合对芯片产业感兴趣的本科生和研究生作为学习读物。

本书封面贴有清华大学出版社防伪标签,无标签者不得销售。

版权所有,侵权必究。举报: 010-62782989, beiqinquan@tup.tsinghua.edu.cn。

图书在版编目(CIP)数据

我在硅谷管芯片: 芯片产品线经理生存指南 / 俞志宏编著 . —北京: 清华大学出版社,2021.5(2024.10重印)
 ISBN 978-7-302-58049-2

Ⅰ.①我… Ⅱ.①俞… Ⅲ.①芯片-电子工业-工业企业管理 Ⅳ.① F407.63

中国版本图书馆 CIP 数据核字 (2021) 第 079016 号

责任编辑: 杨迪娜 薛 阳
封面设计: 杨玉兰
责任校对: 郝美丽
责任印制: 沈 露

出版发行: 清华大学出版社
网　　址: https://www.tup.com.cn, https://www.wqxuetang.com
地　　址: 北京清华大学学研大厦 A 座　　邮　编: 100084
社 总 机: 010-83470000　　邮　购: 010-62786544
投稿与读者服务: 010-62776969, c-service@tup.tsinghua.edu.cn
质 量 反 馈: 010-62772015, zhiliang@tup.tsinghua.edu.cn

印 装 者: 涿州市般润文化传播有限公司
经　　销: 全国新华书店
开　　本: 170mm×240mm　　印　张: 18.25　　字　数: 308 千字
版　　次: 2021 年 6 月第 1 版　　印　次: 2024 年 10 月第 9 次印刷
定　　价: 79.00 元

产品编号: 091660-01

赞 誉

可能许多从业者还不是很清楚，产品线经理是半导体芯片设计公司最核心的岗位之一。一名优秀的产品线经理，往往会带领这家公司事半功倍地快速发展。

俞志宏先生与我认识多年，是很好的朋友，也有很多的交流。就如何成为一名优秀的产品线经理，俞先生有着丰富的理论基础和实践经验。

本书是我认为到目前为止对产品线经理这个岗位描述得最清楚的一本书。读者可以清楚地了解到，作为一名优秀的产品线经理应该是一名全才、必须要从产品规划、产品设计，最后到产品销售的每个环节都有一定的知识储备和决策能力。

本书通俗易懂，具有很强的可读性，同时也是一本很详细的工作手册。如果您是年轻的芯片行业从业人员，带着梦想，希望在半导体行业有一番作为，那么不论您目前的工作内容是什么，这本书都会使您对芯片的管理有更全面的了解，少走很多职场和工作上的弯路，踩着前辈的脚印，路会越走越远。

深圳市泰德半导体有限公司总经理　孙洪涛

全书以"营"和"销"为主轴，系统性地讲述了芯片公司产品路线规划、项目和团队管理、市场推广策略、客户的选择和经营等核心内容。随着中国半导体的蓬勃发展，本书可为芯片初创公司中高阶管理层提供较为实用而有效的指导。

这是俞志宏先生倾其所学在硅谷半导体行业从业经验的回顾和分享。同为芯片行业的从业人员，如书中所写"Stay hungry，Stay foolish，Stay impatient"是我们共同的人生信条。

纳微半导体副总裁，中国区总经理　查莹杰

集成电路是高度分工的协作型产业，如何根据市场需求将概念转化为最终热卖的芯片产品，离不开一类可以称得上"点石成金"的人，那就是芯片产品线经理。作者将自身多年的实战经验精心写入本书，推荐您和我一起阅读，理解芯片产品管理从战略到战术的奥秘。

摩尔精英董事长兼CEO　张竞扬

志宏是我认识多年的挚友，他从上海启航，在硅谷芯片行业摸爬滚打十余年，是芯片产品管理的专家。这本书凝结了他全球化的视野和对行业思考的智慧，把芯片行业营销管理的美妙风景尽收眼底。这本书是一个能够深入了解芯片行业的"百宝箱"，也是一份清晰的职业说明书，无论您是否身处这个行业，都能从中得到收获。

上海源悦汽车电子股份有限公司创始人　张鹏程

中国芯片公司将从仿制进口芯片逐步转为自己定义芯片、开发芯片和推广芯片，芯片产品线经理将会承担以上工作，是一个非常重要的角色。而在中国的外资企业，研发有很多放在国内，但是芯片产品线经理的职位极少放在国内。在中国，芯片产品线经理是比芯片研发人员还要稀缺的人才。俞先生在美国领先的芯片公司担任技术市场和产品线管理工作，他的经验和方法一定可以帮助到中国很多芯片公司的产品线管理者。

上海晶丰明源半导体股份有限公司创始人&董事长&CEO　胡黎强

中国芯片设计业公司第一紧缺的人才、第一重要的人才，就是芯片产品线管理人才。

IC咖啡创始人，芯汇投资创始人　胡运旺

本书是我迄今为止看到的较完整、较详尽论述芯片产业中不同岗位的职责和所需要的专业素养的好书,也是一本培育有志在芯片行业有一番作为的从业人员难得的高度专业的学习素材。本人和作者一样,从机械专业跨越到半导体专业,从研发岗位到FA管理,再到市场和销售,以及芯片产品线管理岗位,本书的思维角度和深度,依然值得我学习!

融创芯城创始人兼CEO 陈阳新

自 序

我一直想动笔写一本关于在半导体芯片产业做产品管理和市场营销的书，在此之前，我上过斯坦福商学院的课，也读过不少关于产品和市场的理论，这些理论是普适性的而且适用范围比较宽泛，对于芯片这样需要专业知识和实际经验的行业，很难真正切实应用。市场上几乎没有出版过基于实践的图书来指点芯片产业的从业人士如何理解和参与芯片的产品管理和市场营销，也许本书可以满足读者这方面的需求。

在中国因为贸易摩擦、芯片技术被掣肘的大环境下，各界对芯片产业的投资远超过往，各种技术书籍也是汗牛充栋。但是发展芯片并非是要追求屠龙之技。作为一大类商业产品，任何芯片都需要通过完善定义，成功设计和生产，胜过竞争对手，最终销售给客户而赚取利润，而本书就是着重于芯片的产品管理、团队管理、流程管理、营销等方面。我是基于客居美国、管理芯片而销售到全球市场的角度来写本书的。虽然芯片产业的侧重发展方向和电子工业整体的布局在世界各地有所不同，但是芯片产业在产品管理和营销方面的共同点要远大于地域造成的区别，而且部分国产芯片公司也逐渐有出海销售的计划，因此我们了解世界上较为普遍的芯片产业运作方法和规律还是很有意义的。

发展芯片是我们的长远目标，虽然研发非常重要，但是如果没有明确目标市场，没有指定方向的创新，没有制定与竞争对手的差异化目标，没有导向长期稳固发展的策略，就可能造成方向性错误的投资，或者故步自封无法跟上形势，或者随着客户的一点儿模糊反馈就盲目响应，或者陷入和对手的恶性价格战。这些市场和公司产品的导向，涉及大量具体信息的汇总和扩散，而芯片公司的所有职能岗位，包括产品线经理、研发工程师、应用工程师、销售、外宣、采购等，都应该具有做产品和市场的意识。芯片营销是一场以高科技为武器，无数从业人员参与的文明的战役，为了得到更多的市场份额，需要全公司人员一起参与到营销的过程中。

本书提到我从中国到美国，从做工程师到开始管理芯片的一段经历。书中的主要内容是作为芯片产业的产品线经理，观察和总结芯片产业产品管理和市场营销较为普遍的工作流程，包括战略规划、营销实践、与公司各部门运作之关联，以及如何赢得芯片生意的见解。还分享了对于世界芯片市场一些简略的介绍，国产芯片如何突围的想法，以及一些在芯片行业职业规划的建议。

希望本书帮助读者理解芯片产品线经理决策的原因和过程，也提供合适的工具来对产品决策做出质疑和建议。本书的读者可以是任何芯片产业的业内人士，不论是销售、工程师、财务、法务等，都应该了解他的贡献是如何使公司达到其财务目标的，也应该了解基本的芯片市场营销的理论和实践操作——公司的产品是怎样从只存在于黑板上到最终得以销售的。本书也适合芯片公司的客户，可以使您了解到如何与芯片公司合作以达成共赢。本书同样适合有兴趣了解芯片产业的人，包括行业分析师、投资人、媒体人士。

本书假设读者在阅读之前对芯片和电子工业的运作已经有一定的认识，因此并未讲述关于芯片的介绍、产业链、产业现状等基础知识，以免卷帙浩繁，耽误较专业读者的时间，如果部分读者对某些术语感到陌生，这里可能要先行道歉，书末会介绍一些有价值的资料来源供读者进一步参考。

本书包括的所有内容、图片，全部出于原创。所列举的图书和参考文献只为旁证和参考，如需要引用之处，已经在正文中指出。任何关于公司和行业的评论，以及信息也全部基于网络公开资料。

我离国已久，中文表达可能有所不当。此外，我具有的芯片产业的知识几乎全靠在国外的工作中自学，先接触的英语，而很多术语或许有更加适合的中文表达，所以在部分重要词汇上同时标注了中文和英文，以供读者参照。有不便之处，望海涵。

虽然资历浅薄，仍然野人献曝，我希望和读者们分享自己成长、学习阶段的回顾和整理。如果读者掩卷后有所触动，有点儿共鸣，有些收获，我就比较欣慰了。

如有兴趣建言或联系作者，作者同时运营微信公众号"硅谷硅事"，欢迎关注和留言。

成书之际，感谢深圳市泰德半导体有限公司的总经理，也是上海交通大学的师兄孙洪涛先生，没有他的支持鼓励，作者未必有决心坚持到出书。还要感谢我的父母和太太，他们在疫情之下，帮我分担了很多家事，使得本书可以顺利出版。最后，感谢清华大学出版社的策划编辑杨迪娜女士，她对本书提出了许多宝贵意见，不止是为了本书，对作者的平时工作都有所帮助。

因为疫情已经很久没有回国了，怀念每次回国出差都能见到惺惺相惜的朋友和同事，以及热火朝天的各类会议。写一首咏怀诗相赠读者，勉强凑韵：

昔年怀远志，过海赴异乡；
负笈十五年，志存岁已追；
凤凰来我栖，儿女共相偎；
万尺起新屋，三处植芳菲；
苹花开且落，山间隐翠微；
羁望念故里，春来伴我归；
草长人行缓，花繁鸟归未；
薄暮停车下，馀花映晚晖。

俞志宏
2020年12月于美国硅谷

目 录

第1章　引子：从中国到美国 ································· 1
  1.1　在上海——未识芯片 ····································· 1
  1.2　渡洋求学——从机械到电子 ······························· 3
  1.3　在芝加哥——学做工程师 ································· 4
  1.4　在洛杉矶——结缘电动汽车 ······························· 5
  1.5　从洛杉矶到硅谷——结缘芯片 ····························· 7

第2章　芯片产业的产品线经理是怎么回事 ······················ 9
  2.1　芯片产品线经理的职责解析 ······························· 9
  2.2　芯片的市场战略初探 ··································· 17
    2.2.1　芯片产品线核心战略观 ····························· 18
    2.2.2　目标市场的划分 ··································· 21
    2.2.3　目标市场的分析 ··································· 24
    2.2.4　针对细分市场而有所为 ····························· 29
    2.2.5　研发合适的芯片来销售到该细分市场 ················· 35
  2.3　芯片产品路线的规划和平台设计 ·························· 38
    2.3.1　为何需要芯片产品路线 ····························· 38

2.3.2 芯片产品路线需要沟通和支持 ··············· 41
　　2.3.3 芯片产品的平台战略 ··············· 43
　　2.3.4 芯片平台战略中对芯片工艺的选择判断 ··············· 45
　　2.3.5 做芯片产品路线图的准备工作 ··············· 47
　　2.3.6 做芯片产品路线图中需要考虑的问题 ··············· 48
　　2.3.7 芯片产品路线图举例：无锡芯朋微 ··············· 51
　　2.3.8 芯片产品路线图的后期修改 ··············· 54
2.4 如何做一份无懈可击的商业计划书 ··············· 55
　　2.4.1 何谓商业计划书 ··············· 55
　　2.4.2 商业计划书全解析 ··············· 59
2.5 项目管理 ··············· 71
　　2.5.1 芯片项目从计划到量产的整体开发流程 ··············· 73
　　2.5.2 项目周会 ··············· 74
　　2.5.3 不断降低成本 ··············· 77
　　2.5.4 高风险项目管理 ··············· 78
　　2.5.5 项目的暂停和终止 ··············· 79
2.6 产品市场部门的构成 ··············· 80
　　2.6.1 纵向和横向的市场组织 ··············· 81
　　2.6.2 寻找最合适的产品/市场人才 ··············· 84
　　2.6.3 试论商务拓展经理 ··············· 85
　　2.6.4 试论战略市场经理 ··············· 86
　　2.6.5 试论技术市场经理 ··············· 87
　　2.6.6 试论内部产品应用团队 ··············· 87
　　2.6.7 试论战术市场经理 ··············· 89
2.7 产品推广的全方位战术 ··············· 90
　　2.7.1 客户支持需要 ··············· 92
　　2.7.2 市场宣传的需要 ··············· 94
　　2.7.3 按重要性区分的推广方式 ··············· 98
2.8 销售和产品线的季度业务审查 ··············· 99
　　2.8.1 成长良好的产品线QBR重点 ··············· 101
　　2.8.2 需要扭转势头的产品线QBR重点 ··············· 104

第3章 芯片产品线经理的人事管理 ········· 106

- 3.1 如何向上管理领导 ········· 107
- 3.2 如何向下管理芯片产品和市场团队 ········· 112
- 3.3 如何平行管理芯片工程师团队 ········· 120
- 3.4 产品线经理与芯片销售 ········· 125
  - 3.4.1 销售团队的兴趣 ········· 125
  - 3.4.2 如何支持销售 ········· 129
  - 3.4.3 客户谈判 ········· 131
  - 3.4.4 基于采购量的价格 ········· 133
  - 3.4.5 面向销售的培训 ········· 134
  - 3.4.6 销售季度业务审查 ········· 135
- 3.5 产品线经理与现场工程师 ········· 139
  - 3.5.1 FAE的5种分类 ········· 141
  - 3.5.2 FAE的9种责任 ········· 144
  - 3.5.3 与FAE的产品培训 ········· 149
- 3.6 产品线经理与芯片代理商 ········· 149
  - 3.6.1 芯片代理商的分类 ········· 150
  - 3.6.2 原厂如何配合好代理商 ········· 151
  - 3.6.3 代理商如何更好地配合原厂和彰显自己的价值 ········· 158
- 3.7 产品线经理如何寻求资源和请求帮助 ········· 161
  - 3.7.1 寻求公司内部的帮助 ········· 162
  - 3.7.2 寻求公司外部的帮助 ········· 163
  - 3.7.3 市场营销的训练项目 ········· 164

第4章 赢得芯片客户的艺术 ········· 166

- 4.1 我们为什么要见客户 ········· 166
- 4.2 客户为什么要见我们 ········· 170
- 4.3 芯片销售的原理和赢得生意的6个阶段 ········· 173
  - 4.3.1 发掘客户 ········· 173
  - 4.3.2 验证机会 ········· 175

                4.3.3 回到产品线 ·· 176
                4.3.4 赢得设计 ·· 177
                4.3.5 保持客户 ·· 182
                4.3.6 失败以后 ·· 184
        4.4 芯片公司如何选择目标客户 ·· 185
                4.4.1 选择最佳的目标客户 ·· 186
                4.4.2 发掘目标客户所重视的价值 ·································· 187
                4.4.3 分配资源来实现这些价值 ···································· 188
                4.4.4 与客户的互动过程 ··· 188
                4.4.5 什么样的客户可以算是好客户 ································ 189
        4.5 打造高效客户访问 ··· 191
        4.6 乔布斯演讲的艺术如何用于介绍芯片 ······································ 196
                4.6.1 回答那个最关键的问题 ······································· 197
                4.6.2 演讲标题 ·· 198
                4.6.3 对产品的热情 ·· 199
                4.6.4 三条核心信息 ·· 199
                4.6.5 寻找需要解决的问题 ··· 200
                4.6.6 让观众能够关注 ·· 200
                4.6.7 少用纯文字，使用其他媒体 ·································· 201
                4.6.8 让数字变得更有趣 ··· 203
                4.6.9 分享舞台 ·· 203
        4.7 芯片定价的艺术 ··· 204
                4.7.1 因客户而异的定价 ··· 205
                4.7.2 捆绑式定价 ·· 206
                4.7.3 动态定价 ·· 206
                4.7.4 竞争定价 ·· 208
                4.7.5 在缺货时的定价 ·· 210
        4.8 客户谈判的艺术 ··· 211
                4.8.1 价格谈判的一些常见误区 ····································· 213
                4.8.2 销售如何说服产品线提供较低的报价 ························· 214

4.8.3 销售和FAE如何说服客户接受较高的价格 ············ 215
4.8.4 附属话题：TQRDC的供应商选择体系 ············ 217
4.9 客户支持的迷思 ············ 218

第5章　放眼看世界 ············ 221

5.1 海外的芯片地域市场概览 ············ 222
　　5.1.1 美洲市场 ············ 222
　　5.1.2 欧洲市场 ············ 225
　　5.1.3 日本市场 ············ 226
　　5.1.4 韩国市场 ············ 227
　　5.1.5 新加坡和印度市场 ············ 228
5.2 访问中国芯片客户的故事 ············ 229
5.3 国产芯片突围的一些想法 ············ 234
5.4 国产芯片公司的出海之思考 ············ 243
　　5.4.1 为何需要出海 ············ 243
　　5.4.2 出海销售之思考 ············ 246

第6章　如何在芯片行业成为合格的产品和市场人员 ············ 249

6.1 给有兴趣在芯片行业做产品管理的朋友们一些建议 ············ 249
6.2 从其他背景转行到芯片产业 ············ 252
　　6.2.1 从工程师到产品市场经理 ············ 252
　　6.2.2 从销售到产品/市场 ············ 253
　　6.2.3 转到产品市场方向是一条不归路 ············ 253
　　6.2.4 做产品/市场经理的条件 ············ 254
6.3 产品线经理的自身修行 ············ 256
　　6.3.1 培养良好的营销习惯 ············ 257
　　6.3.2 建立营销的思维 ············ 260
　　6.3.3 理解产品线经理个人成功的因素 ············ 262
　　6.3.4 在路上 ············ 263

6.3.5　产品线经理的16条自问 ··· 264

6.4　推荐一些有价值的书和网站 ··· 268

全书总结 ·· 271

附录A　书中部分英文缩写关键词索引 ··· 273

附录B　书中部分英文芯片公司名索引 ·· 275

第 1 章
引子：从中国到美国

这一章首先简单介绍我个人的经历，包括从求学到工作，从工程师到芯片管理，以及中间的曲折过程。读者如果只对产品和市场管理感兴趣，请直接跳至第2章。

1.1 在上海——未识芯片

我成长在上海徐汇区一条名叫天平路的街道上的弄堂房子里，中学时考进了离家很近的南洋模范中学。大学时，我考进了上海交通大学机械动力学院下属的热能动力系，这个系是国内著名工科专业，历史悠久，建校不久就存在了。学生毕业后就业的几个主要方向是：汽车、制冷、热能、叶轮机械、航空航天。我毕业时本来应该去做发动机，却完全没有想到，自己以后居然会走上芯片管理这条道路。当年的同学现在有的在航天部门为火箭发动机贡献力量，有的博士毕业在做中国自己的燃气轮机研究，我们专业当年并不是最热门，在可预见的将来也很难和"最有钱途"挂钩，不过确实成为培养中国最为基础的理工力量的源泉之一。全国开设商学院的大学如恒河沙数，但是能开设热能动力系的实在是寥寥无几。对上海交大的感情，可以用SpaceX回收火箭平台上印的字"Of course I still love you"来形容。

大四时，我在上海大众的发动机工程科实习了几个月。当时发动机科的主管是某著名工程高校的博士，业界经验丰富，能力极强。他发现我做机械的活不怕脏不怕累，可以和工人们一起出力做事，所以很喜欢我，去哪里都带着我这个最小的兵，没有多久就带我去参加某些重要会议。

实习之前我跟着几个朋友一起准备考过了托福和GRE，结果大四快结束时拿到一个在美国读硕士全额奖学金的名额。取舍良久，觉得可以出去见识见识，虽然当时已经和大众签了毕业后的正式工作合同，但还是忍痛放弃了。

和主管告别的时候他表示很遗憾，我也很不舍这第一位工作导师。不过当时我在工作时，注意到连发动机油底壳上很小的一个设计变动，也要报请德国总部批准，中方的权限较低，因此觉得可以出去闯闯看看。后来多年过去，作为芯片公司的代表回国出差时，发现海外的车厂和电子厂都在国内开展设计中心，甚至最严苛的汽车电子公司如博世（Bosch）、大陆（Continental）等也相信中方的技术实力，把大量全球范围的设计项目直接交到国内来做，而不像以前中方只负责国产化。另一方面就是大量中方研发人员的工资已经涨至国外同等水平。这几年国内一些车厂工程师的水平并不在特斯拉的工程师之下，因为他们做过的项目多，能力见识还更加丰富，这也是国人可以通过制造来反哺研发，使国家技术崛起的表现。当年以市场换技术的战略，还是收到了很大的成效，这一代工程师的能力毕竟在工作中建立起来了。

题外话，上海大众建在郊区安亭，房价当时还非常低。同年进去的新工程师的标配是家里出点儿钱在当地买房，再用公司优惠价买辆小车。我如果留在大众，现在大概率是某个工程领导，早早结婚生子，逐渐换大一点儿的房子，生活无忧。不过人生是一程旅途，最后终点站大家都要下车，关键还是体会沿路的风景，所以出国很多年，即使后来有在暴风雪中翻车喊救援，在危险的黑人区提着两个大箱子坐公交车，在实验室夜晚一个人加班遇到地震引发的短路爆炸等的经历，除了后来至亲过世而没能及时奔丧的那段时间，我并没有后悔出国的选择。出国前我家境尚可，工作稳定，心态是比较闲散、缺乏追求的。出国以后，为环境所迫，所谓"箭在弦上，不得不发"，就不得不对自己更有要求。正如国人有很多"沪漂""京漂""深漂"一样，在老家日子可以过得很舒适，但是对自己不满足，想在有限的人生里奋斗一下，无数这样不满足的人成就了今天崛起的中国。

1.2 渡洋求学——从机械到电子

2005年年中，我第一次坐飞机，飞到芝加哥，口袋里是家人给我的三千美元（这笔钱后来变成我第一辆二手车）。我被安排住在一个印度人很多的旧楼里，楼里遍布咖喱气味，墙上各种可疑的痕迹，地板吱吱嘎嘎作响，楼梯上铺的地毯已经难辨原来的颜色，感觉是到了第三世界国家。前人留给我一个旧床垫用来睡觉，美国大部分地方没有车就等于没有脚，没有办法去买桌椅，就把门板拿下来叠在床垫上当桌子。不过十几年以前不管是有奖学金还是自费的学生，在那里的日子基本都过得差不多，年轻时觉得一切都新鲜，也根本不以为苦。

如前所述，我之前的本科是读热能与动力工程专业的，这时的研究方向是关于电动汽车、控制论和电力电子的。我后来把机电传动和控制论结合起来，写了一篇期刊论文和一份专利。这份专利的由来起源于当时要做的毕业论文——电动汽车多重混合动力的控制问题，我感觉这个问题的解决需要新的数学工具，于是去咨询本科时数学最强的L同学（该同学现在在美国东岸某大学做机械和动力系教授），L同学是我的指路明灯，告诉我应该去看优化控制方面的书，我于是去图书馆借了如俄罗斯数学家庞特里亚金、美国人贝尔曼等的书，基础不够也硬啃，夜以继日地写程序、搞仿真，当时简直是魔怔了，后来居然把这个题目做成了，根据这个解决方案而写成的硕士论文有200页，答辩时几个教授都感叹说，其实博士论文也够了。

2006年研究生第二年的暑假，我到飞利浦照明电子公司进行硬件工程师实习，刚学会开车就要单程开2小时上班。开始上班不久，某工程师给我一块印刷电路板和元器件叫我全部焊好给他，可怜我本科时并没有学过电子系的基础实验课，研究生都在读数学和写程序，完全不知道怎么焊电路。然而，我不能说我不会，于是偷偷地跑到其他人的背后去看别人怎么做，后来也慢慢学会所有的实验操作了。

此后的十几年，我有无数次自己在某些领域从全无经验到堪称懂行的学习经历，有时各种会议中其他工程师讲到某个名词而自己不熟悉，就开完会赶快去查找，各种技术的书买了不知多少，以至于搬家工人都抱怨。因为并非科班出身，自己大多数的知识只能靠在工作中接触、晚上回家学习和在实验室加班而得来。其实没有比在实践中学习更好的办法了，纸上得来终觉浅，现在我在中国的商务拓展经理要招下属，我叮嘱对方，尽量去找具体看过示波器波形、焊接过电路的人，不能理解客户工程师的实际工作，也就做不好芯片的营销工作。

毕业时是冬天，有一次去学校北边的某公司面试，要在狭长蜿蜒的乡间公路上开很久的车。那天正好遇到暴风雪的天气，我很早就出发，开得非常非常慢，结果在一个弯角，正好狂风袭来，把我连人带车从右车道吹到左车道，然后直接吹了下去。还好是个大斜坡，车子下去了并没有完全翻掉，我那时候从车里爬出来，第一反应是打电话给公司面试官，说抱歉今天大概是来不了了。然后再打电话给保险公司叫拖车。坐在拖车上回家，看到一路的路沟里躺着很多车。

1.3 在芝加哥——学做工程师

硕士毕业时面临选择读博士还是直接工作的问题。当时也拿了几家名校的博士生聘书。有熟悉的教授建议，如果想要读博士，其实可以先工作两三年，获得一些工业界的感性认识，于是同时我也找了工业界的工作。当时还算顺利地找到第一份工作，毕业后就选择正式在芝加哥附近开始上班。我工作的这第一家公司叫 Control Solutions，是一个挺小的工程咨询公司，专门帮各种客户公司设计客户自己力所不及的产品。其客户包括很早期的特斯拉，美国最大的医疗仪器集团等。公司虽小，但是电源、电机控制、嵌入式设计、机械设计、定制软件等都能做，甚至还能自己设计电机控制的 ASIC 芯片来自己用。公司的资深工程师都是从软件到硬件能独挑大梁、无所不能的厉害人物，从技术到为人处世都让我受益匪浅，其中有几位怀念的师友，在我的公众号"硅谷硅事"中有所记录。在十几年前，在这家公司我协助和主持做了不少项目，获得了各种技术能力的历练，倒是胜于读博士了。当时设计的几个项目还历历在目：

（1）救护车上的无线充电器。当时公司的某医疗仪器客户有一类产品是救护车用的电动液压担架，需要充电，但是救护车里因为血液和其他液体污染，不容易做传统的插入充电，因此委托我们来设计解决方案。当时我和一位老先生参考各种前人的专利和论文，最后成功量产。

（2）水下运动中心。一健身器材客户希望设计一套运用水流来调养身体的系统，涉及人机交互、电机控制等多方面协作。我和另一位软件工程师共同完成。

（3）特斯拉的充电头设计。2008年时特斯拉还默默无闻，当时市场部的领导接到对方需要设计和制造充电头的订单，后我与机械工程师共同完成。

（4）电动轮椅防撞设计。某客户是电动轮椅制造商，希望给轮椅加上在繁忙场合可以自动避障的功能，我给轮椅加上一堆传感器，很快完成。

类似这样的项目还有一些，我至今认为，如果是技术卓越、人员强干的中小公司，其实更适合比较上进的毕业生来迅速提高自己的技术实力（例如学会游泳最快的办法，也许是把人丢到游泳池里；提高技术最快的办法，也许是丢一个大任务下去限时独立完成）。我曾经与朋友讨论，彼此都见过一些从苹果等大公司出来面试的人，虽然背景很好，但是在大公司螺丝钉做得太久，其专业知识和实践很少，有时只能做项目上一个很小的环节，未必对以后的职场生涯有利。

我后来因为工作调动，搬家到加州的洛杉矶。

1.4 在洛杉矶——结缘电动汽车

20世纪80～90年代，洛杉矶曾经是现代电动汽车的发源地。通用汽车从前在这里有几百人的研发中心，制造了第一款现代意义上的电动车——EV1。这款车当时粉丝极多，在数十年以后，还有很多人认为EV1是一款真正的好车。但是EV1并没有像现在的特斯拉一样获得极大的商业成功，后来全线被迫停产。有部著名的纪录片叫"Who Killed the Electric Car？"，列举了停产背后的一些深层原因，包括电池技术限制、石油公司对白宫的影响等。通用汽车自己的公关解释说，主要还是供应链不成熟。我想其实电动车当时没能做起来，当然是多重因素的综合，只能说公司和业务的兴衰，和出现的时机的关系太大了。

南加州不仅有好莱坞和阳光海滩，而且集中了很多高科技的公司——美国几大军火商在这里都有分部，包括西边较靠海的波音、洛克希德马丁、雷神、通用动力等，也有南边的高通、博通等大型芯片公司。通用汽车EV1项目最早使用了AeroVironment开发的部分技术，雇佣的很多高手是休斯飞机公司的工程师，后来这些人离开了EV1项目后开了一些电动汽车的初创公司，包括US Hybrid、AC Propulsion等。其中，AC Propulsion的技术，直接造就了特斯拉第一代Roadster跑车，也奠定了Model S的基础。

美国的电子业，比起中国要多两到三代人的技术传承。20世纪60年代休斯→

20世纪80年代通用→20世纪90年代AC Propulsion→2000年后的特斯拉只是其中的传承链条之一。现在中国缺乏的高端芯片、工程软件、工程设备等，无一不是欧美经过了不止一代人长期试错的过程才形成技术的垄断，中方即使能够得到技术的授权或者收购兼并公司，仍然需要一个消化吸收的过程，这里几乎没有捷径，无法避免。不过只要假以时日，我国还是可以打破大部分的技术瓶颈。很多软件和硬件的应用，发展到后来，会有一个最终受制于物理定律的发展限制，只要我们不断追赶，大部分技术的差距只会越来越小。

我和电动车的结缘是因加盟了美国另外一支发展电动车的力量——Enova Systems，这家公司的前身成立于1976年，当时的名称是US Electric Car（美国电动车），从这个名字可以知道这家公司在业界的资格之老。在我2010年加入该公司时，这个公司只有不到50个人，但是可以做所有类型的电动汽车，包括纯电动、插电式、串联混动、并联混动，后来还能做燃料电池车。而且除了电池和电机以外，所有的机电系统都是自己研发的，包括电驱动、充电、仪表、整车控制、线束、整车集成。我面试的时候简直被惊呆了，觉得这是一定要来学习的地方。

现在的车厂，如特斯拉、蔚来等，有几千人的研发团队，当然有大量能力极强的人，而Enova当年只有不到50个雇员，其中不到10个人是研发工程师，也能做整车设计，其主要是因为有传承，而特斯拉和蔚来主要是从无到有去做。Enova几十年以来很多的系统设计、算法、供应链等已经配齐，沿袭了大量的Know-How，因此可以集中力量做几个关键的部分，其余可以沿用以往的设计。Know-How一词很难翻译，可以说是技能知识，但是又含有知其然而不知其所以然的意思。这些Know-How其实至为宝贵，很多时候Know-How因为需要保密，是不会去申请专利和写论文的，我国在芯片制造方面被掣肘，相当程度是因为各方面的Know-How不足。

在人手很少、资金不够的情况下，当时公司没有办法去做乘用车的平台，于是主要精力放在给传统卡车和客车厂定制和改装电动卡车和电动客车。这些厂商一般没有太多研发能力，而且卡车和客车的空间足够，设计起来比较灵活，对价格不像乘用车那么敏感，因此是Enova这样只能做小批量的厂商比较合适的选择。

在Enova的时候，我一个人做充电系统的再设计，要做一个在电动客车和校车上适用的10kW充电器，花了不少心血，度过了很多不眠之夜。领导常说这种大功率高电压的设计，不要一个人半夜加班，否则出事无人救你，可想我当时加班之勤。我设计的充电器后来通过了几乎一切内部测试，然而Enova在2011年经济危机中因资金链断裂申请破产保护，最终来不及等到传说中的2000辆车的大订单，死于大发展的前夜。在破产之前，公司裁撤了除了研发工程师以外所有的人员，甚至连饮用水都取消，只为留一线东山再起的生机。

2013年，特斯拉量产Model S电动车。

2020年，电动卡车初创公司Rivian获得福特5亿美元的投资。同年，电动卡车上市公司Nikola传出技术造假传闻。

如果可以拟人化，Enova真是悲剧里的英雄。

在Enova破产保护之前，我得以及时退出，来到我人生第一家芯片公司International Rectifier（国际整流器公司）。

1.5 从洛杉矶到硅谷——结缘芯片

把视线转向1937年，一个24岁的犹太人Eric Lidow从柏林技术大学的光电电子系毕业——可能是犹太人能在最坏的时间去的最坏的地方。在感觉到政府对犹太人越来越不友善的时候，Eric跳上一条去美国的船，当时他口袋里有14美元，完全不会说英文（虽然他会说5国语言），后来在1947年他拿到了一点儿私人投资，成立了一家先是做光器件，后来专注在功率器件和芯片的公司International Rectifier（以下简称IR）。Eric一直到82岁时仍然是公司CEO，并且到95岁时才卸任董事会主席，活了101岁。最终，IR公司在2015年以30亿美元被德国公司英飞凌收购。

Eric Lidow的一家人在商业和技术上都出类拔萃。Eric的儿子Alex，在斯坦福应用物理系博士毕业，接Eric的班掌舵公司有十几年之久，后来又成立了一家公司Efficient Power Conversion，专注在氮化镓工艺器件方向，引领一个指向电子产品更小型化、能量转换效率更高的时代，我们现在也有合作。其人气质谦和，谈笑盈盈，有长者之风，令人心折。

IR当时成立了最新的汽车芯片事业部，针对汽车内部越来越多的电子设备和汽车电动化的趋势，打算开发特别针对汽车市场的芯片，需要全新的产品定义，开发全新的设计工艺、封装和测试流程，可以理解为在公司内部重建一个分享部分资源的新公司。虽然当时并没有芯片方面的背景，不过我是2010年时为数不多的比较深入了解电动汽车系统的人，所以得到IR的合同来做资深市场和应用工程师，负责车用IGBT的定义、应用和其他市场和技术层面的工作。后来因为赢得特斯拉Model S逆变器和在车用IGBT技术应用方面的贡献，在公司内部获得两次晋升。此段经历在我的公众号"硅谷硅事"中有详述。

出于对芯片市场和产品方向的兴趣，在IR被英飞凌收购以后，我先后又在MPS（芯源系统）和瑞萨电子的美国分部做市场经理和产品线主任经理，近来又接管应用工程经理，职责渐重。

在MPS，我开始负责的是AC-DC产品，后来又兼管照明、驱动和传感器业务。

在瑞萨电子我负责的芯片领域更加宽泛，涉及除手机和笔记本电脑以外的所有电源和模拟芯片的应用领域，包括5G通信、数据中心、电机驱动、家电、工控等，都是我所负责产品线的业务范围。

我所工作过的这三家芯片公司，其风格迥异：IR规模中等，是老牌美资公司后被欧洲收购，是偏欧美的管理风格；MPS规模略小，是美籍华人创立，在中国有大规模研发和测试厂，有美国的创新基因和中国的奋斗精神；瑞萨电子由几家日本的芯片公司合并而来，规模极大，是经常世界排名前十的芯片公司，先后斥资数十亿美元收购了美国公司Intersil和IDT，有日本和美国的文化融合和冲突。

这十几年来，我管理的芯片产品线逐渐庞大，接触面也更广，通过身在其中观察这几家以全世界不同文化下的管理模式而获得成功的芯片公司，又加上我和国内不少芯片公司的创始人和总经理经常交流，现在整理出一些在全球芯片产业普适性的管理和营销方法，结合这些年来的自学总结、工作心得、实际观察和与全球的客户、产业链上下游同行的沟通，汇成以下这本书的主要内容。

第 2 章
芯片产业的产品线经理是怎么回事

2.1 芯片产品线经理的职责解析

国内首屈一指的芯片投融资和科技传播的平台——IC咖啡的创始人胡运旺先生,在他编著的书《"胡"说IC菜鸟工程师完美进阶》(电子工业出版社,2014)中提到,在中国IC公司第一紧缺的人才,是在芯片公司一个串线的人,所谓产品线负责人(产品线经理),负责从芯片市场需求开始,经历芯片的产品定义、芯片的前端和后端设计、工艺制定、供应商制定、软件设计(对于数字芯片)、流片、封装、测试、方案设计、市场推广、销售支持、客户支持甚至产品退出市场等完整过程的协调管理。

胡先生的"胡说"概括得很好,而我也有一个"愚说":"芯片公司的产品线经理是负责从黑板开始规划蓝图,到最终芯片大卖,这全过程环节的最终负责人。"

多数芯片公司刚创立时,基本一定有一个主要创始人担负着产品线经理的职责,但是随着公司规模的不断扩大、产品线的扩张,创始人无法兼顾所有产品线的管理,因此必须分权,而产品线经理很大程度上就是公司某一块特定业务的CEO,要有一种在公司内部创业者的精神。我出差来国内时,一般都是每天跑三家以上的客户，还要约见友商、销售、供应商来获得尽可能多的信息。上次来国内时，下午3点钟我在上海火车站，还希望赶在无锡的供应商下班前可以见上他们一面，如果偷懒一点儿，当然可以在电话上交流，但是效果当然要打折。有责任心的产品线经理可能除了睡觉和陪伴家人，都在思考工作。

产品线经理的岗位职责比较繁杂，可以说一切与产品盈利相关的内容都要直接或者间接地参与。这些职责与公司规模、文化背景、产品线面向的市场范围（全球性或者区域性）等都有一定关系。然而不论在中国或者美国，不论公司规模，对一个需要规范管理制度的芯片公司，都涉及而不限于如下的主要职责（这些职责都在后面的章节有进一步的详述）。

1. 与部门副总裁/市场副总裁和CFO团队制定团队的年度团队预算

年度的研发预算由多种因素构成。假设某产品线去年销售额为5千万美元，毛利50%，净利30%，则大致可与CFO团队和部门副总/市场副总共同拟定，从毛利中提取一定比例作为第二年研发的再投入费用。可以包括的内容如新产品开发费用（人工，资本支出——如掩模、流片、测试板、测试设备、IP授权使用费、设备费用），新雇员的支出，工艺开发实验费，等等。

预算也可能由其他外部因素波动而造成影响，如中美贸易摩擦可以造成产品路线的变化（不少美系支持华为的产品线已有被砍的趋势），如大客户给的良好反馈希望可以得到进一步的投入（如得到苹果或英伟达的背书），如与公司其他产品线的协作发生变化（举例来说，如果某产品线决定上马新的微处理器，那其他产品线就可能申请得到新的预算支持来做配套的电源和模拟芯片），以及公司的收购兼并和重组等，不再赘述。

2. 制定当年度和未来2~5年的产品路线图

制定产品路线图，是产品线经理基于各种内部和外部的因素，制订一系列在未来2~5年的产品开发计划，为在基于研发预算的限制下，整合团队达到短期和长期最大化的商业回报，在2.2节和2.3节中会详述相关内容。

3. 共同安排设计团队的年度目标和资源

芯片设计团队的职责是设计关于某产品线的所有芯片，和协助规划部分芯片工艺。设计团队一般不属于产品线而分开汇报，可能汇报给公司CTO、设计副总或者业务部门副总裁，因而芯片设计总监较常见的是和芯片产品线经理处于平级而密切合作的关系。设计团队有自己的年度目标，间接与相关产品线的盈利挂钩。设计团队主要的KPI与每年上马的项目总量、产品设计难度和流片顺利程度几方面有关系。产品线经理应该与芯片设计总监有良好的工作关系，互相协调妥协，才能配合完成彼此的工作目标。在2.4节中关于商业计划书的部分有关于安排资源的介绍。

4. 团队管理

产品线经理一般直接管理产品和市场部门，包括产品和市场工程师、区域的商务拓展经理、战术市场经理等。也可能兼管产品应用工程师团队，2.6节会详细介绍产品市场部门的组织架构。

5. 与设计和产品工程团队探索新的工艺和其他供应商

针对不同的产品路线和性能/成本改进的需要，无晶圆厂的芯片设计公司（Fabless）有可能需要引进第三方代工厂的工艺制程，而IDM（自有晶圆厂的芯片公司）也有可能需要研发新的工艺和制程。稍有规模的芯片公司一般都有自己的工艺研发团队，产品线经理需要阶段性（一般半年度）地把工艺研发总监、设计总监等部门负责人共同请到一起开工艺方面的战略会议。大致讨论以下几点。

- 为何需要开发某新系列的产品。
- 为使此类产品有竞争力，需要满足怎样的性能。
- 请设计总监提出开发该类产品需要的工艺需求，现有工艺能否满足。
- 请工艺总监去调研合适的工艺——产品线经理可以提出建议。
- 请采购总监去洽谈开发工艺和量产后流片等的价格。

因为使用新的工艺制程一般需要芯片公司大量的投入，很多设计IP无法在各种工艺之间通用，所以选择起来比较慎重。对电源和模拟芯片的产品线，一般最多在新产品研发时同时使用三四种工艺为限。对数字芯片，同时会选用的工艺种类更少。2.3.4节中介绍了工艺的选择流程。

6. 组织和负责产品的具体定义

产品线经理需要时时与组织中的成员交流产品的路线图和下一步的产品计划。

首先是选定合适的开始某芯片定义的时机。如：

- 第一代产品的推广告一段落，适时可以开始第二代产品的研发。
- 某大客户恰好提出特制芯片要求的规格或国产替代的要求。
- 某应用出现新的行业标准或者新的市场动向。

……

其次，对于覆盖面很宽的产品线，可能已经有量产的几十到几百种各类芯片，未来可能研发的也有几十到上百个不同的选择，因此需要调研需要定义的产品种类。可以从不限于以下的几方面来考虑。

- 目前市场前景较好，有望得到大范围的应用，如5G、手机快充等。
- 如果对竞争对手市场占有度高的产品较为了解，而且确定对手的毛利率较高，可以考虑做某种程度上替代的产品，如脚对脚甚至完全类同的全物料替换（BOM-to-BOM）。
- 根据产品线现有的优势，进一步降低成本或提高性能以巩固市场地位。降低成本的办法可能是利用新的工艺开发。提高性能可能是增加精确度、增加硬件功能、增加软件选项等，需要根据市场的反馈来调整。
- 根据某销售力量较强的区域市场的需求，制定与此区域相匹配的产品策略。例如，在中国台湾地区，其区域性的PC、服务器和网络市场的机会较多，就可以根据当地的需求做特殊定义的产品。
- 根据芯片设计师以往的成功经验，做快速迭代的产品。例如，如果某个工程师很熟悉某工艺，已经做了40V的DC-DC产品，而同个工艺也有60V的组件，就可以沿用同样的设计架构，快速开发60V的产品。
- 根据公司其他产品线的新推出产品和成功的销售案例，做配合的产品。例如，在智能家居一种应用当中，就可以多个产品线同时协力做包括微处理器、传感器、电源、模拟、无线、内存等多类芯片产品，以得到协力推广的作用。

在定义的过程中，产品线经理要与其他团队联合决策合适的人选，包括选定：

- 芯片的设计，版图，软件算法设计人员（Design，Layout，Firmware Engineer）。
- 技术市场工程师/应用工程师（Technical Marketing Engineer/Application Engineer），负责撰写产品的最初目标规格（Initial objective Specification，IoS）和制作仿真电路模型（Simulation Model）。
- 产品项目工程师/项目经理（Project Engineer/Manager）。
- 工艺工程师（Process Engineer）。
- 封装工程师（Assembly Engineer）。
- 测试工程师（Test Engineer）。

7. 撰写商业计划书

撰写商业计划书可以说是产品线经理最重要的工作之一。其核心内容是描述为什么公司管理层应该批准计划书列举的预算来开发此芯片。归根结底,芯片的研发是为了销售额和利润而不是为了科研,因此为什么此芯片的商业回报率会高于其他可选投资,就成为公司管理层最感兴趣的关键。撰写、展示和讲演商业计划书,是产品线经理表现个人能力和团队领导力的最好机会之一。

更多的细节会在2.4节中进一步阐述。

8. 推动项目立项,规划项目节点,规划量产和推广时间表

在商业计划书得到批准以后,产品线经理需要与项目工程师交流来确定立项时间,设立每周或每两周的沟通会议,制定会议日程等。

项目节点的设立一般也是商业计划书的一部分,包括初次流片时间、初次得到工程样片时间、第二次流片时间、最终版芯片交货时间,及最后量产推广时间。一般在最后量产之前,在某一节点,已经需要把样片交付给客户用于试用。

第一次交付客户样片的时间比较难于把握,需要越早越好,以免错过客户的产品设计窗口,然而也需要完成尽可能多的电气测试和可靠性分析,以防在客户的测试中出现严重的故障。虽然可以在交付前先给客户打打心理的预防针,列一个已知问题的表格,但是客户工程师肯定不希望在验证中出现严重的问题。因此样片的交付时间,需要产品线经理与做具体验证的应用工程师达成一致意见。

最后量产的推广当然是重要节点,就好像一般新房上市,总是刚开始的一两周内吸引来看房的客户最多,新芯片上市也是前三个月可能吸引来的客户最多。2.7节会详细介绍产品推广的全方位战术。

9. 追踪所有芯片工程样片的验证进度

芯片最初设计流片出来的工程样片,需要经过严密的验证分析,去除了所有主要问题的隐患后才能交付到客户手里,如果有发现较严重的问题,需要马上与设计和应用工程师共同开会以讨论解决方法。如果样片可以交付给客户,需要迅速与可能感兴趣的销售和代理商联系以展开推广。时时追踪验证的进度也是比较重要的工作,任何一天的拖延都可能错过某个潜在客户的设计窗口。

10. 追踪所有芯片项目量产和质量验证进度,调整相应市场策略

在工程样片通过验证的同时,需要同步开始进行多重工作以推进芯片量产,其中包括:

- 量产前的试运行。在试运行环节，需要重复三次以上的生产，确保各重要参数没有明显的偏移。
- 量产测试方案的制定。
- 芯片质量验证环节，确保在一系列严苛的环境和电气测试条件下，芯片仍然能够保证正常工作。
- 数据手册，参考设计，仿真模型等的设计。
- 各供应商的最终合同议定，最终成本核实。
- 通知各销售和FAE此芯片开始推广，并制作一系列推广材料。

在2.5.1节中具体介绍了芯片项目从计划到开始销售的具体步骤。

11. 与多个部门共同优化成本

在很多场合下，芯片的成本不尽如人意，可能的原因有：

- 该芯片最早是基于较老的工厂和制程，如老的4英寸或6英寸厂，显然在成本上没有竞争力。
- 对初创的Fabless设计公司，如果需求又小，那么很可能在晶圆代工厂和封测厂无法获得好的报价，甚至要加钱才能获得产能。
- 工艺天生的劣势，多数代工厂的通用工艺赶不上某些大型IDM自我研发的工艺。因此做出的芯片可能尺寸较大而成本更高。
- 产品其他的附加成本较高——如设备折旧、封测、物流等成本。

所有这些项目，根据其降成本潜力和难易程度，需要产品线经理主动与各部门联系来讨论对策。举例来说，曾经有某大客户给了对于某芯片的目标价格，但是比我愿意给出的最低报价还要低，在研究了此芯片的成本组成以后，我感觉从前与封装厂协定的封装成本比市场价高了不少，还可以适当降低。我与采购和财务部门联系，只花了几封E-mail的沟通时间就把核实成本降低了几美分，这几分钱就得以让我用略高于最低报价的数字满足该大客户的目标价格。

降成本的工作一般并不是产品线经理的直接工作任务，因此需要很强的责任心来驱动。

12. 和全国或全球的销售一起，与客户沟通、报价，做各项支持、售前和售后服务

成功的产品销售需要的是时刻服务好客户，确保客户的成功。

与销售和客户的交流，永远都是越快越好。所以产品线经理的辛苦，是可能一天24小时没有真正休息的时间。我曾有一次是早上4点钟和欧洲客户一起开

会，晚上9点钟又和韩国客户沟通。

客户的需求可能多种多样，但多少都需要产品市场团队的支持，如前期的推广介绍、访问、报价、出参考设计、故障诊断、与竞争对手的性能对比、催货发货，甚至包括量产后出问题的解释和应对。3.4节中介绍了与芯片销售的联系，在第4章里介绍了与客户的种种关系。

13. 定期拜访重要客户

产品线经理也应当定期拜访国内外重要客户，以推广产品和获得第一手市场情报和客户反馈。如果在规模稍大、有几条产品线的公司，销售不可能专注于卖某产品线的产品，因此产品线经理的定时拜访，会让当地的销售更专注于寻找该产品线的客户线索。毕竟，应该没有一个人可以比产品线经理本人更好地介绍和推广他所负责的产品。所以只要是在不影响家庭生活的前提下，产品线经理应该适当地划分出一段时间用于差旅。在本书最后，有关于出差的建议。

14. 与营销宣传（Marcom）团队共同制定新产品推广材料

在芯片通过了大多数环境和电气验证测试，供应链确认完整，估计短期内可正式推出市场，接受量产订单时，就要开始与营销宣传团队共同制定推广计划和相关材料。推广需要一定的预算，因产品重要性不同可能造成预算有很大的波动。一般来说，推广的层级有以下几类。

第一类：该芯片对公司是新产品，填补了空缺，但是在业界已经有很多类似的产品。此类产品可以进行公司网页推广、邮件推广、社交媒体推广、代理商渠道推广等。

第二类：该芯片是业界领先的技术或产品。此类产品在第一类的基础上，可以添加的推广选项包括：在各技术媒体刊登新闻稿，联系媒体编辑撰写技术稿件，开网络技术讲座，开销售和代理商培训讲座，其他数字媒体宣传（如Facebook、YouTube、领英、微信公众号等）等。

第三类：该芯片是业界唯一，在某些特色上是业界重大的突破。此类产品在第二类的基础上，可以召开新闻发布会，在技术年会上寻求公众演讲机会，与销售部门共同雇用额外的产品销售和外部销售咨询公司，等等。

2.7节还会更详细地介绍产品的推广战术。

15. 与合作友商的前期引入，沟通，共同制作和推广应用方案

即使是规模再大的芯片公司，总有自己还缺乏的产品线和产品种类，因此一定程度上的友商合作总是有可能的。例如，我以前服务的公司专精于模拟和

电源芯片，在做第一代USB快充方案时，我就与Cypress（赛普拉斯半导体，已被英飞凌收购）公司做数字方案的团队合作一起出方案。当时选择Cypress合作的初衷是他们的数字芯片能力很强，而不会在模拟和电源芯片上与我方有利益上的冲突，后来我们有一些在网上公开的合作参考设计，也得到了一些共同的客户。对方如此信任我们，以至于对方的新产品定义还希望我来提提建议。

16. 组织和全球各地销售、现场工程师（FAE）和代理商的定期沟通和产品培训

和定期拜访重要客户同等重要的是：在出差到当地时，与当地的销售、现场工程师和代理商开沟通会议，包括新产品和产品路线图的内部介绍，听取销售对产品和客户支持的建议，等等。我一般的做法是如果到某地花两到三天见客户，就至少要预留半天和当地的公司内部人员开会，而且最好是放在面见客户之前，因为有可能需要临时修改谈话策略和介绍的资料。例如，曾经会见某欧洲客户前，销售提醒我一定不要展示与竞争对手的对比，因为此客户的主要技术负责人略心高气傲，总是自己来选择方案，很反感芯片公司自己互相比较。如果不知道这一层，就可能犯他的忌讳。

产品培训有可能是多种形式，例如，较大的公司会定期组织全国或全世界的主要销售和现场工程师团队齐聚一堂，听取所有产品线经理的新产品介绍，同时也反馈对于新产品的建议。再例如，一些大的代理商会邀请很多原厂定期、同时来做产品培训。芯片产业还有很多产业博览会，IEEE的一些专业会议，都有留给厂商可预约的产品培训和产品发布的机会。

与销售、FAE和代理商的其他联系，在第3章里将有更详细的介绍。

图2.1列举了在芯片公司的产品线经理的主要工作范围，之前介绍的16种职责是较核心的拼图，而其职责还会暂时外延到其他方面，如定价、法务、流程优化、产量预测等方面。这本书未必能够完全描述所有的职责，只能择其重要部分着重描述。读者也不必已经是或者希望成为产品线经理，完全可以是其中某一方面或几方面的专家，然而对于了解公司整体的运作，如何参与产品线管理，扩大自己在公司内部的影响范围，进而有提升的空间，我仍然希望可以给出有益的建议。

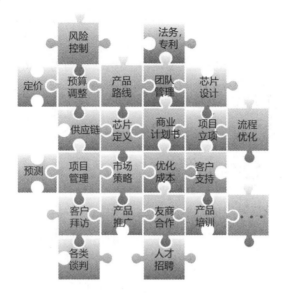

图2.1 芯片公司产品线经理的一般职责概览

2.2 芯片的市场战略初探

因为近年来华为和中兴在芯片供应上受到中美贸易摩擦的影响,对于非芯片行业的读者,可能认为芯片只是手机或者通信基站上非常重要的零部件。然而实际上芯片的应用极其广泛,几乎所有用电的地方都有芯片的存在,即使是看似简单的玩具、计算器、小家电之类的应用,都有各类芯片的存在。中国一年要进口价值3000亿美元的芯片,其中除了少数价格几百、上千甚至上万美元一颗的极特殊芯片,更有大量芯片甚至廉价到几美分一颗。芯片公司很少有单纯做几种芯片而能够形成规模的(英特尔、AMD和英伟达之类的业务除外),绝大多数的芯片公司要获得成功,非得有多条产品线、极为广泛的芯片选型才行,而在西方超大型的芯片公司如德州仪器(TI),更是有数万种芯片的选择。

据说,2020年有超过5万家中国企业注册了与芯片相关的业务,其中有数千家全新的芯片设计公司。虽然面临广阔的市场潜力,然而也面临西方国家的先行者已经占领大部分市场的先发优势。芯片市场可谓是非常文明的战争,永远存在努力拼搏的竞争者来蚕食我方的市场份额。

作为芯片公司的任何产品线,其根本的核心目标,就是不断创造完整的产品(芯片),将其引入可防守的具体细分市场,使其占据有利的市场地位。

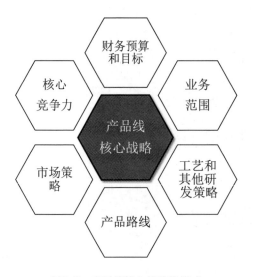

图2.2　产品线核心战略的组成

任何芯片产品线，都应该有自己的一套如图2.2所示的核心战略观，此战略观应当与公司的整体战略、与外部的实际市场情况相吻合，可以告诉自己的产品线未来希望走到哪里去，以及怎么走到那里去。产品线的战略观包括财务预算和目标、业务范围、核心竞争力、市场策略、工艺和其他研发策略、产品路线六方面。从六方面的交汇点出发，形成六道边界，说明了产品线希望达成的目标；而外部的内容构建了产品线目前还没有接触到，以后也不希望去追求的部分。战略观不是为了限制自身，而是出于诸多因素来定位自己的产品线，从而充分拥抱新的市场机遇。

2.2.1　芯片产品线核心战略观

在构建最初的战略观时，产品线经理需要自问的前三个主要问题是：

（1）你想带领产品线往哪个方向前进？

这里必须有比较具体的目标。如果某产品线经理说："我们希望占据电源管理芯片的领先地位"，考虑到电源芯片的范围过于宽广，而且部分头部公司已经有几十年和数万种芯片的积累，这样的战略方向没有意义和可能性（某投资人朋友真的给我看过初创公司写这样的目标）。但是目标方向也不至于过于约束产品线的未来发展。

回答这个问题，需要从短期和长期目标中寻求到平衡，结合产品线和公司的真实基础和价值所在。我有朋友在电动车相关系统研发中积累了多年经验，现在想涉足芯片行业，那么我为其建议的目标是："我们的愿景是基于公司现有的电控平台和长期合作客户，设计和开发适于自用的功率器件，在自有平台上量产以后，设计更多的器件以向其他电动车和工业领域拓展，最终成为第三代半导体应用于汽车和工业领域的领先代表"。这样的目标基于自身的已有经验和优势出发，而且有各阶段的目标，比较切合实际。

（2）通过哪些途径到那里去？

这里还是应该既具体又不太受限制，例如，招募具有更富有经验的工程人员，研发更好的工艺流程，着力于更好的客户支持，提供更全面的系统解决方案，着重投资于增长快速的终端市场，等等，这些途径都有可能实现。

然而很重要的是这些途径是产品线能够长期保持的发展途径，是可持续的。如与客户的关系，就是不可持续的途径。首先，客户的雇员不会一成不变，今天的关系可能明天会消失；其次，关系只能保证在客户的某一代设计上有得以验证的希望，对于下一代设计，很可能推倒重来。最后，对于稍有规模，比较正规的公司，供应商的决定绝不是个别负责人可以说了算的事。

（3）为什么你认为能够成功？

成功的主要因素大多是基于我们能够提供给客户的某种价值。如果是为了低价竞争，可以说"我们会成为低成本的生产方和价格上的领先者"，如果是以其他形式来获得竞争优势的产品线，就可以谈到已有的优势和计划采取的步骤来获得成功。具体在后文会继续分析。

回到核心战略观的题目上，在创立或者加盟某芯片公司的产品线时，我们要做到可以内观（观察企业内部的实际情况）加上外观（整体市场，竞争对手），不断调整自己的边界，直到达到有益的平衡点。

- 从财务预算和目标上，我们需要了解公司对产品线（或者投资人对公司）可能提供的预算，包括研发和人力资源，对于毛利率的要求和业务增长的期许。如果随着公司和业务的发展，需要更多战略性的投入，或者放弃部分业务，这里的边界也会相应调整。例如，假设有两块截然不同的芯片业务，一块业务每年增长30%，而毛利在30%左右；而另一块每年增长10%，然而毛利保持在70%以上。这里就要根据公司对业务发展的期待和公司整体战略（是"小而美"还是"大而全"的形象），来考虑对两块业务做出预算上的调整。
- 从业务范围上，需要首先了解公司整体的业务规划。如同样做MCU，是否公司有其他产品线根据ARM内核做的产品，根据RISC-V做的产品，而与我方希望投资的方向相冲突，或可以互相弥补。其次是根据产品线自身人员的经验、能力和资源，来确定自己适合发力的具体细分市场，并不断调整。最后，尽量不要随着市场热点的变化而随意调整产品方向，除非在某些极特殊情况，在2.3.8节将介绍产品路线图的后期调整相关介绍。

- 从工艺、封测、软件等公司底层的技术平台上，我们要先了解技术平台是否与产品线或公司的立身根本有关。如有些芯片公司可能拥有某种独特的工艺或设计，可以以高性能或者低成本取胜，而我们的产品线能否利用这种公司层面上的优势？如果没有此类优势，是否需要首先取得此类优势，才能与友商开始产品层面的竞争。如从前国产图像传感器的研发，因为国外大厂都是自有工艺，没有代工厂可以提供，因而就被迫先研发国产的传感器工艺，再开发产品，否则就是无米之炊。

- 从产品路线方面，要考虑给客户一个怎样的整体印象。如我们是以研发大量的普适性高、性能普通的产品为主，还是集中力量研发少数性能高超的产品。这里也需要与公司整体的战略规划相适应。如果有些公司已经建立起了廉价而低质的形象，即使在高性能产品上有所突破，也很难打破客户的刻板印象。

- 在市场竞争和市场趋势的角度，不同的公司观察同一市场，可能推论出全然不同的想法。如对于第三代半导体材料在电源芯片中的应用，有些公司破釜沉舟，将公司形象和大部分资源都放在氮化镓或者碳化硅芯片的开发上，而其他一些公司宁愿等到大规模的商业成功以后，再决定是否要跟随投入。

- 最后是核心竞争力的方面，要考虑公司主要（可能）取得成功的方面，然后发展产品线以配合公司的发展。如兆易创新，首先进入32位MCU的市场并取得成功，而后又进入存储市场和传感器市场，基于自己的核心竞争力是对系统的理解、市场的把控，而不断扩大自己产品线的边界，投入相关的资源来开发新的业务范围。

我可以以自身来举例如何建立产品线的核心战略观。我加盟瑞萨电子时，瑞萨电子刚以32亿美元收购了美资模拟和电源芯片公司Intersil（英特矽尔）。英特矽尔曾是一家极成功的芯片公司，历史上溯到20世纪60年代，创始人是半导体工业历史上非常著名的肖克利实验室"八叛逆"之一，曾经发明过世界上第一块用CMOS工艺做的微处理器。后来英特矽尔在20世纪80年代被军工集团Harris兼并，后来又重新独立，直到被瑞萨电子收购。我加入公司时，管理的众多产品中还有一小部分是20世纪90年代研发的，称为"HIP"（Harris Intelligent Power，Harris智能电源），30年以后仍然在量产。

我被瑞萨电子招募时，接手了原来英特矽尔传承下来的一块工业电源和模拟芯片的业务，需要新的管理者来重新布局、策划和发展。我花了几个月来观察了解公司和产品线以后，发现原英特矽尔在电信、手机、数据中心、计算机等方面还有较高的市场占有率，然而收购方瑞萨电子本身的优势主要在大宗的工业和商业应用，如仪表、工控、家电等，两方面市场重合度并不高。于是在加盟后第一次做业务汇报时，我进行了核心战略的分析。

（1）业务范围：覆盖全球除了手机、数据中心的一部分应用、电池管理、汽车以外的所有电源芯片和模拟芯片的应用领域（其余由其他产品线负责）。

（2）工艺战略：与数家拥有世界领先的模拟和电源芯片工艺的代工厂合作，并利用瑞萨自身晶圆厂的部分特殊优势，综合利用。

（3）产品战略：保持一部分新产品沿袭以往的高端设计和定位，同时在瑞萨本身的优势应用上发力，做适合大宗市场，能够与瑞萨其他产品线共同销售的大量产品。战略是同时要做高端和量大的两块市场。在第三代半导体如氮化镓上做有限投入。

（4）市场竞争策略：在各面向的主要细分市场，明确头部竞争者，明确战略客户和其目前所选竞争者的方案，计划各种取代的战术方案，包括全新设计、脚对脚和BOM-to-BOM的替代。

（5）核心竞争力：利用充沛的瑞萨电子现有客户和市场信息，快速响应市场需求，利用先进工艺，大量有经验的设计和应用工程师，快速覆盖目标市场。利用基于微处理器和其他数字芯片的生态圈，配合公司整体解决方案部门提出大量针对各应用市场的一站式全方位芯片解决方案。（后来瑞萨电子又收购了美资公司IDT，因而为与IDT共同整合电源和模拟芯片方案也做出相应安排。）

（6）财务预算和目标：需要调整和招募基于全球的若干设计、应用、市场等人员。（同时近来为应对中美贸易摩擦也做出了相应调整。）

结果我的产品线得到了比预计还要好的反馈，得到了大量的发展资源。

而在核心战略的实施方面，产品线经理首要的任务就是负责产品和市场经营，我大致把这部分的工作分为以下几部分（2.2.2节～2.2.5节）。

2.2.2 目标市场的划分

GE在20世纪60年代时曾经做过大范围、保密性的商业调查，来确定企业在新兴和成熟市场中的成功因素。最后的结论是在任何细分市场，如果有30%以上的市占率就肯定是盈利的；而如果市占率在15%以下就会亏本。所以，任何市场只有两三家头部企业可以盈利。

这个结论看似很奇异，因为肯定有大量盈利的汽车、计算机、家电、芯片公司等。其实，这些盈利的公司往往都在某些细分市场占据头部地位（而未必自知）。例如大到汽车市场，就有小车、中等车、大车、廉价车、豪华车、进口车、国产车等，甚至最后可以一直细分到山东某市的低速电动车市场；而如果我们讨论汽车电源管理芯片的市场，就有高压、低压、大功率、小功率、DC-DC、电机控制等。这些市场的划分如果足够细致，那么再小的公司也可能在行业里领先。在芯片产业，做模拟电源芯片不必是德州仪器，做处理器芯片不必是英特尔才能盈利，只要能在合适的细分市场领先，产品线和公司就能够获得盈利而成功。

市场的划分有助于我们了解某细分市场对该芯片公司的潜力，如果不能判断和划分市场，势必无法做出合理的投资回报率（Return On Investment，ROI）和销售预期分析。而ROI和销售预期几乎是商业计划书中最为重要的内容，直接关系到产品线经理的芯片产品能否获得高层的批准开案，或者小公司的创始人能否得到投资人的青睐。问题在于，市场的划分很多时候可能是非常主观的，可以从很多角度来对细分市场分析出不同结果，而且市场划分需要很多细节，这些细节很难从公开渠道来精确了解。这些都需要通过实地的客户拜访和与销售的共同挖掘，才能得到更可靠的第一手信息。通过这些占用资源有限的前期调研，经常可以节约公司后期大量的错误投资，或者成功造就大卖的芯片，因此实在是事半功倍，必不可少。

举例来说，我们看到2020年5月份的财经新闻，报告我国5G商用加快推进，已开通5G基站超过20万个。对于一个做射频功率放大器芯片的公司，肯定会将5G作为一个大的市场来研究。然而，这些基站有多少需要小功率的器件，有多少需要大功率的器件？一个基站总体需要几颗放大器芯片？各个做基站的公司其市场占有率又如何？哪些需要公司作为战略客户对待？……此类信息很难在公开渠道挖掘到。然而不做这部分市场调查就盲目上马，往往会给公司带来很大的风险。

如果我们要做一块电表控制芯片，必须要调查全国乃至全世界的电表存量、每年更新的数量、其中单相表和三相表的比例、对于功能和耐久性的要求、国内自用和出口电表的占比、是否需要国产IP、每家目标客户的年出货量、供应商关系、目标价格范围……这些都是市场分析的内容。

除这两个例子以外，例如产品质量、代理分销渠道、品牌、服务、价格、地理位置、客户信任度、供应链……都可能是决定细分市场的因素。

产品线经理总是应该着重于研究，根据自己产品线的竞争优势（设计、生产、经验等），来研究应该发力于哪些细分市场，可以使得自己的产品线较能获得长期的竞争力。如做电源芯片的产品线经理，经常时时自问的一点是，是否应该针对某极细分的市场做特制的芯片（如苹果手机内部的电源管理芯片，或者英伟达GPU搭配的多相供电芯片），虽然难度极大，然而一旦成功则可能保持长期的影响力和占有率；还是应该针对更广阔的市场（如简单的充电适配器的电源芯片），开发更普适然而价格竞争也更激烈，很容易被替代的产品？

在我曾经负责管理定义的无数芯片中，有以下两颗LED照明芯片：一颗是非常普适性，比现有产品成本更低的版本；而另外一颗是特殊针对舞台灯市场，拥有与世界上所有厂商都不同的拓扑和控制模式。普适性的那颗被公司CEO否决了，因为没有面向任何特殊市场，无法占据主导地位，而市场价格永远都会下降，今天的优势就是明天的劣势；而后者就被管理层一致通过，因为即使只是面向一个非常细分的市场，然而有潜力占领之，而争取极高的毛利。市场的细分就是这样与公司的自身定位息息相关。

对于中小公司而言，追逐细分市场可以锻炼出一只更为专注、具有细分市场专家经验的销售和FAE团队，聚集各种资源，培养公司形象，开发针对性的产品，因此比来自大公司的竞争对手，能够更快速地建立起护城河。因此可以看到许多成功的小型芯片公司，往往只专注开发一颗产品而做到极致。例如上海的南芯，开始只是专注在笔电的细分市场做一颗双向升降压的快充芯片。而作为反面教材来说，某些芯片初创公司对市场战略没什么兴趣，宣称自己是所谓的"客户导向"，其做法是先询问客户所用芯片，然后开始复制，仿照竞争者的芯片，最后陷入价格战的汪洋大海，损失了大量的开发费用。我认识的某国产芯片公司创始人在微信朋友圈中感叹："国产公司能不能去抄TI，不要抄国产同行的好吗？"很多初创的国产公司很遗憾的确实毫无产品战略可言。最后，对于多数成功的芯片公司，其思路更为灵活，可以基于特定市场战略的主要道路而开发大量产品，也有时可能稍微离开主路，而追逐一些战术性的机会。

研究细分市场的划分有很多的工具，在条件允许时，最好实地走访在业界地位领先的大客户或者重要代理商，可以获得对目标市场的预期印象。

有很多市场研究机构可以出具市场研究报告，如IHS Markit、WSTS

（World Semiconductor Trade Statistics）、Research & Markets、Gartner，而麦肯锡等咨询公司也都有关于芯片的业务分支。然而这些研究报告的问题在于：首先，只有很少的公司会对某细分市场感兴趣，从而难以驱动这些研究机构出具报告；其次，如前所述，划分细分市场，可以有无数方法；最后，如果对于某细分市场已经有了完备的研究报告，这个细分市场可能已经过于成熟，有太多竞争者了。

2.2.3 目标市场的分析

在确立了感兴趣的细分市场以后，需要开始做市场的分析。这里主要需要明确三个数据：TAM、SAM 和 SOM。

TAM（Total Available Market）——某产品或服务在市场中的总量。如果定义一块主要用于家用游戏机的芯片，可以从很多公开信息了解到家用游戏机每年总的发货量以及Xbox、PS4等的市场占比。我们可以通过各种拆解报告了解到这些游戏机每台里面用一颗或两颗此类芯片，然后就可以得出总量。

SAM（Serviceable Available Market）——在一定地理和其他条件限制下，该产品可能服务到的市场总量。又以游戏机为例，如果我服务的公司是索尼的批准供应商，而没有进入微软的供应体系，那就应该在TAM中把属于微软Xbox的市场份额去掉而形成SAM的基础。

SOM（Serviceable Obtainable Market）——在SAM的数字上，SOM更为保守。意思是本公司有能力得到的市场。举例：欧美以前有不少做LED照明驱动芯片的公司产品线，但是随着中国芯片公司的不断发展，已经掌握了大部分相关技术，把市场价格压到低于欧美上市公司可以接受的最小毛利。那么即使TAM和SAM对这些欧美公司仍然非常大，但是SOM可能会低到一个很小的数字，因为他们赢得生意的可能性已经很小。题外话：这几年，这些欧美公司纷纷将低端模拟照明芯片的产品线或者剥离，或者不再投资（而数字LED控制和高端照明仍然是很有可为的市场）。

如图2.3所示，举例来说：对于做模拟和电源芯片的初创公司，TAM是公司有类似德州仪器的规模时可以看到的全球整体市场，SAM

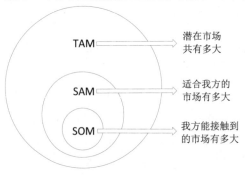

图2.3 TAM/SAM/SOM

是公司如限于上海和深圳两地的销售基地可以覆盖的局部市场总量，适合公司的未来定位和发展；而SOM是公司基于自己的品牌、技术、销售网络而有信心接触到和得到的市场份额。

任何时候，我们都不能假设因为细分市场的体量很大，所以认为我们只要在该市场发力，就必然能得到一定的份额。如果我们看到手机充电器已经有几百亿元的规模就贸然去投资，不一定能有好的结果，各个公司的基因非常不同。

读者从图2.3或许可以想到，TAM的变化一般需要在世界范围内的政治商业格局有比较大的变化（如疫情下的口罩和呼吸机市场），因此是较为固定、比较容易通过搜索获得的。而随着公司销售部门的进取，SAM和SOM会不断扩大，对大多数初创公司来说，只有SOM才是在短期内对产品线最有意义的数字，也是芯片刚开发出来时可以销售的范围。然而可以扪心自问的是，我们怎样来估计合适的SAM和SOM数字呢？

这里也许可以引进一点儿商学院的理论来帮助说明如何估计SAM和SOM，如波特的五力分析模型和SWOT分析。五力分析模型（见图2.4）是迈克尔·波特（Michael Porter）于20世纪80年代初提出的，对企业战略制定产生全球性的深远影响，用于竞争战略的分析，可以有效地分析客户的竞争环境。五力分别是：替代品的替代能力、潜在竞争者进入的能力、购买者的议价能力、供应商的议价能力、行业内竞争者现在的竞争能力。五种力量的不同组合变化最终影响利润潜力的变化。

图2.4　作用于芯片行业的五力分析模型

我们在所有的芯片销售案例中，都可以看到五种力量角逐的影子。

（1）替代品的替代能力。客户如果有多家供应商可以生产类似的芯片，当然构成替代品的威胁。此外，如果我方产能被客户认为比较有限，也许会被客户列为第二甚至第三优先的供应商。品牌、质量、技术支持、是否受贸易战影响等，也都可能成为被客户替换的非价格因素。

另一较为少见的替换原因，是客户未必一定要用到此类芯片。以USB快充市场为例，客户可以用一块单片机作充电控制，加上几颗模拟电源芯片来做快速充电器，或者用数模混合的单颗芯片方案来替代。这类案例能举出很多。

（2）潜在竞争者进入的能力。我们经常会见到一些新兴的芯片市场，可能首先某芯片公司看到了商机，快速响应而进入该市场。其他芯片公司可能响应较慢，然而可以后续通过更大的投入、更强的品牌效应、技术和生产能力而快速抢占市场。段永平讲过"要敢为天下后"。因为以他的团队的能力和执行力，在了解市场潜力以后完全可以作为后发者来抢占更大的市场。这时首先进入的芯片公司就必须注意保持自己的先发优势。如USB快充市场，中国台湾地区的伟诠电子就是首先做数模结合、成本最低的快充芯片，最早抢占了市场。后续美系的Cypress半导体等公司也看到了商机，推出了CCG3、CCG4等产品，中资公司也逐渐跟进。如果作为率先进入某市场的公司，要留意后发者因为没有前期开拓市场的投入，可能有各方面更低的成本。对于快充芯片来说，因为其协议是开放的，不构成专利保护的可能性，门槛也不高，因此有些公司就更注重在模拟端和系统端进一步提高性能和竞争力。

（3）购买者的议价能力。很多电子公司会作为芯片购买者。在国内，很多家电、仪表、手机、灯具等客户，因为自身每年的采购体量极大，需要采购的芯片普适性又比较高，因此有很强的议价、延迟还款账期等能力，对供应商的资质要求也较高。相反，很多体量小的客户，往往只能以高价采购一些芯片，也对供应商无力做出过多要求。

（4）供应商的议价能力。以芯片厂作为供应商来说，国外大厂如TI和安森美，有自己的12英寸模拟晶圆厂、封装厂等，成本最为低廉，然而也有上市公司的高毛利要求。国内初创的设计公司基本都是Fabless形式，其成本较高，但可以接受较低毛利。因此议价能力在很多场合比较类似。此外，不同芯片有些性能较独特或某方面表现优异，根据其供应的稀缺性和对某客户的重要性，可以要到较高的价格。

比如，我的产品线最近推出两种DC-DC控制器芯片，一种用来驱动普通的硅开关，一种用来驱动更昂贵、性能也更高超的氮化镓开关。这两种控制器芯片制造成本相同，但是因为驱动氮化镓芯片的稀缺性，我就将其参考报价一致调高。此外，对于很多应用，其对于某些芯片的价格并不敏感，然而对其质量、公司的供应链等有较高要求。我有一些工业设备的客户使用电源模块给系统FPGA、ASIC等大芯片供电，其设备单台价格在几十万到几百万美元以上，因此对电源模块的成本并不敏感，但是必然对质量等有苛刻要求。

（5）行业内竞争者现在的竞争能力。这一点不言而喻。我们大部分的市场机会都不是完全的蓝海，几乎都已经有其他竞争者，因此就需要知己知彼，准确评估现有竞争者的能力，以及随时调整自身的产品方向、市场策略。

当然现实情况下，五力分析不能涵盖所有的情形。此模型假设同行业之间只有竞争关系，没有合作关系。但现实中企业之间存在多种合作关系，不一定是你死我活的竞争关系。例如，完全可以收购现有的竞争者，或者和其他芯片公司共同推出合作的芯片解决方案，这些都是业界常见的操作。而且，五力分析假设行业的规模是固定的，因此是一场零和游戏。但现实中企业之间往往不是通过吃掉对手而是与对手共同做大行业的蛋糕来获取更大的资源和市场。同时，市场可以通过不断的开发和创新来增大容量。

沿着前述的快充芯片市场继续，假定我们今天做一家有兴趣进入USB PD的快速充电器市场，做数模结合的协议控制芯片的初创公司，试基于五力分析做简单的SAM、SOM分析如下。

快充适配器一般以反激拓扑为主，在主边有一颗反激控制芯片，副边有一颗同步整流芯片，加上一颗快充协议的数字控制芯片（这两颗芯片可能整合成一颗，即所谓数模结合芯片）。

TAM的估计：全球智能手机在2020年的总出货量约有10亿部，假设其中头部企业（约市场3/4）都会支持某种快充协议，USB PD快充可能占据市场至少一半（华为、小米、OPPO等采用特殊快充协议的公司除外），手机用户约有一半会额外采购一个快速充电器，那么USB PD快速充电器的全球TAM大约有2亿只（一个快充适配器标配一颗协议控制芯片）。

SAM的估计：手机公司大多向电子代工厂采购充电器，全世界充电器市场又极大地集中在中国珠三角和台湾地区，假设各占市场40%，而如果我方暂无中国台湾地区销售分支，那么SAM可能约八千万颗。

SOM的估计——应用五力分析：

- 供应商的议价能力：暂时尚无极低价竞争者，评分为10分。
- 购买者的议价能力：手机客户较为集中，购买方议价能力极强，我方作为初创公司，价格方面无法坚持高价，折为5分。
- 潜在竞争者进入的能力：由于缺乏专利保护（协议是由USB协议规定的，完全公开），因此潜在竞争者的风险较高，然而我方希望有一两年的先发优势，因此折为3分。
- 替代品的替代能力：客户可能不用数模芯片方案，而采用单片机作协议，然而从技术角度来说成本较高，方案较复杂，意义不大，因此折为8分。
- 行业内竞争者现在的竞争能力：竞争者虽然较少，然而竞争能力较强，积累较深，而且头部客户比较集中。我方作为纯国产芯片可能具有一定吸引力，因此折为3分。

综合此五力，可能SOM为8000万×0.5×0.3×0.8×0.3=300万颗，以0.3美元一颗计算，我们有信心得到的SOM（潜在真实销售额）约100万美元/年。假如芯片开发费用为50万美元，而估计芯片成本为0.1美元，那么可能是较有前途的投资，量产一年后即可收回成本。

当然，不同产品线经理得出的估计可能大相径庭，这里我的各种数据也未必准确，只是作为目标市场分析的一种参考。其重要性在于是否能借此来坚定产品线内部和销售团队的信心。

而SWOT分析也是在市场分析中常用的手段，其相对简单，如图2.5所示。

强项 Strength	弱项 Weakness
机会 Opportunities	威胁 Threats

图2.5　SWOT分析

因为我曾经在电动车公司做研发,假如有一天我来创立一家做电动车的公司,要去寻找投资人,那我将试做简单的SWOT思考如下。

强项:对电动车各类子系统的设计开发、供应商、集成比较了解。

弱项:没有整车开发和规模量产的经验。

机会:市场上的造车新势力的研发能力和经验仍然较弱,仍处于买方案阶段的为多数,决定自研的进展也较缓慢。

威胁:大型车厂纷纷踏入电动车行业,量产经验丰富,资本雄厚。

综合上述分析,目前不适合去寻求整车开发的投资,应该定位自身为电控研发、方案提供商,或者开发核心元器件等,比较有前景。

SWOT的分析并不止在市场分析中有用,在日常生活中如果需要做任何方面的决策,冷静下来做一个简单的SWOT回顾,对我们做出总体合理的选择都有益处。

2.2.4 针对细分市场而有所为

这里的有所作为,指的是我们应该着重于基于公司和产品线的定位,针对细分市场进行开发。在深入了解市场和应用后,提出能使客户感到有兴趣的产品战略。

1. 了解自身优势

在任何细分市场,对芯片公司来说都有无数的潜在突破口,如芯片成本、BOM成本、性能、特色、封装、软件生态、系统方案,等等。而产品线经理需要在此先行找到自身的优势所在,才能寻找和针对最有可能成功的突破口来进行投资。

自身的优势,可以从不限于以下的几方面来考量。

- 品牌:如果现有的竞争者虽然产品很好,但是名气很小,大客户担心供应链和质量无法保证,不太放心去用。我们能否做类似的产品,但是利用我们公司较大的市场品牌来打开局面?
- 专利:如果打算开发一个全新的功能,能否申请专利来保护自己?作者自身和团队成员都曾经有过想出好主意、赶快先申请专利的往事。专利的诞生往往是基于市场和客户需求的变化,或者在各种场合讨论而爆发出的灵感,同行往往也可能收集到同样的信息,因此抢先注册专利很有必要。专利不但保护了芯片公司,而且保护了芯片公司的客户。

- 经验：举例来说，不久之前我们产品线想上一种新产品，但是公司没有设计工程师有这方面经验。恰逢我们打听到某友商打算关闭附近的某区域办公室，有位极富经验的老先生想找工作，我们就请他来帮忙。然后一次就流片成功。

- 工艺：如芯源系统公司（Monolithic Power Systems），股票几年来一直随着营业额和毛利节节高升，很大的原因就是有自主研发的工艺，然后在不同的代工厂应用类似的工艺，从而不受产能的限制。而因为量大，每年又可能和几家工厂分别洽谈降价的空间，从而造成正向的效应。工艺和软件生态是芯片公司最稳固的护城河。

- 销售实力：初创公司在细分市场需要发力研发，然而也需要同时早早培植销售的影响。以我的经验，有时芯片的研发只需几个月到一年，但可能需要一两年以上的时间才能接触到大客户真正做决策的人，成为对方批准的供应商。关系的培养需要早做准备，这一点不管在全球哪里都是一样。即使在电商已经如此发达，几乎所有芯片信息都在网上可以查到的今天，销售芯片仍然是一个非常依靠人对人、信息交流无法极其畅通的销售行为。因此如果我们已经熟悉对方做决定的人，至少有了先发优势。

- 销售和FAE的专业性：某些芯片公司即使规模很大，然而其销售、FAE和代理商可能只是"全面"人才，并没有在某一芯片的应用有深刻的了解，那么很难对专业程度很高的客户给予技术支持。英特尔的前高管William Davidow认为，英特尔在20世纪80年代胜过摩托罗拉的微处理器，其重要原因之一是英特尔销售的专业性，只要客户做出决定前曾经咨询过英特尔，那么基本都可以胜过对手。近年来，德州仪器的做法是：销售只管商务，而FAE要做到技术有极其的专长，依靠大量各方面专家FAE来做设计。我认为这样的做法，应该是最有效率的。

- 合作伙伴：为了进入某细分市场，如果能够和没有利益冲突的友商合作也是很好的方法。例如IDT在手机无线充电上实力很强，而缺乏合适的电源芯片，因此在无线充电的参考方案上就使用了友商的芯片，这样友商也间接进入了无线充电的市场。

- 生产和质量管理：如果有自营的晶圆厂，显然比Fabless更能保证供应链的安全性。对于Fabless公司，可以退而求其次建立自己的测试中心，也比完全外包的Fabless公司更能保证产品质量。

- 国产品牌：在现在贸易摩擦的大环境下，很多电子工业如通信、仪表、网络等，都程度不一地在寻求国产替代，如果是国产品牌又能保持全部IP都在国内开发，也有一定的优势。
- 客户服务和支持：对于较为同质化，或者客户不甚在乎性能差异的某些芯片，如果能够提供更好的服务和支持，在赢得客户时就显得比重很大。作为曾经芯片公司的客户之一，当芯片公司的代表经常来我实验室一起看示波器、调整电路，那么我觉得实在不好意思不给他们一些订单！提供更好的支持，可能是小公司能够战胜大公司的法宝之一。有一次我们的产品线想打入某著名家电客户，对方一直爱答不理，后来该客户用我方竞争对手的芯片出了故障，焦头烂额，而对手的工程师也解决不了。我们听说以后，派专人上门，把竞争对手的问题解决了！客户对我们的印象非常深刻，许诺一旦以后有机会就马上切换成我们的方案，后来果然也实现了。

自身可能具有的优势非常多，完全不限于以上所列举的各项。高科技产品暂且不论，即使是如坚果这样低科技，而且可能非常类似的产品，照样有三只松鼠这样的公司占据了极大的份额，其中价格、送货、质量、宣传等，都可能起到作用。我们销售芯片不能抱着卖附件的心态，永远要尝试把公司的整体与芯片一起包装成产品。

2. 产品概念和竞争对手分析

在具体定义芯片的规格和特性之前，可以从四方面来准备前期的产品概念。这里可以应用经典的四P分析：产品（Product）、价格（Price）、场合（Place）、推广（Promotion）。

- 产品：主要规格可能有哪几条？一般最早期的定义不需要多于三四条主要的要求。
- 价格：对于我们想做的芯片，追求的应该是高毛利小批量，以覆盖范围宽、客户数量多取胜；还是应该不惜牺牲一些毛利，以跑量取胜？
- 场合：我们通过什么样的路径去前期调研芯片规格？如通过大客户拜访、销售的采样调查。后期着重在什么场合下销售？如代理商推广、网上代理商、大分销商、直销等。
- 推广：我们决定通过哪些途径去做后期推广？如和其他产品线共同推广系统解决方案，发新闻稿，开新闻发布会，等等。

同时需要开展的工作是竞争对手分析。从经验出发,我们应该了解在业内主要的几家全球性的芯片公司,可以通过分析对方已经量产的产品,而大致了解到对方在近几年的主要业务发展方向。要注意的是应该关注最头部的几家世界级公司,而不应关注小公司的几款产品,如果芯片能够胜过德州仪器的产品,当然更让客户印象深刻。有时大公司从远处来看,感觉完全不可能被打败,然而如果凑到足够近的距离看,在某细分小类的某一两颗产品,则完全有胜过的可能。

我使用较多的竞争对手分析工具是芯片分销商 Digikey(得捷电子)的网站,因为其电商网站的分类非常科学严密,又签约了全球绝大多数重要的原厂芯片,通过各种过滤选项,可以很快找到大量目标产品,这样就节约了去每家原厂的网站查找的麻烦。

举一个电源管理芯片领域的例子,如果今天我们希望研发一款可能应用于电表、24V 工业总线、汽车等市场的 60V、0.5A 芯片,就可以访问得捷电子的网站分类:半导体/集成电路/PMIC→稳压器→DC-DC 开关稳压器(46 800 项),在筛选条件中选择有源的零件状态,剪切带的包装,降压,正的输出,输出数为1,电压输入最大值为 60~70V,电流输出为 0.3~0.8A。如此就能大概找出绝大多数世界上流行的在类似 60V、0.5A 左右的电源芯片。得捷电子网站还可以自动生成 Excel 表格帮助用户进一步排列分析。Mouser(贸泽)和其他电商网站也有类似功能,然而总不如得捷电子网站的分类更加科学完整。得捷作为拆包分销商,其毛利非常高,销售额也极高,其科学的产品分类在作者看来是主要的因素。

通过搜索了解了主要竞争对手以后,可以自己制作列表来对比主要性能,为我方的芯片定义作参考。如图 2.6 所示,就是德州仪器在类似 60V、0.5A 芯片的主要选型和需要对比的重要功能。读者可以自行查找 MPS、ADI、Maxim、Richtek 等竞争者的相关芯片,找出共同和不同之处,并做进一步分析。图 2.6 最后三行非常重要,分别是量产年数、特殊功能和具体应用。按照量产年数来排序可以让我们了解到客户的技术发展路线;按照特殊功能分类可以让我们了解特殊应用场合的需求;按照具体应用分类,则可以大致了解目标市场。

	LM5166	LMR16006	LMR36015	TPS54060A	TPS54061
输入电压范围					
集成开关					
额定电流					
开关频率					
控制模式					
EN引脚					
Power Good引脚					
补偿模式					
封装形式					
软启动					
量产年数					
特殊功能					
具体应用					

图2.6　竞争对手分析举例：德州仪器60V、0.5A左右降压芯片的主要推荐

3. 了解细分市场的整体系统

对于稍有规模的芯片公司，很少有不对客户具体系统有所了解就能获得成功的。即使我们可以从客户处获知某芯片销路较好而有心仿照之，然而如果没有市场经验和对系统的了解，不了解客户为何要选用这颗芯片，那么等仿照的芯片做出来以后，竞争者又已经推出下一代产品而继续领先了。

对于客户系统的核心芯片，如中央处理器、内存、FPGA等，当然需要了解重点客户系统的具体要求，然而即使我们的产品是做辅助功能的模拟、接口、电源芯片等，了解客户的整体系统仍然十分必要，其重要性在于以下几方面。

（1）了解具体芯片的定义规格能否符合现在和未来发展的需求。

我们需要充分了解客户的系统，才能了解为什么某些参数是必需，某些参数是最好达到某些值，而其他参数可能又无关紧要，从而对芯片定义做出足够影响，对未来的产品方向也有助力。例如，我们曾经调研5G通信的48V总线电源需求，发现多数通信公司都认为80V的电源芯片已经可以满足耐压的需求，然而到做通信模块的公司继续调研以后，对方说明因为通信模块必须插在基站的主板上，各种干扰可能更甚，要留出更充足的余量，因此必须上升到100V耐压。因此，如果我们第一代的芯片是80V耐压的芯片，第二代就可以做到100V来满足更广阔的市场需求。

（2）了解是否有机会在客户的整体系统中的其他部分来销售相关芯片。

2012年左右我在特斯拉沟通时，除了主要在其主逆变器上推广和支持IGBT

和二极管以外,在见到对方掌管全部电力电子系统的总监时,也请对方代为介绍其他团队,如充电器、DC-DC、车身电子,后来还有鸥翼门研发团队等,从而可以推广其他的产品型号。

(3)产生新产品的线索。

我曾经去一些国内外的电表公司访问,在沟通中客户主动询问我们是否有某些其他方案,当时我对其系统还不够了解,然而在客户很热情地分享了其系统架构以后,我马上构思了新产品的方案。这一段经历,在书中"一颗源自芬兰的芯片"一篇中会详细记录。后来,我们产品线的团队对部分电表的系统更加深入思考,甚至用已经量产的芯片改变了客户的固有架构而获得成功。

总之,哪怕我们管理和销售的只是电阻电容,多了解一点儿客户的系统,总是有所助益。

对整体系统的了解最好的学习对象是德州仪器的产品应用系列网页。德州仪器作为有数万种芯片产品的公司,虽然规模不是芯片行业第一,但毫无疑问其芯片的产品种类最多,覆盖的市场最为广阔,对系统的了解也极为深刻。这里德州仪器针对汽车、通信、企业系统、工业、个人电子等五大类领域,几十个细分小类和数百个具体应用都提供了详细的系统框图,并附上了各种德州仪器推荐的自产芯片。虽然根据自己的经验,其推荐的芯片未必十分准确(与具体产品的市场经理的经验有关),然而其系统框图因为汇集了公司整体的经验,已经做到非常详细。其他芯片公司也可以按图索骥,找到自己可以发力的具体部分。

举例来说,对于5G通信的基带处理单元(Base Band Unit,BBU),德州仪器就有如下的系统框架网页,包括:从-48V总线引入的保护单元,隔离电源模块,各子系统如FPGA、ASIC等相应的PoL电源,中央处理器和内存芯片的电源,电源监控和调序单元等电源子系统,以及基带和通信接口子系统,光模块和各串口总线,以太网接口,时钟控制等子系统。各系统又能划分出各种接口、电源、逻辑、传感器、模拟等细分芯片的应用场合。读者不论是做任何种类的芯片,几乎都能在其中找到适合自己发力的具体子系统。即使我们只是为了做一款简单的负载开关芯片,都可以在德州仪器关于电信系统BBU的不少子系统中找到可以学习的推荐产品。

当然,调查竞争对手的网站信息只能找到公开资料,有时其准确性也可质疑(如德州仪器这里对BBU的推荐芯片,有一部分据我的经验就未必适合)。

最直接有效的办法,还是调研在具体细分市场内的头部客户,在通信市场,如果在华为、中兴、诺基亚和爱立信其中两三家的具体相关部门走访过,那么其他客户可以不用在产品的定义阶段再去调研,因为绝大多数中小客户都会采用类似的设计,或者是其中某子系统的供应商,其差异性有限。在某些更细分的市场,如光模块,大多数厂商的设计较为类似,还是应该寻找市场占有率最高的一些厂商客户,因为这些厂商能够领先市场,当然有其成功之处,而且对市场的走向也会有一定的了解和影响力。

如何寻找这些头部客户,以及如何使这些客户愿意分享他们的系统构成和产品需求,在本书的其他章节会进一步叙述。

2.2.5 研发合适的芯片来销售到该细分市场

确立了在细分市场内的公司竞争优势,我们可以看公司具体芯片产品的定位。芯片产品的定位必须属于公司在细分市场竞争优势内的一部分。而最忌讳的就是东打一枪西打一枪,不看客观条件,永远对客户说可以做,跟着客户虚无缥缈的需求来跑。这样做非但没有优势,还经常会使我们变成客户第二第三的选择,可能变成白忙一场。

很多产品线并没有良好的产品策划,可以说只是为了忙而忙。我曾经接任某产品线管理位置,前任留下来一块双通道输出的芯片正在开发,我询问同事发现:这块双通道芯片比竞争者的两颗单通道芯片加在一起还贵出一倍,但是没有任何其他性能提升或新功能,甚至方案的尺寸都大很多,那客户为什么不用两颗单通道方案呢?我后来估计,这一定是在客户拜访中,前任经理问我们用双通道芯片来取代两颗单通道芯片好吗?然后客户很简单地说可以考虑,当然客户此时不会去替产品线经理来操心双通道芯片是否真正有竞争力。这就是一个产品定义失败,没有了解自身优势劣势,为了虚假的客户要求而盲动,没有考虑商业后果的结局。

有时我们对某种技术的自信过甚,或者过于相信客户的某些承诺,相信只要芯片做出来,客户自然会蜂拥而来,而最后销售结果却不好,很大程度上是因为对细分市场和客户需求的研究尚不够深入。

成功的产品线经理必须有能力去辨识真正的市场和客户的需求,我们知道客户希望要的芯片永远是最便宜,最好用,支持力度最好……如果我们的芯片有某方面的优点,或许客户会愿意拿来测试一下。但是真正的问题是客户是否

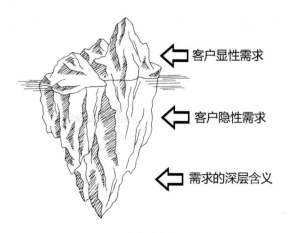

图2.7 客户需求的层次

有动力,在几个月或者一两年后等我方芯片量产后,把现有的方案切换成我方打算开发的芯片?是否曾经听客户说过:"这芯片看PPT还行,有样片了拿来看看。"然后过了很久,流片成功后寄了样片,却再也没有了下文?这当中的问题在哪里?是市场的问题?定义的问题?时间点的问题?销售的问题?支持的问题?

客户需求正如图2.7所示的冰山一样,浮在表面而外在可见的可能只是10%,尚待发掘的内在需求占了多数,而更深层次的需求解读还在深海之下——为什么客户会产生这些需求?

例如,特斯拉Model S的逆变器,用到几十颗IGBT单管芯片,而某些厂商主推的是IGBT模块,就十分不解:为什么特斯拉不愿试用集成度更高、更容易做系统设计的模块方案?难道我们降价也不行吗?这里特斯拉的需求层次是这样的:

(1)显性:需要单管、高压、大电流的IGBT,给所有厂商的规格要求是类似的。

(2)隐性:需要某几种参数的一致性高,有特殊的封装和散热要求,用单管是因为可以更自由地增加和减少数量,以满足不同车型的需求。

(3)深层含义:特斯拉最初的Roadster电驱方案来自于AC Propulsion,其中电驱动用的是单管IGBT方案。而Model S的电驱是更快速更先进的版本,在动力方面希望尽量能沿用和改进从前的架构。这样的深层含义,在不掌握行业内外的相关资源之前,是难以了解的。

对产品线经理更难的挑战是,我们是否能挖掘出客户自己未必意识到的需求?从大处来举例,苹果在发明iPhone以前,消费者是没有意识到智能手机的潜力的。从小处来举例,上海晶丰明源做了一款省去Vcc电容的照明芯片,在此之前业界默认是要加这个小电容的。即使这个创新只是节约了客户两三角人民币,然而因为是客户自己没有意识到可以有的性能,就会吸引眼球。

顶级的难度是，我们是否能让客户觉得自己对芯片有某功能/性能上的需求（但实际上不一定有），如某电动车宣传0～100km加速不到2s，吸引很多粉丝，然而有多少人确实有在2s之内开到100km时速的需求和可实行的路况？这当中，是否其实有很多"情怀"的因素？而我们能否厉害到定义出给人以"情怀"的芯片？如Intel Inside？曾几何时，很多消费者指定要在计算机里装有Intel的芯片，即使大多数人可能根本不知道Intel与AMD的区别。

我曾经和同公司做某种数字芯片的团队一起推广适用于其市场的低噪声芯片。低噪声芯片的售价要显著高于抗干扰能力较差的普通型，那么会有客户来询问是否可以直接用普通型来替代。我的答复是："或许可以，然而作为原厂我们仍然推荐高品质的低噪声芯片来匹配高品质的数字芯片，如果用低品质的普通芯片造成对其他芯片的干扰，那么我们不能负起终端产品质量的责任。至于是否在所有情况下都需要低噪声芯片？那么我诚实地说，也许并不一定。"我这个回答比较诚实，而多数客户也并不愿为一点点儿减少的成本而冒产品质量的风险和承担很多额外的工作，因此还是更愿意选择低噪声芯片。公司某销售对此打的比方是："你想让你的法拉利用劣质便宜汽油吗？"

这虽然只是一个销售手段，然而也是引导客户认为自己很可能有这方面的需求。产品线经理和产品定义工程师需要时时动脑，挑战竞争者和客户所用的现成方案，提供意想不到的产品优势。2019年时我的团队看到竞争对手做氮化镓的控制方案，用DSP等总共7颗芯片做数字控制方案，我方认为完全可以只做1颗模拟芯片，达到7颗芯片的效果，而大大改善整体元器件数量，还不用客户编程。这颗模拟芯片后来花费一年时间研发成功，我为此专门写了一篇文章，吸引了很多新客户前来咨询。

这里给有模拟和电源芯片背景的读者一个小测试，假设市面上某种DC-DC电源芯片普遍的开关频率在1MHz左右，你做了一颗4MHz的拿出来宣传，比较厉害的客户一定会问效率和散热能否过关？当然，4MHz的频率，多半在效率上是有点儿问题。那么这时你能否在最短时间内让客户觉得他理应有这个需求呢？这个思考可以留给读者自己去做。

总体来讲，我们可以把这一节的市场经营之道画成一个如图2.8所示的闭环。产品线经理应该时时审慎地去思考自己有没有尽责地把这方面的工作做到足够细致。在2.3节结束之处，我们还要进一步增加这个闭环的细节。

图2.8 市场经营

为了定义出合理、好卖的芯片，我们如何规划产品路线，在此过程中把自己内心的障碍和疑虑一一去除，通过合理的产品路线和商业计划书让上层做调配资源，让公司周围的同事全部来支持这条路线，让设计工程师有动力加班加点提早流片，让销售和FAE蜂拥去做推广，请见2.3节。

2.3 芯片产品路线的规划和平台设计

在制订具体芯片的商业计划书之前，不妨先制订产品线的路线规划和平台战略。有了路线和平台，做具体的某颗芯片才有意义。

2.3.1 为何需要芯片产品路线

对于绝大多数的芯片产品线，在定义芯片规格之前，我们都需要思考未来可能由此芯片而诞生的一系列产品的规划，从而营造愿景和战略导向。因为在芯片公司所有可接触到的层级——上层领导、设计工程师、应用工程师、销售、FAE等，包括客户，都不希望你的产品线只做一两颗芯片，而没有长期的规划和持续投入。我曾经开发某种电源模块，需要由公司的封装团队协助外部封装厂来做某种特定结构。封装团队就非常关心我们能否用此结构来连续开发未来的多个产品，就可以功不唐捐。很显然，封装团队即使其工资奖金与我们产品线的销售额没有关系，也对自己的工作是否有意义而十分关心。

不少产品线，因为最开始开发的芯片没有得到良好的市场效应，也没有确立未来的发展路线，而早早退出市场，这样是客户和其他公司内部人员都不想看到的情况，无法确立长期的信任。实际来说，对于全新的产品，往往需要累积不止一两颗芯片的经验，来最终获得商业成功，没有在早期一定程度的失败而一炮打响是非常罕见的情况，这里重要的是吸取教训和学到进步的空间在哪里。我曾经管理某种适用于隔离电源的芯片业务，最初做的一两款芯片性能设计出来一般，卖得不好。然而此细分市场是一个确信的增量市场，我们不断持续投入，随着市场和竞争者的变化而不断调整设计，一直做到第8颗时出于对系统的理解加深，学到了竞争对手所不了解的细节，终于得出了最先进的功能定义，又恰逢市场变得火热，因为此前积累了丰富的客户关系和应用经验，于是成功大卖。这个案例的背后具体技术解释，可以参考在2.7.2节中我所写"学校里不教的同步整流控制——从实际设计出发的一些具体讨论"一文的网上链接。

需要产品路线的另一主要原因是芯片工业（特别是应用于消费电子的场合）经常有快速发展的产品周期（见图2.9）。任何再成功的芯片，总有引入期、增长期、成熟期和最后的萎缩期，而每个阶段可能短至半年到一年（特别对应用于消费类电子的芯片更是如此）。对于成功的产品路线，应该可以让增长期来得更快，势头更猛，尽量拖延萎缩期的到来，在萎缩期到来前设法衍生出新的销售线索，同时在适当的时间点及时推出更新换代的产品。

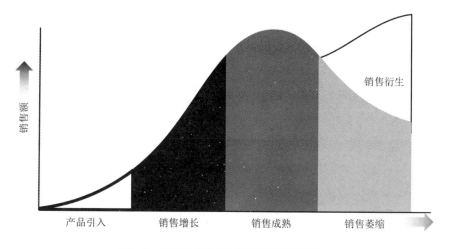

图2.9　产品生命周期和产品线经理的目的

另外需要说明的是，根据产品线的目的可能是衍生出新的客户、巩固已有的客户，或者拖延销售单价随时间的下降趋势，其所采取的产品路线又可能有所不同，在此不做细表。

为进一步说明，可以参考如图2.10所示柱状图，某产品线逐年销售额的假设案例。2012年销售的是2012年以前开始量产的芯片，2013年销售的是包括2012年以前和2012年当年开始量产的芯片，以此类推。可以看到，在2012年以前量产的芯片，有可能在2016年销售额已经很低，在2017年、2018年已经被市场淘汰（或被同公司成本更低、性能更好的芯片所取代）。而2013年开始量产的芯片，在2014—2016年卖得尚好，在2017—2018年开始衰落。以下类似。产品线不可能每年研发的新产品都可以走出同样高涨的销售曲线，然而通过不断地推陈出新，产品线的总体销售额可能每年不断地在进步。持续的产品路线规划就是如此重要，这张图反映的另一个现实是如果某产品线有2~3年不再有新的投入，可能已经被市场遗忘，一旦落后，再想拿到原来的市场份额就变得非常困难。

综上所述，在进入一个新的细分市场时，公司高层必然会询问产品线经理是否有长期的规划。如果不一直更新换代，即使某颗芯片销售额比较高，在短短几年内也很可能丢失所有的市场份额。这一点在国内的芯片市场尤甚，某颗芯片如果有特色，卖得较好，可能几个月内就有无数的仿照方案，与其把精力放在打官司上，我们不如不断往前推进新产品，达到和客户的一个长期合作。

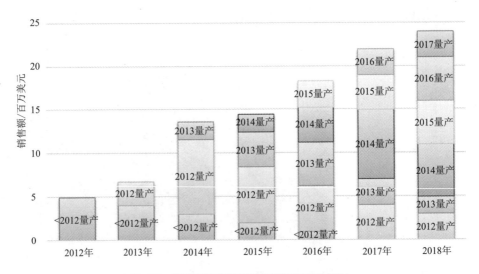

图2.10 假设某产品线逐年的销售额变化情况

2.3.2 芯片产品路线需要沟通和支持

产品路线图必须能够说服管理层、客户、同僚和下属，需要能够在所有这些听众面前辩论你的战略，必须自己有无穷的自信心，而且不随意变化。如马云最早开创阿里巴巴时的故事我们都听过了，余生也晚，如果能够穿越回去亲自听到当年他面向十八罗汉的演讲，可以想象，当时必然是马云对自己的战略有无穷的信心，感染了所有的听众，愿意和他一起共同奋斗。

产品线的规划不是闭门造车，而是需要得到全方位的支持，下面举一些例子来说明为什么这样的支持是非常有必要的。

- 公司的上层。如果能够打动上层，不仅可以批准路线图，甚至可以调动额外的资源，如更多的设计工程师来协助该路线图的完成。可以在公司内部与其他产品线通报来共同协作，招聘额外的员工，其他一些需要打通的环节如采购、法务等，也更容易迎刃而解。
- 设计工程师。任何设计工程师，如果做了一块白费自己功夫、没有真正大卖的芯片，即使个人的经济利益并无损失，仍然会因为白费光阴而懊恼。如果产品线经理可以说服工程师此产品路线有良好的销售前景，将来有多代芯片等候它的陆续开放，可能帮他招募其他设计工程师来协助他成为管理者，那么很有可能此工程师设计时会额外细致，提高流片成功的可能性，因此何乐而不为呢？
- 销售和FAE。如果销售对此路线图很有兴趣，会在他/她负责的区域主动与很多产品线未必熟知的客户去沟通和收集反馈，也可以在芯片设计出来前就着手发掘新客户。产品线经理可以通过定期交流，使销售感到自己在产品的研发过程中有很积极的贡献。对于代理商，虽然不能过早告知路线图的具体信息，然而可以知会对方我们目前计划开发某一类产品，对于优秀的代理商，可以给出很多竞争对手的市场信息供我方参考。
- 其他部门，如工艺研究、采购、封装、测试等。除特殊项目，这些部门一般不在产品上给出建议，但是产品线仍然需要他们的协作来贯彻路线图，如果不在任何项目早期给予他们足够的尊重，咨询他们的意见，可能在未来的某个节点上会遇到不必要的麻烦。

总结一下我们需要沟通的渠道和希望得到的结果，如图2.11所示。

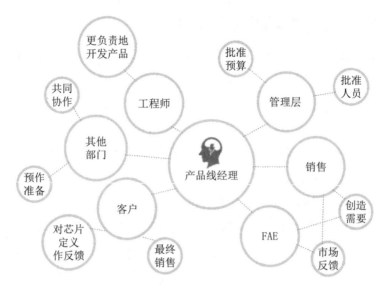

图2.11　芯片路线图的沟通方向和目标产出

可以想象，其实产品线经理在公司内部的协作中，很多时候并没有直接甚至间接的经济利益。在中等以上规模的公司，任何单一产品线的成功与否是无法影响大多数其他部门的奖金升职等直接利益的。这里我想提到的是马斯洛需求层次理论（见图2.12）。在满足了基础的生理、安全、社交等需求之后，在更高的层次就是自我实现的需要了。产品路线图可以说是影响公司销售额的关键之一，也是出示投资人的有效依据，公司里很多其他部门的员工虽然不会明示，但是潜意识里仍然希望成为其中有贡献的一部分。因此如果能让更多的团队成员来背书产品路线图，最后芯片得以大卖，参与整个全过程会对整合团队人心、鼓舞士气很有帮助。

图2.12　马斯洛需求层次理论

2.3.3 芯片产品的平台战略

在做芯片的具体路线图前，不妨考虑平台战略。平台定义了未来的成本、性能极限、竞争力。平台本身并不是产品，然而是未来产品的共同基础，包括工艺、封装、设计IP、电路模块、软件内核、授权IP等共同要素的选择。未来的种种产品，虽然各有特色，然而都可以源自共同的平台，如图2.13所示。通过共同的平台，产品1，2，3具有多种共同因素，然而又各有特色，以后又可以陆续产出有所微调的后续产品如1.1，2.1等，培养起一系列产品。

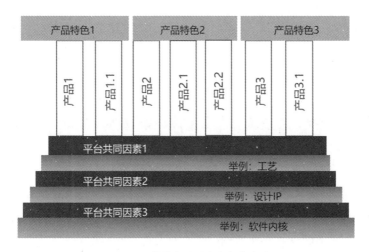

图2.13　芯片产品平台和各代产品

产品平台的成功条件有以下几项。

（1）清晰了解平台各共同因素的优劣性。

例如，在电源芯片界，对于DC-DC直流变换器的控制模式，可有电压式、电流式、CoT式等十几种之多，各有优劣，也各有适用条件，任何控制模式都可能变为平台的共同因素而开发多种不同电压和电流等级的DC-DC产品，此时选择哪些控制模式优先研发，就是定义任何DC-DC产品路线图的先决条件。

（2）平台的差异性应该提供可持续的竞争优势。

例如，时下芯片设计公司流行的"Fab-lite"模式：公司可以使用代工厂的设备和操作员，然而公司自行开发独特的工艺，签订保密合作条约，同时在几个不同的代工厂使用同种工艺，这样可以每年随着产量的提升来与这些代工厂重新拟定价格，既比较灵活，固定成本支出又较低，受代工厂产能影响也最小。这种模式适合于对工艺节点要求不高的细分芯片种类。

从设计IP等因素方面考虑，也应该保证在未来的5年内，不至于在技术上落后。

对具体芯片来说，性能稍微优异一点儿有时非常困难，而且也未必对客户更重要，但是如果能够做到非常不同，而如果这种不同对客户很重要，那么整体这颗芯片仍然会很吸引客户。

例如，德州仪器已经把某颗芯片的静态电流做到了1μA，即使我们拼命优化电路设计而做到了0.5μA，客户也未必更偏爱。

然而，我的团队目前在开发的某种芯片具备基于自己某待批专利的功能，某大客户从没见过，表示对其很有意义。而即使这种芯片因为工艺的限制有另外某明显的缺陷，客户仍然第一时间表达了强烈的兴趣。这种功能就可以作为平台的固有优势，而开发系列产品。

（3）保证产品开发的可持续性。

我们当然不希望看到努力设计的IP，因为代工厂产能紧张而被迫去其他厂重新设计，或者封测厂的生意兴衰也可能对我们造成影响。平台共同因素的开发，必须基于供应链上的各个长期合作伙伴和后备的选项。

首先开发平台对产品线的益处如下。

（1）首先做最困难和最重要的决定。Micrel的创始人Ray Zinn曾经写过一本创业书，书名就叫"Tough Things First"。

比起分散做不同产品的投资判断，产品线经理应该首先与设计总监、工艺部门等共同先做核心的几大基于平台的决定，在后来的开发中会节约大量精力。

（2）快速持续地响应市场需求。

对某些知名芯片公司，只要产品被定义出来，那么开发周期可以非常短。因为大量的核心IP早已被基于各种工艺发明出来，设计师几乎相当于是拼积木的过程，所需新设计的部分相当有限，自然开发飞快。

（3）平台战略鼓励远期的产品策划。

假设我们要做出选择：一是某客户需要替代某进口芯片，然而全部IP需要重新做；二是开发某控制电路，使未来可以更容易地开发10颗芯片。对于比较短视的产品线，可能选择开发前者，然而对未来的新产品很难有贡献，如果我们坚持平台为先而选择后者，可能在未来更有发展。

（4）平台战略提升大量运营效率。

①人力资源。以前述DC-DC电源芯片为例，一旦控制模式被设计出来，根据不同电压电流而创造新产品，可以只需要较少数的工程师。德州仪器有多达

几千种的DC-DC产品,就采取此类开发策略。

②开发和供应链成本。如果不同的产品可以沿袭类似的封装,就减少了模具开发费用,降低了环境测试的风险。又如采购不同的元器件与芯片合封成模块,也应该选择规模较大、产品丰富的供应商而达成长期合作,而不应该为一时便宜选择小厂商,而增加未来重新选择其他供应商的困难。

2.3.4 芯片平台战略中对芯片工艺的选择判断

我曾经规划使用过几个不同的代工厂的工艺,总体来说,选择新工艺具有如下一些要点。

1. 功能

(1) 工艺节点和特色。

(2) 设计工具。

(3) 可重复利用已经设计好的IP模块(对快速设计尤为重要)。

(4) 额外可扩展的功能模块。

2. 成本

(1) 单片晶圆报价,流片费用。

(2) 基于此工艺的芯片密度和尺寸。

(3) 生产的历史良率变化。

(4) 实现某种芯片功能的Mask层数。

(5) 重要特性基于历史记录的正态分布(工艺控制的问题)。

3. 日程

(1) 工艺的成熟度、量产年数(较老的晶圆厂建设和工艺开发已经折旧完毕,因此相对便宜,然而性能方面可能竞争力减弱)。

(2) 配合情况(回复和技术支持是否及时)。

4. 风险

(1) 该工艺的交期可靠性。

(2) 工厂是否在较高风险的地域(如地震带)。

(3) 产能利用率(如果是满载甚至超载,虽然说明这家代工厂的生意很好,然而可能也带来交期延误的风险。代工厂在产能紧张时肯定以照顾大客户为先。曾经某著名代工厂曾经为了照顾苹果,拒绝了一众中小公司的订单,对于这些中小公司如果没有事先备案,几乎是灭顶之灾)。

在几家代工厂的工艺摆在面前以后，最后的几点根本原则如下。

（1）在能够满足性能要求的前提下，选择最成熟（最老）的工艺。

（2）在能够满足成本要求的前提下，选择最先进（最新）的工艺。

（3）如果性能和成本要求不能同时满足，那么就要寻找新工艺，或者调整产品战略了。

在定义了平台的一些共同要素以后，做产品路线图可以考虑如下一些差异化。

（1）使客户的产品可以符合新的行业标准，在电源行业诸如能源之星、USB快充、直充等。

（2）提升某种性能。

（3）降低某个环节的成本。

可能从以下的一些改变而来。

（1）新的芯片架构。

（2）新的软件功能特色。

（3）新的硬件电路特色。

（4）新的芯片封装。

对于依靠代工厂的无晶圆厂设计公司来说，多半也没有自己的封装厂，因此要从工艺和封装上胜过对手有一定困难，但是完全可以从设计上多考虑是否可以帮助客户解决任何潜在问题，提升客户的某种性能，以及客户愿意为此改善的方案增加多少成本。

一个非常基本的产品路线图如图2.14所示，分别从性能、功能和成本上改进。

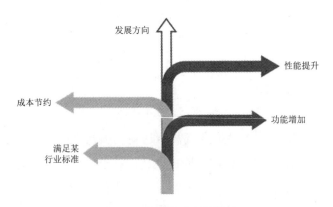

图2.14 基本的产品路线图

2.3.5 做芯片产品路线图的准备工作

1. 公司内部调研

产品经理需要尊重其他公司富有经验的人，如设计、应用工程师、技术营销经理等，在路线图的早期制定上，不妨早早请他们加入，成为一个集体的方案。产品线经理需要学会倾听，同时在关键的问题上也要据理力争。在路线图制定上，开始时不必太拘泥于细节。

2. 客户调研

我们曾经想开案做一系列新的电表芯片方案，花了一段时间准备材料和收集全球客户的联系方式，把路线图和主要产品特色与全球几大主要电表厂都沟通了一遍，虽然反馈不尽相同，但是至少给了我们很多新的思路来调整路线。

多数我见过的客户，出于作为工程师的自尊，在合适的情景下很愿意展示一下自己的知识和经验。如果产品线经理给予他们足够的尊重，自己足够专业，提问挠到痒处，客户们会对新芯片提出很多反馈。而且从心理上来说，如果客户曾经参与了芯片一部分性能的定义，会更有兴趣未来主导对此芯片的验证。在2019年时某客户提出希望新的芯片上能够增加某种功能，后来2020年与此客户沟通时，我们告知他有这种功能的芯片已经可以送样了，对方瞬间就表达了强烈的兴趣。

换个角度，我们也不能完全依赖于客户的反馈，很多客户一般是短期的需求，对长远的路线图未必感兴趣，有些客户的经验有限，所知也只是自己的需求而未必是行业的普遍现实。因此对客户反馈还需要加上我们自己的判断，不能听风就是雨。

3. 竞争对手分析

这点毋庸置疑很重要。除了可以研究网上的公开资料，我们需要挑战自己的是：还需要提前估计对手的下一步变动，可以从各个渠道去了解，如客户、销售、友商，甚至代理商，很多时候我们可以得到一些宝贵的信息。这里要提醒的是，如果客户不在乎把竞争对手保密产品的信息完全告诉我们，也表明我们不能告诉他们任何秘密资料！

4. 系统分析

路线图上的系列芯片，不见得是为了类似的应用和类似的客户。例如，Power Integrations有大量基于类似控制架构而集成不同功率MOSFET的反激变换器芯片,在这样的路线图上,必须说明在不同的功率等级下,这些芯片会应用于怎样不同的应用和系统中。

5. 销售和代理商的调研

很多时候销售不会主动来沟通对于某类产品的需求,因为对方假设我方没有兴趣去开发,然而在其负责的区域,可能此销售有极多的市场信息和对产品的详细需求。这里就需要产品线经理了解可能拥有此类信息的局域市场和一线人士,如果要调研某类汽车应用的芯片,当然应该咨询汽车重镇,如底特律、斯图加特等地的相关销售和代理商。

6. 对成熟产品的路线图做进一步思考

很多时候,即使是非常成熟,销售了二十年以上的产品线,仍然具有生命力,值得随着市场的变化,进一步发展新产品。我们仍然以上述Power Integrations公司为例,在发明了各种高压产品数十年以后,至今仍然在不断推出各种功能和参数微创新的新品,在AC-DC小功率的细分市场仍然具有很高的市场占有率。

基于成熟产品线,即使功能上不做大的修改,我们仍然可以通过节约成本,采用更新的工艺来减小芯片尺寸,采用不同封装,减小封测成本等进一步发展。

2.3.6 做芯片产品路线图中需要考虑的问题

(1) 路线图容易做——然而一步步做下来,每步都获得商业上的成功很难。我们应该每步的跳跃变化不至于太大,间隔也不至于太长,尽量使每一步的IP在后面都可以沿用。

举例来说,如果第一颗芯片是纯模拟芯片,那么第二颗如果增加数字通信的功能,就不一定能沿用同样的工艺,那么这样的路线图就最好分开而针对不同市场。

又举电源芯片的例子,如果工艺本身支持40V和60V的开发模块,那么可以先用60V的模块进行开发,如果取得商业成功,后续考虑在不需要60V的场合下降低成本,在第二代可以转向40V。因为控制逻辑等都可以继续沿用,节约了一半以上的开发时间,那么这样的路线图就比较有意义(甚至可以考虑只是增加料号而不改变设计)。而相反,如果先开发40V,可能芯片整体尺寸做得很紧凑,因为后续的60V设计整体都要增大,那么其借鉴意义就较弱。

（2）一种芯片的第一代和第二代不宜开发和推广的时间太近。

我们希望客户可以多花一点儿时间来验证和使用第一代芯片，直到接近客户的下一个设计周期，如果第二代芯片正好在下周期之前可以量产，这样的时间点就踏得比较好。如果我们在推广第一代时就告诉客户第二代很快就会开发好，导致的最大问题是，第一代产品就会完全无人问津。

这里我想举的例子是美国科技界著名的Osborne Effect（奥斯本效应）：1980年年初，一家颇受欢迎的个人计算机厂商奥斯本，因为太早宣布他们要推出的更高档的机器而又迟迟无法交货，消费者闻风纷纷停止下单订购现有机种，最后导致奥斯本因收入枯竭而宣布破产。

乔布斯从前在开发新的操作系统OSX时，对开发过程严加保密，就是要防止过早透露新功能而让现有的Mac OS销量下滑，因为很显然在宣布的同时，对新功能有兴趣的潜在客户都会选择观望。苹果沿袭此经验，对以后的开发项目，不到开新闻发布会的那天都一直严格保密任何技术细节。不过对于生产消费电子产品的公司，因为需要持续吸引用户的关注，一定程度上的奥斯本效应还是很难避免，iPhone如果有某一代销售业绩很好，一般总会跟随着一两代不太如意的版本。

我曾经开发过一款芯片，当时已经开始卖得很好，而我们同时又计划了基于此芯片做性能更好的改款。因为改款只是比较简单的金属层改动，其实很快就可以出货，但我在路线图上将其微调至一年后出货，就是为了防止奥斯本效应。这样做可以让客户看到我们在持续付出努力，而且可以避免竞争者直接去仿照改款的芯片。其妙处在于如果某大客户确实坚持只对改款有兴趣，我们总可以告诉他们其实过一两个月就可以送样品了。

（3）产品的丰富化。

在电源芯片的领域，特别是DC-DC（直流-直流变换器）、德州仪器和MPS（此细分领域全球前两位）的成功之处之一，就是有极大丰富的芯片种类可供选择（TI 只是在5V DC-DC 就有百余种之多，很多小厂家最多只有几种）。我曾开玩笑说，做DC-DC芯片就如做中国菜，先拿很多的原料：肉丝、肉片、鱼片、虾仁……加以不同的佐料：鱼香、麻辣、咖喱……加以不同的做法：清炒、水煮、烤……成为几百上千种不同的菜式。如前述做DC-DC芯片，先有不同的控制模式，如CoT、电流式、电压式等，加以不同的电压等级和电流等级，加以不同的封装和其他细节，上百种DC-DC很快就可以放在路线图上。但是这时就要考验产品线的功力和经验，到底先做哪一部分了。即使一时人员数量不够无法同时上马很多项目，但是客户总是愿意看到供应商公司有不断丰富产品线的计划。

还有一种做法是一颗芯片上在设计之初就可以支持多种功能，然后在封装时通过最后调整部分参数，改金属层，或者连接不同引脚来实现多颗芯片的功能差异化。这样开发成本较低，可以短时间内推出多颗芯片，也可以根据销量了解不同功能的市场接受度，唯一的缺点是单颗芯片的成本可能会略高，开发的时长和风险也相应略大。

举例来说，我们可以看到以前美国国家半导体公司（National Semiconductor）的LM22670，LM22672，LM22673，LM22676，LM22680这数颗芯片，都是4.5～42V输入，3.4mA静态电流，输出电流3A左右的DC-DC芯片，封装也相同，唯一的区别就是不同料号有RT、SS、IADJ等不同功能的引脚选项。基本可以推测，这一系列的芯片在设计时已经具有所有这些功能，只是通过表面连接不同引脚和可能做的一些金属层有限的改动而产生不同的几颗料号，用于不同需求的客户。这样做的一个妙处是：日后不用通过客户调研，只要看这几种芯片的销售额对比，就知道在未来的产品上应该保留和除去哪些功能。

（4）进入市场的时机。

我们开发芯片，可能是为了进入成熟市场，也可能是为了开发全新的市场（包括在成熟市场提供全新的解决方案）。

对于成熟的市场，我们必须了解客户的开发周期，包括客户工程师的新产品开发周期，以及采购的半年度或者年度的降成本计划周期。例如，我们曾经了解到华为某个采购部门的做法是每年的某月会评估新芯片来降低BOM成本，那就要留意在期限之前就要和采购接触。在进入成熟的市场时，也要注意提供和宣传多于芯片本身的一些特色，如同样是做脚对脚的替代方案，能否提供更丰富的系统开发板、提供更多FAE支持、提供软件编程服务，等等。

我们经常在推销新芯片的时候遇到客户正在做新设计，需要我们早于某个日期送最终样片，也需要保证量产时间。这时也需要我们准确地估计进入市场的时间。

一般说来，如果芯片只针对某几个大客户，那么进入市场的时机需要符合切换的窗口。而如果我们制定的路线图是针对大宗市场，不需要满足特别窗口，则越早进入成功的希望越大。

(5) 不要过分自信。

有的市场虽然在增长，然而头部客户只有有限的几家，而市场几乎已经被各个巨头瓜分完毕，此时如果其他公司想要进入，要十分慎重地考虑自己的主要卖点和成功的可能性。例如，我知道很多欧美和亚洲的公司都开始投入数据中心的多相电源方案，但是这方面的大客户全球不超过二十家，而且主要的三四家芯片供应商早已构建起了由产品和专利组成的强大护城河，因此这些刚开始投入的其他芯片公司实在是困难重重。

而更有一些其他市场虽然宣传非常热闹，但其真实的业务潜力是非常值得怀疑的，这里不再举例。

2002年诺贝尔经济学奖获得者Daniel Kahneman提到，很多管理层不需要太多的个人成功经历，就会变得过分自信，不会考虑主要的竞争者是否早已有先发优势，而自己在技术和执行上并无十分把握。危害在于管理层一般都能让他人相信自己的判断，即使这些判断不一定有深厚的基础。

(6) 客户方案切换的成本。

产品路线图不能只依靠公司内部的愿望来发展，必须考虑很多的外部因素，例如，客户方案切换的成本。

其中包括硬件切换成本（电路板和芯片外围器件），软件切换成本（人工成本、编程烧录器、培训等），系统和流程切换成本（编程工序、测试方案、重新做各种UL、EMC等认证，等等）。一般来说，在供应链上的地位越往下走，越容易切换。如常见的RS232和RS485收发器芯片，工业界沿用同样的功能和引脚已有数十年之多，切换几乎不带来任何额外的成本。然而，如果我们做了一块数字电源控制芯片，要来代替客户现用的模拟方案，那么即使数字控制的性能再好，势必也要经过一番各方面的折磨。我自己曾经从芯片公司客户的角度工作多年，即使有熟悉的芯片原厂来推销可替换现有方案的芯片，除非有确实大幅改进我的产品的可能，或者出于各种被动的原因必须切换供应商，否则为什么要给自己找额外的事做呢？做芯片产品路线图时，如果能够一步步找准客户的痛点，改善最关键的部分性能，那么就非常吸引客户了。

2.3.7 芯片产品路线图举例：无锡芯朋微

各大芯片公司产品路线图的公开资料比较少，可以用最近科创板上市的无锡芯朋微为例，从同行的角度观察其产品平台的战略和影响其产品路线图开发的因素。我对芯朋微的管理层并不熟悉，只是纯粹从其招股书的披露信息和从电源芯片的市场角度来分析其成功的因素，尝试猜测其产品战略制定的缘由。

根据招股书的披露，芯朋微主要针对细分市场有这样几块：家电类（包括白电、小家电），适配器和充电器（标准电源类），便携式移动数码类设备，工业类（电表市场）。其产品类别主要是AC-DC、DC-DC、驱动、充电和接口芯片。

其技术平台主要由工艺技术平台（与驱动、AC-DC、DC-DC有关），器件技术平台（与合封的功率器件有关），电路IP技术平台（包括可重复利用的IP——其重要性见前文）构成，如图2.15所示。

招股书上如下这段话就技术平台与产品开发的关系说得很好："（芯朋微）的技术平台与技术、产品的关系为：技术平台是共性核心技术的成套集合，研发阶段，依托技术平台中的共性技术进行产品开发，形成产品。同时，在具体产品开发过程中，会形成新技术，改进原技术，从而进一步完善技术平台。每一代技术平台都是针对当时的市场技术需求变化来规划开发的，有各自不同的研发侧重点。相关技术平台的划代依据主要是发行人自身技术研发的演进过程和市场需求的变化，并不对应某个行业公认的技术标准。"

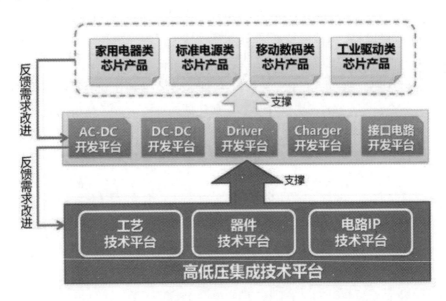

图2.15 无锡芯朋微的技术平台、核心产品种类与其针对的细分市场（科创板上市招股说明书，来源自上海证券交易所网站）

现在我脱离其招股书，从同行的角度，试分析其产品路线图（见图2.16）的演进过程。

从其核心技术平台上出发，2006—2007年时，白电类（冰箱、空调、洗衣机）和小家电类等需要的AC-DC芯片当时被美国和日本的芯片公司所垄断，当时的第1代700V单片的平台在国内确实是技术上有突破性的创造（也许是在华润流片），这时此工艺应该主要还是适用于小家电类，较为低端的应用。在移动数码领域所做的异步升降压芯片应该是基于某些标准工艺，其设计在效率等方面与欧美先进芯片有所不及，这时主打的只能是低成本的战术。

然而在2011年左右的第2代产品中，这时可以把功率MOS和控制芯片分开流片而合封（所谓双片集成平台），这样从功耗、成本等方面进一步优化，可以覆盖需要较大功率，毛利和TAM也较大的白电市场，同时在移动数码领域所做的同步升降压芯片，可以从性能上与国外芯片开始竞争。

2013—2014年的第3代产品，开始脱离家电，在800～1000V的工控市场发力（可能是与华润的合作，后者目前有国内很少——也许是唯一的800～1000V功率MOS）。这里最大的细分市场应该是在电表方面（同时国内外开始对电表的待机功耗有一定要求，因而电源端开始有适用功耗较低的开关电源的需求，而相应产生了对AC-DC芯片的需求，之前几乎全是用60Hz变压器）。所以其平台的发展，也切合了市场变化的需求。值得注意的是，在此之前，芯朋微的发展还是基于仿照国外芯片以替代为主，而在电表方面的发力，是国外厂商这时还比较忽视的方面。后来，ST、Fairchild、Infineon等几家国外厂商也做了几颗类似的超高压产品，然而就没有后续了，反而是MPS、矽力杰等中资背景较重的公司，看重此市场而持续发力。在2013年以后，我看到很多中资芯片公司，对中国的电子市场做了很多特别的产品规划，不再以国外芯片厂的经验而马首是瞻。

这时在标准电源领域，芯朋微沿袭之前的第2代平台，做能满足5级能效的适配器，开始切入此领域，在华南的适配器公司浩如星海，在当年可能做适配器的芯片，对国产芯片公司属于较为蓝海的领域，现在又是完全不同的情景。

对于2017年开始其第4代的多片高低压数字式芯片，我估计是这时芯朋微开始切入USB PD和其他快充领域，因而需要数字式的电源解决方案。这时在移动数码领域也开始进入同步大电流方向，非常考验工艺和设计能力的领域，之前的市场主要被TI和MPS等厂商所占据。

作为总结，可以看到芯朋微的技术平台，从开始以第1代适用小家电→第2代适用白电→第3代适用工控→第4代适用适配器，每一代都有部分源自上一代的基础，能够切入不同种类而体量可观的细分市场，其研发投资非常高效。而在移动数码领域，虽然没有公共的技术平台，然而也有很多基于之前产品的技术IP可以共享，可以有更长远的发展。

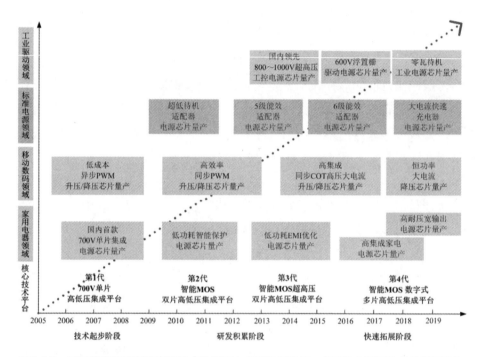

图2.16　无锡芯朋微的产品路线图（科创板上市招股说明书，来源自上海证券交易所网站）

2.3.8　芯片产品路线图的后期修改

很少有产品线可以一直做几年的路线图，而不需要做任何调整甚至大的改动。市场情况经常发生变化，而我方的市场信息和各方面经验也可能有所不足，竞争者也从未停止过脚步，因此即使在做好路线图之后，也可能根据各种客观情况的需求而进行修改，甚至于连开发平台都可能进行中途修改。

例如，我管理的诸多业务中的一部分是电源模块。曾经某处理器公司希望我们帮助开发特制的电源模块，因为开发此种特殊产品所占用工程资源较多，导致我方必须调整资源而暂停其他项目，而客户其特殊的封装要求与我方原来的开发路线和技术平台也并不相符，竞争者又有一定的领先优势，因此刚开始我方不得不对此客户做出拒绝。然而客户方面向我方解释此种特殊工艺如果开发出来，一是此客户自身的市场前景广阔，也不限于只用固定的一两家供应商；二是我方也不必签排他协议，未来可以销售给类似的新兴处理器公司；三是市场机会可能要每四五年才出现一次；最后，客户公司与我方还有其他方面的诸多合作，因此需要对方作为重点战略合作伙伴。因此我方在艰难抉择后，选择了调整，而开发此种特殊工艺作为新的产品平台。

又例如，我曾经与公司其他部门合作定义某芯片。合作方式是对方有成功量产的芯片而希望我方做配合的特殊电源芯片，提供给我们四五种已经通过验证、来自竞争者的芯片作为参考。在缺乏更多市场信息的背景下，我们选择了功能较为简单而性能较卓越的某芯片学习，开发了第一代芯片。然而在后期推广此芯片的过程中，部分重点客户解释了他们选用的是其他某功能更复杂、性能较差，只是价格极低的芯片，同时客户因为系统较复杂，无法为了兼容其他芯片而重新设计，需要我们做脚对脚的兼容替代。因此后面只能做出战术性的调整，将第二代芯片的目标调整为脚对脚的兼容。

再例如，我曾经开发的某类产品是针对毛利极高的某细分市场，在了解到所属事业部副总裁对旗下所有产品线的毛利要求做出调整以后，对此类产品的后续产品就马上调整为市场毛利稍低，然而其容量更大的另外某市场。

此类案例极多，不必一一分析，在除了芯片以外的其他行业，如消费电子，更是每几个月就可能发生路线上的重大调整。如果需要调整时，也只能耸一耸肩，继续新的历程。

综合上述两节，我们可以把产品开发的工作总结如图2.17所示。在划分、分析好目标市场，选择了细分市场，制订了初步的路线图，制订了某颗新产品的大致规格后，2.4节是对于成熟的芯片公司非常重要的节点——撰写商业计划书并得到批准。

2.4 如何做一份无懈可击的商业计划书

2.4.1 何谓商业计划书

在我服务过的不同公司，根据不同芯片的复杂程度，我的产品线会每年定义5～15颗全新的芯片，另外包括大量派生的产品，包括金属层改动、增

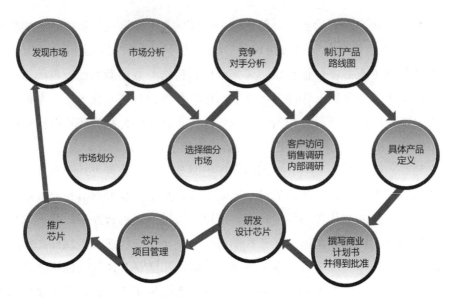

图2.17 芯片产品开发的流程

加封装、重塑料号、特殊料号，等等。

对于全新的芯片，较有规模的芯片公司都会要求产品或市场经理提供完整的商业计划书，以及召开各高层参与的审批会议，而对于派生的芯片，一般审批过程会相对宽松。其原因是全新的芯片一般投资极大（包括人力成本、光罩、流片、测试方案等成本，往往在100万美元以上），因而需要高层的批准，确认项目ROI（Return On Investment，投资回报率）可以满足公司的预期，产品是否符合公司的长期愿景和形象，芯片的定义是否足够有竞争力，等等。

商业计划书远不是为了应付管理层审批而创造出来的。计划书更多是一个产品线所有成员自省的一个过程。我们在写计划书时，会与公司各方面的专家接触、讨论、协调，确保芯片大部分技术特色已经定义完成，封装和引脚已经大致确定，软件环境得以制定，设计方面有一定把握，成本得到控制，项目周期得以合理安排，销售回报比较乐观，等等。因而即使我们有时在产品开始调研前没有明确的想法，然而在合理的计划书制作出来之后，团队基本就可以有确切的信心，共同往芯片成功的方向前进。总之，商业计划书是一份芯片本身的制造计划，加上一份完备的商业计划的综合体。

有读者可能质疑如果商业计划书花了太长的时间来准备，是否会影响具体芯片的流片时间从而影响真实的生意。其实在准备商业计划书的同时，设计和系统定义工程师们从未停止他们的脚步，他们会同时做仿真、一些初步设计、估计芯片尺寸，等等，也会花一定时间共同参与商业计划书的讨论，在此过程中还可能因为商业计划的变动而修改他们的原始设计定义。这些活动都是相辅相成的。当然我们也不可能等到芯片设计快结束、流片前才去展示商业计划书，那样等于是绑架了管理层必须同意。一般比较好的做法是等到团队对此芯片的所有技术方面比较有信心，去除了大部分技术和制造方面的风险后才去组织召开审批会议。

据我的观察，很多国产芯片公司一般没有正规的芯片立项所需的商业计划书的要求，这类初创公司希望快速对市场做出反应，往往由CEO一言而决开始做某颗芯片，这样做当然也有客观的合理性。然而当我们的公司走向正轨，特别是准备上市前，必须通过计划书来严格控制开发成本，确保财务回报，保证产品的毛利。

参与商业计划书制定的成员一般来自以下工种。

- 产品线经理本人和市场工程师/市场经理（PLM/PM）。
- 设计工程师/设计总监（DE）：负责估计芯片尺寸，预设计部分模块。
- 工艺工程师（Process Engineer）：制定合适的工艺，谈判具体的工艺选配。
- 技术市场/定义工程师（Technical Marketing/Definition Engineer）：有些公司如TI也称之为系统工程师，负责系统的细节定义，仿真模型和前期验证，后期与设计工程师共同边设计边修改仿真模型，是设计工程师的搭档。
- 系统/应用工程师（Application Engineer，AE）：负责后期设计系统外围电路、参考设计、芯片验证等（有些公司可能专设验证工程师一职）。有些公司由应用工程师兼任定义工程师。
- 软件工程师（Software Engineer）：负责设计数字芯片的软件设计和验证部分。
- 项目工程师（Project Engineer，PE）：负责运转整个芯片项目，包括前期制定项目周期，协调供应商，协调各项开发成本，量产前帮助客户支持，等等。往往又分身兼几个不同芯片项目的管理。
- 测试工程师（Testing Engineer，TE）：负责芯片的测试方案。部分芯片设计公司将此职位外包到封测厂。
- 封装工程师（Packaging Engineer）：负责芯片封装方案。部分芯片设计公司将此职位外包到封测厂。

- 财务/采购（Financing/Procurement）：负责管理供应商（晶圆、封测、其他合封的芯片供应商等）的审核，采购合同管理，价格谈判等。

这些成员的共同协力，才可以完成商业计划书，如图2.18所示。

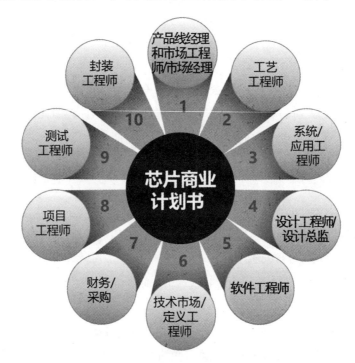

图2.18　芯片商业计划书的贡献团队

计划书可以是PowerPoint格式或者Excel格式，前者较适合展示图片和文字，用于说明产品性能、展示框图、展示波形等比较适合，也较容易在会议室翻页展示，而Excel在同一页上可包括较多信息，较适合展示表格、数字、成本分析、销售数字分析等，因此各有优劣之处。公司可自行选择，最佳方法是创造一套模板让所有产品线经理按图索骥，自己去填写相关的内容。

例如，如果某种芯片并非明显有特色，难度也不大，但是确实有很好的市场潜力，那用Excel来说明较好，因为我们需要侧重成本分析和财务预测来说明为什么需要做这颗芯片，而产品性能方面可以只较简单地带过。

而如果我们做的另外某颗芯片可能是业界首创，那此时仅用财务分析是不够的，我们需要用PowerPoint来说明芯片的独有特色，可以展示电路图、特色说明、专利情况、竞争者分析、具体应用的系统分析等。

因此，我个人的偏好是同时使用PowerPoint和Excel，视需要和听众而展示不同的内容。

下面就比较正规的商业计划书，试与读者分步解析其内容和步骤。这里列举的第一页，第二页……并不一定只是唯一的一页，只是说明这些信息应该放在一起展示，而可能需要多页才能说明细节。在写作本书时，与多位业内同行沟通过，感觉如下的计划书格式，基本在美国的芯片产业内属于大同小异，内容比较相似，只是在顺序和一些细节上略有出入，而部分中小公司做得不很细致。另外有些公司可能另有MRD（Marketing Required Documents，市场要求文档）和商业计划书分别开列，由不同部门准备，产品线经理总结，其内容仍然与我们下面描述的整体商业计划书比较接近。

2.4.2 商业计划书全解析

第一页：总结页。

包括项目最重要的财务回报信息。对于中型和大型的芯片公司，其CEO多数是市场或销售出身，而相应商业计划书对财务分析都非常重视。在大型的芯片公司，每个月需要审批不少芯片，因为时间有限，高层会问的技术问题更少，而询问的有关市场和销售额预期的问题更多。

- 项目名称，包括所选的新料号。
- 简单一句话的项目描述。如最新××手机的配套PMIC。
- 目标细分市场。
- 主要竞争对手。
- 新产品引入（New Product Introduction，NPI）的时间节点，以及目前项目所处的时间节点。

顺序一般如下。

节点1：项目批准。

节点2：项目流片。

节点3：收到样片，验证开始。

节点2.1：项目重新流片。

节点3.1：项目重新开始验证。

节点4：通过验证，开始客户送样。

节点5：通过环境和质量测试，最终量产。

一般只有在非常理想和风险较小的情况（工程师能力很强，芯片定义相对简单，可沿用的IP较多）下第一批样片才比较有希望一次验证成功，直接被推广给客户。而很多情况下第一批样片总会出一些或大或小的问题，因此节点2和节点3可能有所反复，产生新的节点2.1和节点3.1。在此我们要做一个比较合理的估计。对于正常难度的芯片，可以估计需要两次流片才能成功推广给客户。（大多芯片公司会给准时而一次流片成功的设计师以奖金鼓励，对于难度较高的项目可能会在第一或第二次流片成功时都给予奖励。）

- 全新芯片数量。

此处包括所有需要改动金属层的芯片，例如，我们如果用同样的工艺来开发5V 1A和5V 3A的芯片，因为芯片的尺寸可能差1倍，因此可以做两颗全新的芯片，但是如控制部分等则可能是类似的，部分设计和测试的资源可以共享，因此这样的两颗芯片可以合并在同一商业计划书来出示。

可以注意的是，如果两块芯片针对的市场不同，但是芯片开发的IP可以部分分享，那么这样的两颗芯片也值得在同一计划书内合并，对于两块不同市场的销售预测也可以合并。等于用较少的成本同时开发了两块不同的市场，比起分开展示两颗芯片更有意义。

如果IP无法共享，但是有可能出现在同一应用系统里。如家电设备都有AC-DC和DC-DC的需求，这样的情况可以把两颗芯片的计划书分开准备，但是放在同一天的同一个会议先后展示，这样针对同一细分市场的说明至少可以沿用。针对某一应用开发多颗不同的芯片来提供系统解决方案是很好的产品战略。

- 金属层改动芯片数量。

这里可以修改有限的几层金属，来实现不同的参数配置。

例如，如果我们做LDO，可以用金属层改动来调整不同的固定输出电压做成不同的型号，其额外成本一般不高，然而验证时间则随型号增多而成比例增加。

- 衍生芯片数量。

包括所有的封装后调整、重塑料号、特殊料号等不涉及重新流片的产品序号，成本最少，在一些特殊场合下需要。

- 所选用的芯片工艺。
- 预测第一批工程样片到客户手里的时间。
- 预测第一次客户确认会采用该芯片的时间。
- 预测第一次产生销售额的时间。

- 产品的成本（Cost of Good Sales，COGS）——具体计算方法容后详述。产品成本不只是芯片本身的成本。
- 预计平均销售价格（Average Selling Price，ASP）。
- 销售毛利（Margin），比较简单的计算公式：

  Margin =（ASP – COGS）/ASP×100%

需要注意的是，很显然毛利无论如何都会小于100%。（我认识某初创公司CEO，说他们开发的产品毛利是两倍，这是错误的，真实的数字应该是50%。）

- 边际收益——增加销售额的同时可能还需要增加变动成本——如额外的封测设备、加快的折旧、额外的工程师人工等，各公司可能有不同算法。对于某些数字芯片，增加任何客户都需要额外的编程支持和全新料号，因而变动成本较高，也导致公司可能对一些很小的客户说不。
- 项目生命周期内的全收益。

如果是给大客户特制的芯片，可能过三四年随着大客户产品的更新换代，此芯片生命周期也只有三四年之久，此类芯片一般是高回报、高风险，对时间节点必须卡得非常准确。然而对于某些工业用途的芯片，可能会很稳定地以小批量销售二十年以上。

- 项目整体开发成本。

下文再仔细叙述整体开发成本的构成。

第二页：产品概览。

这里主要提供芯片的系统电路、芯片框图、封装引脚和功能参数等形象说明。对于主要功能的说明以不超过6、7条为佳。

第三页：价值主张。

这一页主要是介绍：为什么我们要做这颗芯片。

在批准产品计划书的"委员会"中可能有公司的CEO、CTO、各业务部副总裁、营销副总裁等非常资深的公司高层人士，尽管如此，因为这些"委员会委员"们的个人背景不同，产品线经理即使技术上非常精通，也未必可以从芯片性能本身来说服这些委员会成员为什么需要做这颗芯片（而且有时强调芯片未来做出来性能会很好，CTO会质疑最后这颗芯片是否有把握做得出来，营销副总裁可能会问客户是否真的需要更好的某性能）。因此，我们需要一些技术结合市场的说明。

这里有几点是产品线经理可以用于说明自己的价值主张的：
- 产品的差异性。与市面上竞争者的产品的主要区别，以及为什么这些区别对具体客户应用是重要的。
- 产品是否适合公司整体战略。例如，如果产品线希望以此芯片来进入一个平均市场毛利较低的应用，和公司希望着重在高毛利小市场的大方向战略相矛盾，显然不行。
- 是否影响以往的产品销售。我们当然可以从以往的成功产品出发，改进成本、性能等。但也要注意的是，我们新的投资究竟是可能带来新的生意，还是只能保持以往的业绩？我们当然希望，新的产品尽可能不影响老产品的销售，而更会带来新的客户和应用。
- 是否能与公司其他芯片捆绑销售。欧美大厂目前都比较注意合并整合，靠提供整体系统的全芯片方案来得到目标市场尽可能多的销售额。如英飞凌收购赛普拉斯、瑞萨收购IDT等，都是在横向发展来补充自己所缺的产品线，而不像多年前我熟悉的几件公司收购案更着重于在纵向市场打击消灭自己的直接竞争者。因此如果我们的新产品计划，可以和公司其他较成功的芯片捆绑销售，当然会更引起公司管理层的兴趣。
- 竞争者分析。包括市占率、技术细节分析、导入市场节点等。我们可以提到："竞争者X公司，在某细分市场市占率几乎100%，但是我们如果改进某细节，通过各地销售的反馈，我们有希望在未来得到至少30%的市占率。"这样的说明就比较可靠，使人信服。这些价值主张并不是非白即黑。完全可以靠打分的形式来判断某产品对公司的价值。我们也要注意出席新产品计划宣讲会的高层，如果是公司偏技术的CTO，那就需要注意准备好与技术相关的问题（如果产品线经理感觉不一定有完全把握，可要求设计或应用总监一同出席）；同理，如果是销售副总出席，那就要准备好可以回答对方对预计销售数字的质问。

第四页：风险。

芯片的设计和生产需要一定时间，这段时间里细分市场和客户的情况会不断变化，导致每颗芯片在最终面世时都可能面临截然不同的商业环境。当我们定义时某芯片还很有价值，过一段时间设计完成流片时，市场就可能已经变化到此芯片没有竞争力了，这样的情况在任何芯片市场都有可能出现。因此我们也需要对风险的各个因素来打分。

- 商业风险。如果我们熟知市场，和客户关系很好，产品已经得到客户的背书"不管什么时候这颗芯片出来我们都可以试试"，那这样的商业风险可能就比较低，我们给1分。如果是全新的市场，客户在哪里尚不明确，要求更不明确，这样的商业风险就是大到极致，要给10分，即最高的风险。
- 竞争风险。如果对手各方面较弱，或客户不考虑其他供应商，那竞争风险可以给1分。而如果我们要进入特斯拉逆变器的市场，则和英飞凌、ST对打，对手太强，竞争风险太大了，我们给10分。
- 是否是现存的市场。如果是工业界大家都用一样的RS232/485收发器，存量市场非常明确，那此项评分可能为最低的风险分1分。但是对某些特殊芯片，可能面临着整个市场根本不存在的风险，那此项就要得到最高的风险分10分。
- 技术风险。如一个做模拟芯片很有经验的公司，现在希望进入MCU的市场，以往经验完全不适用，要从头做所有的IP，那么技术风险就为最高。相反，如果是设计工程师很有把握，曾经开发过类似的芯片，那么风险就较低。
- 资源/能力。如果产品线经理希望开发的芯片目前尚没有找到最合适的设计/软件工程师，只能采用一些经验不足的人员，那么资源上的风险就比较高，需要公司另外调配人员。
- 工程样片和量产日期风险。如果某款芯片是为大客户定制，如华为、苹果、小米等，这些大客户往往有很严格的第一次工程样片交付日期，第二次小批量量产样片交付日期，以及最终大批量量产芯片交付日期，甚至可能还分成更细致的节点。每一个节点如果没有按时准确完成，大客户很可能有第二优先的备份芯片可用，意味着市场份额的完全丢失。此时，量产日期风险就较高。

如果是为大宗工业市场所用，面对的是几百甚至几千个潜在的大中小客户，那么即使有时日期没有满足某些客户的预期，仍然有大量其他客户可用，那日期风险就较小。

- 其他风险。举例来说，如新封装材料导致的环境测试不过的风险、封装时金线换铜线或铝线导致的可靠性风险、供应链安全性等风险，不一而论。

认知心理学家Gary Klein曾经提出所谓的"事前验尸法",是事先假设计划已经失败,而团队的任务是确定最有可能导致计划失败的原因,从而在任务开始之际,就用于检查有什么事务可以改善。在商业计划书中如果指定必须对每个风险进行评分,可以使产品线经理得以审视任何事前就可以改善的部分。

举例来说,如果在项目审批会上管理层可能认为此项目的商业或者竞争风险较高而可能导致失败,就可以考虑增加一部分投资,同时做几颗基于同一架构而参数略有不同的芯片而增加潜在客户和减少风险。

第五页:财务预计总览。

主要从各财务和会计的角度,对此芯片在全产品周期内的生意做一总体的预测和评估。应该对此总览有分别的计算和解释这些预测数字的来源和可靠性,以备未来参考。这里先谈哪些项目应该展示在这里,后续再谈如何预测这些数字。在芯片还没有正式流片之前,显然只是在估计,但是我们通过做这些财务预计,可以对自己芯片的前景有一个清醒的认知,对投资人有材料可以展示,对以后的工作都有帮助。

需要估计的财务项目如下。

- SOM市场占有率,量产后的第一年到第五年。
- 销售额增长,量产后的第一年到第若干年作为该产品全生命周期的销售额,消费类芯片可能周期较短,如3~5年,工业类可能长达10年以上。正常情况下是先上升再下滑到最终消失或平稳的趋势走向。
- 平均销售单价走向,量产后的第一年到第五年,一般每年下滑。
- 产品毛利走向,量产后的第一年到第五年,一般每年下滑。

第六页:全生命周期的销售额和平均销售单价估计。

这里我们应该输入"市场分析"里对TAM、SAM 和 SOM的估计。

例如,如果我们希望进入国际电动工具芯片的市场,可向IHS这样的市场研究机构买到对全球电动工具芯片的分析报告,包括系统结构、电机种类、模拟或数字控制、功率等级、所用芯片的种类和单价,全球按照各不同工具累积的总销量、芯片用量、主要竞争者、全球各区域销售量等。得到这些数字作为TAM,再按照自己销售覆盖的范围作为SAM,再按照主要竞争者的优势和劣势来估计自己的SOM,可以得到对自己预计销量的一个比较清醒的认识。

一般在芯片刚推出的第一两年,销售额会达到一个高峰,此后假设公司的销售覆盖面没有变化,那最好的结果也就是持平,以后会按不同速度下滑至产品周期结束。

平均销售单价的估计，通过与销售和重要客户的交流可以得知，一切以市场价格为准，因为信息高度流通和大客户的全球采购链，已经很少有全球范围内的两家大客户的采购单价会有极大差异了。对很多较特殊、竞争者少的芯片，一般不管成本如何，毛利总是比较高。如同样是LDO或者DC-DC，在电压和电流等级相同的情况下，有些情况下只是加了一些特色，就从40%以下毛利的市场价格跳到70%~80%以上的毛利，因为供需的关系发生了倒转。

销售单价还和公司的销售是侧重于和大客户谈量大而毛利偏低的项目，还是和小客户谈量小而毛利高的项目有关。一般芯片公司在出货1000~10 000颗左右时，毛利可高至80%~90%，而出货100万颗的客户，往往有相当的价格谈判筹码。

销售单价和市场本身特质有关，如军事和宇航上用的特殊高可靠性芯片，因为开发成本高，客户用量少，毛利可在99%以上（类似某些特殊药的市场——一颗药可能几千美元，就是因为用户太少，不是高价则无法覆盖研发成本）。而国内很多白色家电、小家电的芯片，已经被某些国产芯片厂商做到10%的毛利甚至负毛利。

销售单价一般总是逐年下滑，根据不同的市场和竞争者，对模拟/电源芯片来说，可能每年下滑2%~10%都有可能，后面价格下滑的趋势会趋缓。

第七页：NPV（Net Present Value，净现值）分析，IRR（Internal Rate of Return，内部回报率）分析，FCF（Free Cash Flow，自由现金流量）分析。

也许有的投资人会问，为什么我该把钱给你做这颗芯片，而不是去买房子或者买理财产品？

你可以告诉他这是非常好的问题，然后可以展示你的NPV、FCF和IRR分析。

NPV（Net Present Value，净现值）分析，是一项投资所产生的未来现金流的折现值与项目投资成本之间的差值

$$\text{NPV} = \sum_{t=1}^{n} \frac{C_t}{(1+r)^t} - C_0$$

式中：NPV——净现值；

C_0——初始投资额；

C_t——t年现金流量；

r——贴现率；

n——投资项目的寿命周期。

或者用更加浅白的解释法：如果我们用这笔钱去买固定收益回报能到每年10%的某理财产品，而不是做这颗芯片，那做这颗芯片的预期回报能否超过市场周期内利息为10%的理财产品投资呢？如果超过，可以超过多少？

一般来说，我们要做的芯片不仅需要远远超过10%年息，而且也应该超过20%和30%年息的回报，这样才是比较有市场前景的芯片。公司上层和投资人也乐于见到这样的财务预计。NPV分析法的一个缺点是NPV为一金额，不能考虑投资获利的比例。因此也应该参照IRR分析法。

IRR（Internal Rate of Return，内部回报率）分析，是用内部收益率来评价项目投资财务效益的方法。所谓内部收益率，就是使得项目流入资金的现值总额与流出资金的现值总额相等的利率。用我自己的解释，就是假如投资做此芯片要花100万美元，那么到这颗芯片完全结束其市场周期时，我们的回报相当于这笔100万美元产生了多少比例的利息。

对于比较有市场前景的芯片，一般IRR至少应该在30%~40%，很多领先市场的芯片甚至可能达到70%以上。

我们假设一个芯片项目，NPV预期在年息10%的参照下可多收入500万美元，在年息20%的参照下可多收入200万美元，而在年息30%的参照下仍可多收入80万美元（见图2.19）。同时IRR约为40%。根据这两项数据，可以说此芯片较有市场前景。

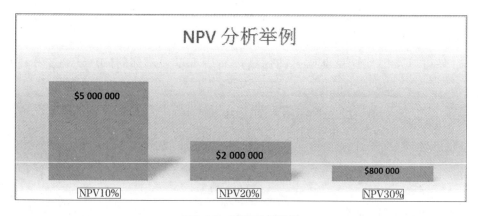

图2.19　NPV分析举例

FCF（Free Cash Flow，自由现金流）分析。管理层和投资人毕竟耐心有限,如果一个芯片项目可能长期投资回报很好,在5~10年内都有良好商业回报,NPV和IRR的数目也很可观。然而如果项目初期投入太高,流片前需要的研发时间太长,赢得第一个客户需要花太久,可能此项目也会被视为有一点儿疑问。我们假设一个芯片项目从2020年开始研发,预计在2022年开始有销售收入(自由现金流),到2023—2024年累积自由现金流为正,到2029年项目市场周期结束时去除所有开发的成本,预计总共可赚得800万美元,大概可视为比较中规中矩的项目(见图2.20)。(是的,芯片是一个回报较慢,前人栽树后人乘凉,然而是非常稳扎稳打的行业。)

综上所述,结合NPV、IRR和FCF分析,可以得到项目财务回报的一般认识。

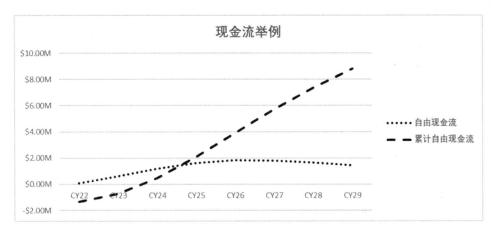

图2.20 自由现金流分析举例

第八页:最佳/最差市场分析。

在项目开展之后,有很多的因素会影响最终的财务回报,例如:
- 设计工程师无法达到原来的时间点要求,第一次或第二次流片失败。
- 公司销售组织因为市场的变化,对此芯片的推广没有足够的兴趣,或兴趣增加。
- 市场价格发生了变化(某种芯片变得稀缺而市场价格抬高,或者因为太多竞争者导致市场价格降到很低)。
- 竞争者不再关注此市场,被并购,突然提高价格,产品终止生产(EoL)等。
- 客户公司发生了动荡(退出或进入不同的市场,丢失或增加市场份额等）。
- 供应商突然有意料不到的变化（退出市场、突然提高价格等）。

由于这些因素的影响，我们还应该加上最好和最差情况的分析。例如，如果我们给某大客户特制某芯片而各方面达不到对方的要求，那最差的NPV就是负的，我们完全损失了投资。在最好和最坏的情况下，我们都应该重新计算和展示NPV、IRR和销售额的预计。

还可以加一条：项目延迟（比预计的流片次数多了一次或更多）对销售额的影响。如果某项目对时间节点的要求很严格，那么此项目就显得非常重要。

第九页：供应商分析。

在此可以列举不同的料号、晶圆厂、凸块倒封、封测厂、其他合封芯片等的供应商。可列上采购部和研发部门的负责人名字，表明已经认可。

第十页：芯片成本分析。

模拟芯片成本的主要构成：
- 芯片单颗裸片成本：基于晶圆成本（与工艺、层数等相关）和裸片本身尺寸。
- 探针测试成本（可选）。
- 封装成本。
- 测试成本。
- 包装成本。
- 编程成本。

另加各工序预计的损耗成本和间接费用，如测试设备等的折旧、保险、运输等。某些公司可能因会计准则不同，把间接费用不直接算在芯片成本内，在此不再赘述。

第十一页：芯片项目管理细节。

最重要的就是展示各项目节点的预计日期，如果我们假设有一个从2018年第1季度开始，预计为期两年的芯片开发项目，如图2.21所示。节点1是项目启动日期（严格意义上是计划书被批准日期），但实际上节点1之前往往芯片一定的准备工作早已开始。

经过仿真、芯片设计、版图设计等一段时间（此假设的项目约6个月），我们来到节点2的流片日期，经过约两个月的晶圆厂流程、几周的封装和简单测试工序，我们可以在2019年第1季度得到第一批工程样片，用于实验室的电气测试

图2.21 芯片项目各节点总结

验证（一般AE负责）和环境测试（TE负责）。此工序如一切顺利，芯片完全满足定义的需求，可以直接到达节点4的推广日期和推进到最后的量产日期。然而如果芯片的验证和测试表明芯片有一些设计问题，可能先尝试FIB（聚焦离子束）的修改，然后返回节点2之前，重新进行修改设计、版图等必要工作，视问题修改的难易而需要重新制定后续节点。

对于较复杂的芯片，一般预计可能需要两三次流片才可能获得成功。如前所述，此时我们就需要更多的节点，把原来的推广和量产节点向后推移。对于此项目，假定第2次流片后取得完全成功，通过大多数重要测试，可以到达节点4而开始正式推广（一般产品市场人员在第1次流片后没有严重问题时即可以开始推广），等到后续的数据手册和其他测试记录，参考板和其他准备工作都就绪后，可以正式宣布芯片量产。

更具体的芯片开发项目管理流程，留至2.5.1节中具体叙述。

这些预计日期的准时达标，可能与各个部门（设计、应用、产品工程师）的奖金直接挂钩，因此在准备计划书时应与这些部门有详细的沟通。一般情况下，对这些日期先保守估计，再在实际工作中提早完成，对团队评分较有利。然而，也不能太保守到影响团队积极性和责任心的地步。

另外，也可以增加预计第一个客户Design In和Design Win的估计日期。

我曾看到统计，多达85%的ASIC和ASSP的设计日程是滞后于原计划的。其原因可能是低估了设计的复杂程度，高估了团队的工作效率，或者产品线经理希望在商业计划上展现更乐观的估计，或者兼而有之。

项目管理细则中还应该确认每项职能的负责人，前文已述。

第十二页：芯片总开发成本细节。

一款芯片的开发，一般涉及的成本如下。

- 人力资本成本。这里涉及所有参与项目的设计、应用、系统、产品、测试和软件工程师预估花在此芯片项目中的工资开销。产品线经理在这里需要和各部门的主管协调。
- 固定资本支出。如光罩，流片费用，测试方案成本，封装开模费用，测试电路板费用，环境测试电路板费用，新的实验室设备，是否支付第三方的IP和软件版权费用，等等。

第十三页：项目销售额分析。

销售额的分析可以再列出如前所述的TAM/SAM/SOM的分析做一回顾。

可以展示预计每颗料号的每年平均销售价格（ASP），同时列举某几个主要目标客户和其他客户，每个客户预计从项目量产以后开始每年的销售额、销售价格，以及包括可能的NRE收入（一次性工程收入）：某些芯片可能应客户要求特制定做，客户可能前期支付一定的工程开销，作为至少覆盖芯片公司一部分的开发成本。

综上所述，覆盖了产品计划书的大多数需求。在我刚从工程师转行做产品管理时，其实对要做如此细致的财务估计是有所抵触的，觉得自己在做一些镜花水月的数字游戏，还不如多和设计、应用工程师抠一些技术细节。然而后来意识到，大公司的某些成功之处正是在这些估计、分析和按照计划逐渐地贯彻实施，否则很容易陷入"狗熊掰玉米"的陷阱：虽然动作很快，花了很多工夫去追逐一些看起来不错的机会，然而因为没有先停下脚仔细分析这些机会的真实情况，结果回报很不理想。而且公司内各职能有自己的汇报路线，平时并没有很好的合作机会，只有通过共同制作和协定商业计划书，以及后续的产品工程周会，才可能把不同的部门整合在一起共同努力，确保在项目开始即有一个共识，在后面漫长的芯片开发过程中也保持一致的步调而避免人浮于事，无处问责的麻烦。从长远来看，比任何一两个人的一言堂要效率高得多，也更能增加公司员工的责任感。

计划书也无须花太长时间和精力去准备，如裸片的尺寸就不必等到非常准确才去做成本分析。计划书做得详细当然是好事，但是如果迁延日久，市场已经发生了变化，那么当然是得不偿失的。我的推荐是在上一个项目还在收尾时，就把第二个项目的计划书准备好和审批好，这样可以两个项目近乎无缝连接，各工程部门没有浪费时间。如果同时有很多项目在进展，那么就需要与设计总监常常交流，把时间线卡得更准。

2.5 项目管理

在纸面上盘算一个产品路线图比起具体实现它要容易得多。在管理层批准了商业计划书以后，就该开始实现此新产品的愿景了。现在产品线经理要继续整合团队向流片和量产的方向前进。计划书中关于整体项目的时间节点，预算和芯片定义在此必须有一个严格的由PE负责的跟踪系统，确保实施无误。

对于任何一个新开案的芯片设计项目，成功量产的因素可归为图2.22中的几类，从市场划分、芯片定义、设计，到最后的生产销售。在市场和技术之外，在芯片从无到有的过程中，必须有一个从开始到量产的中间管理阶段，其具体负责人就是产品项目工程师（Project Engineer）。一般来说，产品线经理兼管新项目和老产品，很难在新芯片从设计到量产的过程中关注全部的细节，因此需要对每个芯片项目，都安排具体的产品工程师负责安排每周的周会，确保项目节点的完成，调配相关的资源，协调内外各部门和供应商的合作，等等。不一定需要技术上很懂行，但必须是有责任心，对细节非常重视的人才能胜任产品工程师的职责。

如果说市场和研发是负责使芯片在技术和商业上胜过竞争者的话，那么产品工程师就是负责使芯片能够大规模地被制造、测试和最终交付到客户手中的关键。优秀的产品工程师在产品定义的早期就可以检查和提醒团队芯片定义中是否有任何可能妨碍大规模生产测试的细节。

例如，我曾经负责某电源模块的新产品定义。在过程中曾经有产品工程师提醒我们采用某种结构的设计可能导致无法测试，或者会增加非常多的测试研发费用使得项目预算无法承担。后来在进一步与封装厂的讨论中，果然发现了这样的问题，而避免了错误的产品定义。

在一个项目的商业计划书被批准以后，产品工程师首先应该建立一个该项目专属的、汇总一切细节的内部网页，用于各部门随时更新自己所负责的内容，比起E-mail的散漫管理要有效率得多。此网页可包括以下几大部分。

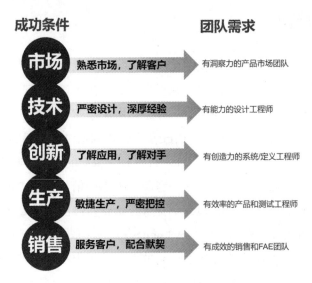

图2.22 芯片项目的成功量产要素

1. 市场

包括商业计划书有全体管理层签名的影印本，竞争者分析，未来还可能放产品推广文档等。

2. 应用

包括给客户的数据手册，参考板文档，应用文档等。一般在芯片快量产前要全部准备好。

3. 设计

可以包括芯片的最初设计规格（Initial objective Specification，IoS），芯片的各版本设计文档，包括设计的检查清单、设计回顾、版图设计文档、验证计划等。

4. 项目管理

此处需要包括的内容有：团队成员表，每周周会结论，项目时间表，流片日期和记录，流片采购订单，最后封测采购订单，最终芯片成本明细，量产前检查表，软件版本信息，其他关联芯片信息，等等。

5. 产品测试

此处可包括测试程序文档、测试硬件和电路板资料、自动化测试数据、可靠性测试的计划和结果，等等。

6. 产品验证
包括芯片各版本的验证计划、验证结论、芯片问题的结论和修改方案等。

2.5.1 芯片项目从计划到量产的整体开发流程

在2.4节的商业计划书中，非常简略地介绍了项目开发的几个重大节点，本节更具体地描述了项目在计划书得以批准之后的具体流程。

在芯片项目批准开发之后（此处特指需要全新设计的芯片），需要同时进行工艺的选择确定（一般在项目批准前早已开始决策的过程），模拟和数字电路的设计，版图设计（启动时间略晚于电路设计），对数字芯片有相应软件或图形界面等设计，以及确定封测的合作方和具体方案。应由产品工程师来具体协调各方，使各工程师所负责项目的计划完成日期尽量接近，可以同时来到第一次工程流片前的审阅阶段，如果把芯片设计与飞机设计做对比，流片就好比第一次把飞机全部组装在一起。因为流片是整个项目成本最高的地方（视不同芯片的工艺需求有所不同，对模拟和电源芯片需要几十万美元较为正常），所以要尽量谨慎，找到任何可能有疑问的地方。

流片之后，芯片的设计文件被送到芯片加工厂去加以分析和制造。至少还要两三个月，才能拿到封装好的第一次工程样片。这里的时间不必浪费，AE团队应该同时做性能验证的测试方案，而测试团队同步做好环境测试方案和设置，这样拿到样片时就可以马上开始验证和环境测试。而设计团队可能先去做其他项目，然后在收到样片后，视测试结果再决定进一步的工作需要，多个项目可能需要穿插进行。我的经验是一般设计团队和AE各自同时负责两个项目，一个主要而复杂，一个次要且简单，这样效率较高，不会浪费时间，也不至于压力过大。

在收到工程样片以后，应用工程师会尝试将所有的功能和性能参数都加以详细测试，即所谓验证的过程，视芯片的复杂程度可能需要几周到几个月不等的时间。同时测试工程师会逐一验证在各种高低温、湿度、静电、老化等严苛环境下的芯片可靠性。最后，会将所有发现的问题都列举出来，召开项目的评审会。这整个过程类似于启动飞机发动机：测试飞控系统是否正常工作，试飞过程中是否遇到仿真中未曾遇到的问题，把飞机组装在一起的过程中是否有失误，飞机是否能够可靠地运行在各种环境中，等等。这里对于一些较小的芯片问题，如果可以用外围电路来解决，或者不影响芯片正常工作，可以考虑为不需要修改的问题。反之，对于任何使芯片无法达到其主要功能或某参数严重与目标不符，或者环境测试的某些基本条件不能达到，就需要做失效分析，尝试改进的方案。某些问题可能通过FIB的方式来尝试快速验证解决方案，否则就需要对芯片的某些组成部分加以重新设计，重新流片，然后重新走性能验证和环境测试的流程（其中部分测试在第二轮工程样片时可以考虑省略）。

在两三次流片以后，芯片的性能和可靠性终于通过审阅后，生产部门应该做小批量试产，一般可做三个在不同时间的批次，以观察某些主要参数是否在每个批次、每张晶圆上的分布差异较小，是否芯片整体良率可以满意，如果否的话，就需要与晶圆厂共同对工艺做出改进（可以在量产以后继续进行）。同时，市场部门应该抓紧时间马上开始推广，包括制定初步的数据手册和参考板说明。最后，通过小批量的试产后，可以确定最后版本的数据手册，正式将此芯片列入量产计划。

芯片从无到有的具体流程，可参考图2.23。

2.5.2 项目周会

在项目启动以后，产品工程师需要和产品线经理一起制定每周的项目审阅会，由负责各方面的工程师汇报相关进度，提出问题和需要的帮助，制订下一阶段的目标。产品工程师在当天发出会议纪要，把每周的进度加在纪要的最后。纪要可以通过E-mail传发，同时记录在项目的内部网页上。

产品工程师可以和产品线经理一起定期和管理层沟通项目的主要进展，是否需要新的资源或者调整各个项目的优先级。如果团队成员在每周审阅会中有迹象显示不能达成时间节点目标的倾向，产品线就应该尽早做出合适的安排。（要注意的是，最影响进度的是设计工程师，因为芯片设计如果有问题，耽误的是所有人所有的时间；而其他工程师至多只耽误一部分人一部分的时间。因此宁可高薪请少数优秀设计工程师做少数优质项目，也不要同时用很多经验不足的人做很多项目。）

在较小的公司，产品线不多的情况下，公司管理层可能每周主动把所有产品线经理召集在一起共同汇报产品进度，这样可以在周会上互通存在的问题和需求的资源，也许可以促成不同产品线之间的合作，也节约了管理层分头与各产品线经理交流公司动态的时间。

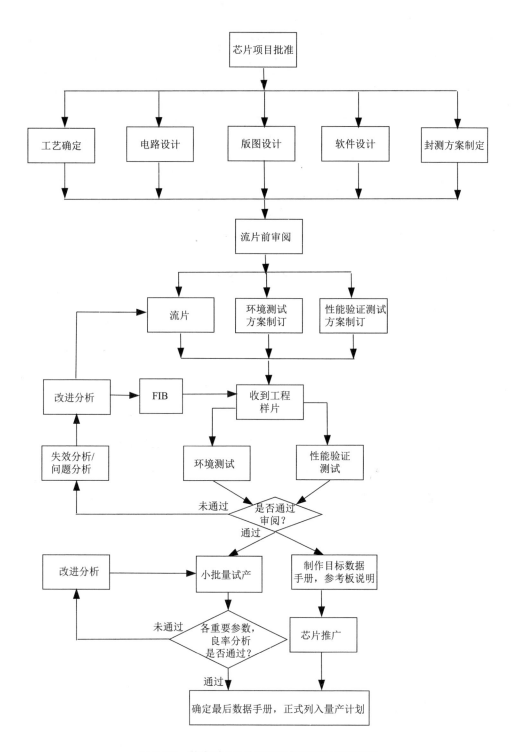

图2.23 芯片项目从计划到量产的整体开发流程

此外，产品工程师也应该与产品线经理共同主持项目的三次总审阅，分别在定义完成之后，在设计刚完成而尚未流片前，在验证完成而决定是否可以推广和量产之前，如图2.24所示。

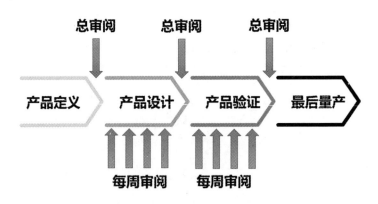

图2.24 芯片项目的三次总审阅

优秀的项目经理不仅会引导和记录周会和总审阅会的细节，而且在会后还需要跟踪会议的行动方案，促成更多团队成员的交流。实际上，团队之间缺乏交流，往往是项目延期的主要原因之一，特别是芯片公司的员工往往相隔千里以外，因此改善交流显得尤为重要。

对产品线经理来说，不能在产品计划批准以后，就一厢情愿地认为团队成员会紧密合作下去。产品线经理需要在重要节点前后参加这些周会，确保项目得以有序进展。产品线经理是唯一对最终全产品线销售额负责的人，所以应该尽可能关心项目进展和提高成员的士气。我常常在周会中主动提到，又有多少个客户表达了对此芯片的兴趣，都希望我们早日可以提供工程样片。这样既使大家感受到一点儿紧迫感，同时又让大家意识到自己的工作确实是对公司对个人都是有意义的。

项目工程师一般不直接汇报给产品线经理，而往往汇报给生产和运营总监。设计工程师一般也不汇报给产品线经理，而汇报给设计总监（这也是防止自立山头的管理方式之一）。产品线经理需要时时注意使这些工程师在自己的上层面前有光彩。因此在完成重要时间节点，完成了重要支持项目等情况下，要不吝写邮件来感谢这些工程师的重大贡献，同时抄送他们的上层。

2.5.3 不断降低成本

产品工程师的另一项不令人所知的贡献是不断推进降低芯片的成本（见图2.25）。

因为Fabless设计公司的门槛较低，近年来越来越多的竞争对手进入市场，将很多芯片的市场价格压得越来越低。同时，大客户的采购部门对芯片供应商有每年降低价格的诉求，因此，芯片厂商很难故步自封，在芯片量产以后就不再做任何改进，这样势必随着市场价的降低，市场份额会逐步减少。为保持市场和毛利增加，我们应该有降低成本的内在驱动力。

优秀的产品工程师，在芯片量产以后仍然有主观能动性来驱使整

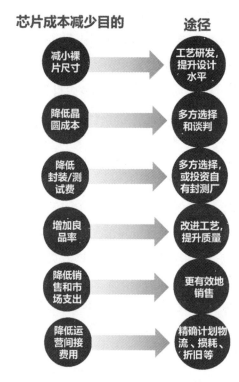

图2.25 减少芯片成本的方法

体成本降低。最显著直接的办法当然是和晶圆代工厂协调降成本的方案，如基于不断增加的晶圆订购数量来制订每年降价的计划。也有可能向设计工程师推荐代工厂最新、成本最低的工艺。如有些Fab-Lite的公司，有自身的成熟工艺而委托多家代工厂以此工艺代工，量大的芯片经常可以在两三家不同的代工厂生产，因此每年可以按照各代工厂的报价给予不同比例的合作，将主动权掌握在自己手里。

设计工程师的兴趣一般在使用自己最为熟悉，技术相对领先的工艺；而运营/产品的兴趣是使用成本最低的工艺，产品线经理需要平衡这两种不同的需求。例如，我的产品线最近量产了新一代半桥驱动芯片HIP2210/HIP2211，这两种芯片是基于全新的工艺，比起最早Intersil品牌发明半桥驱动时成本极大降低，而性能并无损失。

降低芯片成本还有一些其他的做法：许多Fabless初创公司虽然使用第三方的晶圆厂，然而仍然希望建立自己的封测厂。这是因为一来，封测厂对投资的需求相对小很多，对厂房没有很高的建造要求，设备也相对便宜，并且可以买

到仍然非常好用的二手设备；二来，自行测试可以使单颗芯片的测试成本下降很多；最重要的是，可以把最后一道质量管控的环节完全控制在自己手中，对提升良率、随时发现解决问题等都有益处。如果希望进入汽车级芯片的市场，拥有自己的测试能力更加必不可少。

如果不建封测厂而仍然希望拥有自己的测试能力，可以拥有自己的测试机器，开发测试方案，然后与封测厂合作，让对方的测试工程师来操作机台。这样虽然没有厂房，仍然可以具有相当的质量保证。这里需要拥有自己的机器是保证100%能为自己所用，如果用代工厂机器的话那交货延期的风险又高了一层。当然也有纯粹一切外包的设计公司，这样的公司较难获得大客户的信任。

另外一项比较重要的是运营间接费用，包括最后成品的包装、各项流程中的损耗、各种设备折旧、物流费用等，经常会高到无法忽视。某些公司可以用不同的会计准则将一部分此类成本算作公司运营成本而不增加到芯片本身成本中，但实际来说，我们卖一百万颗芯片当然会比卖一万颗同样的芯片有更多的运营成本，此时的间接费用可以算成是一个百分比，也可以算成是固定于每颗芯片的开销。

此外，较成熟的公司还有专门负责良率提升的工程师，在芯片量产以后，负责与晶圆代工厂不断共同优化工艺和质量管理，以期不断提高良品的比例。

2.5.4 高风险项目管理

产品商业计划书并不是万全的，有时候我们进入的市场和希望设计的芯片可能是一个高风险的项目——风险的种类已经在2.4节中详细说明。

产品工程师如果涉及管理一个高风险项目，就需要有不同的做法来降低风险或者调整预期。

一个选择是可以将项目分割成两部分或更多，中间设置审核的阶段，确认风险是否已经过去还是并未解决，然后决定是否继续追加投入。例如，我曾经负责某电源模块的商业计划，其中有一个步骤是要通过环境测试检验。但是因为此模块的制造工艺、流程和各供应商都是全新的，当时在做计划书时并没有把握一定可以通过环境测试，而如果最终都没有办法通过的话，那此项目所有的投入都可能会打水漂，所有的销售预计当然更是毫无意义。我的做法是与产品工程师讨论，将计划书分为两部分来演示。第一部分只申请很少的预算做一些工程样品用于环境测试，计划书没有列出任何销售回报的部分。如果环境测试最终不通过，这些预算就等于是部门运营的开销，其沉没成本相对有限；而第二部分是如果环境测试最终通过，那我们会正式立项，申请所有的其他经费，完成整个产品开发流程。

又如，曾经有某安防方面的客户希望我们帮他们做定制的数模混合类芯片，因为只有这一家客户，所以我们觉得这个生意风险较大。后来经过谈判，客户同意可以前期出50万美元的NRE费用，基本覆盖了大半开发成本和商业风险，因此我们就同意了。

2.5.5 项目的暂停和终止

对产品线最艰难而有时又不得不面对的事情之一，就是在一个项目的运行中途将其暂停或终止。

半导体行业是一个市场波动频繁，充满强大竞争者的行业，出于之前列出的种种风险，即使对于定义非常完善的产品，我们仍然有可能无法按照既定的预算来准时投放市场。下面来看一些可能导致项目暂停或终止的因素。

1. 商业因素
- 目标客户已经提前选择了竞争者的产品，表示不再考虑我方的方案。
- 目标客户表达了新的需求，原来的芯片定义已经不能满足。
- 客户提出了新的目标价格，而我方无法满足。
- 我方的芯片不能准时提供给客户用于验证。
- 整个客户的应用系统发生了变化。例如，原来客户使用的是Xilinx FPGA，后来切换成其他品牌，那么周边器件的供应商可能也要发生变化。
- 客户决定自研芯片。例如，Dialog曾经长期是苹果公司在PMIC方面的供应商，在苹果决定自研PMIC以后，Dialog股价一度跌得非常厉害。
- 芯片快做出来时发现找不到市场和客户（看似奇怪，却并不是很罕见的）。

2. 技术因素
- 设计工程师反复流片都出现不同的问题。对这样的情况，如果是个别人不称职，可能需要换人；也可能客观上芯片设计难度确实比较大。我们可能用一些折中的做法，例如，芯片本身定义有两种可选的工作模式，但是设计师没办法实现可选的功能，那折中下，可以将此芯片分为两颗分别设计,各自有单独的工作模式。
- 环境测试或ESD测试(静电)无法通过。这里还是应该努力去做分析,如HTOL通不过,可能是passivation层出了问题,可以与晶圆厂去讨论解决。一般情况下,某些环境测试初次做没有通过是比较普遍的,但是完全找不到解决办法而使得项目取消的,例子应该很少,一般最后通过改善工艺和封装材料都可以改善。
- 晶圆厂工艺的问题。我们选择一种工艺,经常是出于分析工艺的特性和IP等,但我们可能忽略的是询问此工艺是否在其他客户大规模量产验证过,以及能否提供所有历史的良率和特性分布资料。举例:我们曾经试用过某工艺,后来发现此工艺我们是第一个较大的客户,在一些参数上也出现了不同批次有不均匀分布的问题。后来与此代工厂花了较多的时间才最后改善。对于较小的初创芯片设计公司,有时也因为晶圆厂的重视度不够,而可能出现各种配合上的问题。

也有其他的情况,即使某颗芯片无法马上为产品线贡献销售额,仍然值得继续推行下去。如也许为这颗芯片开发的IP可以变成其他芯片的基石,或者客户在下个设计周期仍然可能考虑这颗芯片,或者可能这颗芯片的市场目前还没有上量,但是有未来的潜在市场,等等。总之,如果一颗芯片短期无法产生销售额,中长期对公司也不具有战略价值,产品线经理就可能需要暂停或者终止这个项目,以避免造成未来更大的损失。

项目工程师往往不如产品市场经理和设计工程师在明面上显得更具贡献,但是优秀的项目管理,往往可以使得产品的设计和制造过程更有效率,提前发现和解决可能出现的问题,节约芯片本身的制造成本和总体运营流程的成本,因此我们需要建立良好的项目管理流程,招聘有责任心的项目管理人员。

2.6 产品市场部门的构成

对于稍大规模,不止一条产品线的芯片公司,CEO没有办法自己来做所有产品线的经理,因此必须建立一个产品和市场的组织。在欧美芯片公司的产品市场团队,往往有按照业务来纵向管理和按照职能来横向管理两种分法,两种做法各有其优点,在此试分析之。

在纵向的管理层面，每个产品线经理负责整块产品线一切与业务相关的内容，包括新产品定义、研发、产品管理、营销等各层面，可以说是公司内部某块业务的CEO，平时事无巨细都到产品线经理处来决定。这样的架构可能如图2.26所示。

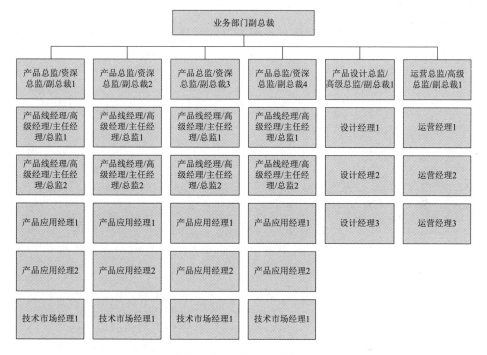

图2.26　纵向结构的产品市场部门

例如，我作为产品线主任经理，负责的业务在1.5亿美元左右，向上汇报给高级总监，其旗下的业务总共约3亿美元，上层的业务部门副总裁下属数个产品线，总年销售额在10亿美元左右，多个业务部门构成全公司的年销售额，约60亿～70亿美元。业务部门副总裁还管理产品设计部门，与旗下的各条产品线合作开发产品。另外，有运营副总裁级别的职位负责全公司各业务部门的生产运营、销售流程、客户支持等。

2.6.1　纵向和横向的市场组织

纵向的市场组织可能最简洁易懂而容易管理，销售和FAE可能一看到某芯片就想起这是某某负责的产品，很容易建立起联系。产品线经理需要定义产品、计划产品、与设计团队共同开发、定价、推广、解决一切问题，等等。在纵向的市场组织，产品线经理必须是非常有责任心和忠诚度的人选，因为基本是一个全天候的职位，在出差、休假时，全世界的销售业务并不因你的时间而停止，24小时随时会有邮件蜂拥而来。

纵向的市场组织的优点的是直接找到对的人，响应快速，便于管理。然而如果管理的产品过多（我管理在研发中的芯片近三十颗，量产中的上百颗），则可能因为分身无术，陷于一些事务性的工作而耽误了战略的思考（很多销售和FAE的特质是不喜欢自己动手搜索，而直接发个邮件来问）。因此产品线经理应该把自己在产品和市场方面的权限释放一部分出去。

通常产品线经理直属的市场职位有市场工程师、商务拓展经理和战术市场经理。市场工程师负责协助和分管部分产品的商业计划书，产品推广。商务拓展经理分布全球各主要区域，与产品线和当地的销售和代理商对接，帮助当地的销售来推广此产品线的芯片。战术市场经理负责报价、客户样片支持、整理代理商、催发货日期等其他客户相关日常事宜。

综上所述，在一个纵向的市场组织中，产品线经理的直属市场团队如图2.27所示。很多产品线未必需要全球的商务拓展组织，视具体细分市场的需求而定。如中国台湾地区有很多网络、数据中心、电源等生意，但是家电、汽车等就比较有限，因此汽车芯片产品线就没有必要在中国台湾专门放人了。而在规模极大的公司如英飞凌，所有的产品线几乎在所有的地区都有区域拓展经理，甚至在美国还有照明芯片的市场经理，尽管美国本土的照明电子设计业务已经非常之少，我无意说明英飞凌这么做不值得，只是为了说明区域拓展经理的重要性。

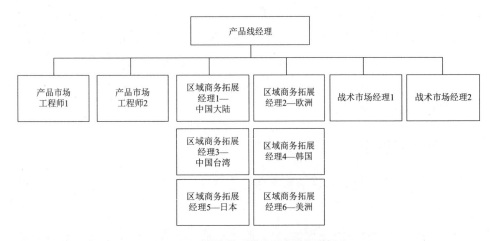

图2.27　纵向管理的产品市场部门组成

纵向的市场组织中也可能有战略市场经理和技术市场经理的位置,后文会进一步指出其中的区别。

在纵向管理的产品线,产品线经理本人会负责一切在产品线发生的事和最终的销售业绩,包括从某芯片定义的细节功能,到某具体客户的报价,都是最后可拍板负责的人。而另外一种产品线的构成,可称为横向管理。横向管理是基于职能的分别,一位更具有某种经验能力的产品经理只负责最需要此能力的一类工作。如图2.28所示,一位技术背景更深厚的产品经理1负责全部新产品的定义和开发工作,而某更偏向项目管理的产品经理2负责量产芯片的管理,偏市场和销售的产品经理3和4可以各自负责客户支持和市场拓展。

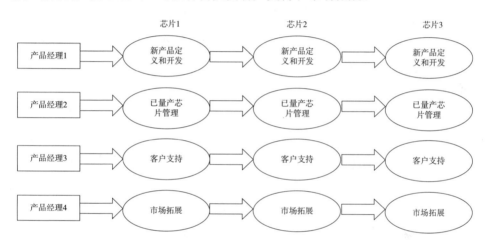

图2.28　横向结构的产品市场部门

在MCU、DSP、无线、FPGA等数字芯片领域,在一颗芯片量产以后,几乎增加每个重点的新客户都需要大量的客户支持,包括特制软件、特定料号管理、系统生态设计,等等。如果说纵向管理比较适合模拟/电源等量产后支持力度相对简单的产品线,横向管理就比较适合需要大量客户支持的数字芯片业务线。在数字芯片生态中,很多时候需要根据不同的系统应用来制定具体解决方案,经常可能有某市场经理专门负责PC客户的支持,某市场经理负责数据中心的支持,等等。

横向管理的缺点在于销售、FAE等比较难于界定谁是某种具体产品或方案的最后负责人。而横向管理的各经理也往往难以分清自己的权力限制,容易有互相推诿的情况。

题外话,在中国的国情下,采用纵向管理公司的产品线经理,如果不够忠诚,比较容易把全套人马拉出来另立山头,因此是民企CEO比较忌惮的。横向管理则相对便于限制个人权利,然而也有不够放手、不能吸引高人加盟的问题,可能确实没有比较完美,只有相对合适的管理方式。

2.6.2 寻找最合适的产品/市场人才

市场组织的管理者,应该经常思考怎样优化他的组织。

虽然芯片的市场和产品管理者多数都有合格的工科培训的学历和工程师经验,然而每个人的背景、性格、能力当然都有所区别。例如,有的人性格较为内向,可能更喜欢做芯片定义,优化模型;而对财务分析、与客户和销售日常沟通则兴趣不大,这样的人可能做技术市场经理比较合适。而有的人较为外向,与客户交流比较热情,也善于每天开多线程与许多人去沟通,这样的能力可能更加适合做商务拓展经理。

观察和决定一个人的优势和劣势不是非黑即白的问题,很多人既没有机会,也没有认识到自己真正更善于的领域在哪里。而且有很多人虽然具有某方面的能力,而更想做其实不符合自己能力的工作。经常也有人会太忙碌于日常的工作,而忽略了自己应该做什么样的长期准备来做更符合自己能力和志趣的事情。

产品线经理在招聘中就应该观察应征者的个人特质,是否具有理想的能力。例如,我曾经招聘市场工程师,希望应征者可以懂一些技术,然后对市场和产品具有一定的观察,做事情比较细致,也有一定表达能力。然而我面试过的一位,虽然专业背景是具备的,但表达上就比较欠缺,除了自己在目前公司做的事,对行业也缺乏观察,我就认为他还是更符合偏向纯技术的工作。

最近听某讲座,ASML的某高管讲了如下的这段话颇有意思:"世界上简单的问题都已经被解决完了,成功的公司必须要能够解决复杂的问题。而如果建立一个背景能力相似的团队,那么只能重复地去解决非常相似的简单问题,因此,必须要建立非常多元化的团队,给予不同的角色,才能联合起来解决复杂的问题。"最近,我与上级沟通,希望我们能多招募一些女性工程师,对于改善纯男性工作团队中的紧张工作气氛有好处,而且女性有很多独特的视角和感受,可以为我们带来很多不同思路。

下面列出一些在芯片公司较常见到,不同的产品和市场经理的细分职位,可作为读者考虑在自己组织中培养、寻找相关人选的参照;也可以作为年轻朋友们考虑转行时寻找对自己更为适合的岗位的参考。

2.6.3 试论商务拓展经理

对某些大型芯片公司，全球的销售只对自己被指定的区域和客户负责，可以销售来自全公司所有产品线的所有产品，因此公司各条产品线有合作关系，也有竞争关系。产品线经理在营销上面对的重大挑战是，如何吸引公司销售和代理商的注意力，让他们更多地将精力放在支持我们而不是遗忘了我们？这里据我所见，并没有比产品线在当地寻找合适的商务拓展经理更好的办法。

首先，此经理的经费可以由产品线出，不占用销售资源，也不抢奖金分红，只帮助当地的销售来拓宽市场寻找客户和支持客户，帮助销售破冰，介绍产品，前期支持，而销售和FAE可以后面再跟进。这样的做法对销售们只有好处，因此是到处受欢迎，人人愿意来合作的。

其次，销售和FAE各有不同的背景，几乎不可能人人都是所有产品的全才，虽然我们可以努力培训卖单片机的销售来卖模拟电源芯片，或者反之，但是毕竟在没有长期的经验积累下，很难有深刻的洞察力。因此如果拓展经理对特定产品的技术和市场要更熟悉，可以起到在代理商、销售、FAE和产品线之间的桥梁作用，也能收集市场信息，对产品作出反馈，就新定义的芯片与客户沟通……优秀的商务拓展经理实在是多多益善。

商务拓展经理最好是能够身兼销售和FAE的特长。销售一般在产品面上覆盖较宽，注重客户关系和销售的过程，对产品细节和技术一般不太精通，而FAE对解决客户的技术问题比较上心，但是在产品推广上一般又比较欠缺。商务拓展经理就是一个比较好的补充，因为其是产品线专属，对特定的产品线比较了解，而技术上也能做一般的介绍。最理想的商务拓展经理人选，应该是精力较为充沛，人比较乐观，主观能动性极强，能够同时应对各种突发问题，也乐于出差的人。技术方面能掌握得越多当然最好，而人际交往能力对此位置要比对技术的掌握度更为重要。

商务拓展经理可以按照区域分配，是较为常规的做法，这里主要有语言的因素。但也有一种做法是指定特定的应用。例如，如果公司在电信方面的生意较大，而很多规模较大的电信公司都是全球化的，采购部门也横跨不同的国家，在这样的情况下，限制在一国的销售或商务经理很难照管到全局的生意，因此可以考虑安排固定的、专门负责全球电信市场开拓的商务经理。这样可以更好地理解此特定市场，也可以制订针对此市场的推广计划。在芯片公司也很常见有专门看数据中心、PC等不同应用，而不局限在任一产品线或任一国家地区的商务拓展经理。相比大多数芯片公司的产品线以产品种类来划分，有些公司如Analog Devices则以大的应用场合来划分业务部门，如消费类BU（Business Unit，事业部）、工业类BU、汽车BU，等等。这些公司可能有中央的研发团队，会与各个业务部门相配合。

2.6.4 试论战略市场经理

对于希望在业界占据领先地位的产品线，可能有必要在组织内部加上战略市场经理一职。其职责不是为了每天给客户报价，不是为了具体某产品的一个细节定义，战略市场经理的职责主要是为了产品线和公司在3~5年的时间里，可以：

（1）指引和建立从无到有的新业务。

（2）影响行业标准，在竞争者没有做出反应前即做好准备。

（3）与客户和供应商共同建立系统和生态环境的影响力。

（4）与公司的研究部门共同探讨新技术对产品方向的影响。

（5）公司合并、收购等策略的研讨和实施。

举例来说，USB PD快速充电是最近几年兴起的行业标准。各大芯片公司都有自己的战略市场成员在USB协议的评审委员会上，这些成员定义了USB快充的标准，包括覆盖电压的范围、电流的范围、底部物理层、上层的通信等一切规格。因为及早参与了标准的制定，使得这些公司又得以尽早参与符合标准的芯片的定义和开发。同时这个委员会的成员又可以与参与的客户——如苹果等手机公司，共同提前开发配套产品。后来，其他公司又另立山头，提出一套快速直充的标准，这些动作的背后，我们可以看到很多战略市场研究的影响。产品线经理自己往往疲于日常工作和产品定义，很难有更多的精力来涉及非常长远的战略规划。

又举例来说，在功率芯片的范畴，现在碳化硅芯片已经抢占了不小的市场份额，而氮化镓芯片的市场也在发展。很多暂时还没有相关产品的芯片公司都有兴趣和碳化硅、氮化镓的供应商会谈来共同开发相关产品。理想的情形下，此时应该有战略市场经理与公司研发部门一起评估合作的可能性、技术的领先性、可靠程度、供应链、IP授权等一系列可行性分析和先期评估，此后再由产品定义的人员来跟进。

此外，如果公司有兴趣进入某些细分领域而有收购其他公司业务的可能性,这时也需要战略市场经理来做目标公司的搜寻、具体分析、谈判、收购后的业务整合等工作。

2.6.5 试论技术市场经理

多数产品和市场经理都由芯片公司各类技术高手转行而来。很多产品和市场经理仍然希望掌握更多技术,而不是每天与销售和客户纠缠生意上的问题,这样的人才比较适合做技术市场经理的角色。我也是先由工程师转行做的技术市场,然后再逐渐转到产品市场。

技术市场经理主要的任务是定义新芯片的一切细节、产品文档,负责建立初期的仿真模型。需要做很多竞争对手分析,和产品线经理讨论芯片的大致特色,主持和发明一些先进的芯片功能,进行较少量的客户访问。最后在芯片接近量产时也要负责做数据手册、用户指南等文档。技术市场经理不对产品线每年的销售业绩负责,但是每年应该有定义多少芯片的直接指标和量产多少芯片、是否一次流片成功等间接个人评分目标。

产品线经理往往需要加入到芯片的早期定义中去,而技术市场经理希望做的芯片有时并不一定与产品线一致,所以经常有一个讨论的过程。因为没有销售额的捆绑,技术市场经理往往比较自由,可以按照自己的想法做一些有创意的产品定义。优秀的技术市场经理可能专利很多,对芯片的细节了解非常深刻。有时如果我去拜访特别重要的客户,事前又得知对方可能想要对某芯片咨询很多技术问题,那我可能希望负责该芯片定义的技术市场经理同去,这样可能拜访的效果会最好。技术非常强的技术市场经理,是不可多得的人才。而技术市场经理,也是向上发展成产品线经理的最佳人选之一。

2.6.6 试论内部产品应用团队

产品组织里人数最多的团队之一就是产品应用工程师。该团队的任务主要包括项目开始时的部分定义;流片后全部的性能验证,芯片问题的发现和提出解决方案;量产前制作数据手册、应用说明,对数字芯片需要写程序和烧录程序;在芯片量产以后又需要帮客户制定产品参考设计,帮客户解决系统问题,与销售和FAE做产品培训,等等。总之,是更加与客户和销售紧密相关的工程部门。

公司帮助客户解决问题的能力、支持中的态度、响应时间、负责程度,直接关系到客户如何看待此公司的实力和可信度，进而会直接影响到销售额，因此AE团队毫无疑问是十分重要的。

产品应用团队的人选都非常关键，一般都是一个人对应一颗到几颗新开案和已量产的芯片，技术上从资深到初级都有（我所见的AE有博士学位的占相当比例）。而除了技术以外，我们又希望AE能培养一些额外的能力，例如：

- 服务客户的能力。AE可能常常被客户的支持需求突然打断手上的工作，需要同时运行不同的芯片验证和客户支持项目，必须有能力多线程同时开展工作。
- 有一定市场营运的概念。例如，AE也可能会制作面向客户的PPT，需要了解什么样的PPT更适合内部审阅，什么样的PPT又更适合出示给客户。
- 良好的写作能力。如数据手册，要有严密的逻辑，怎样从头开始描述某芯片的功能和特色。另外，对华人的AE，还需要更好地培养自己的英语能力（即使在国内的芯片公司，也最好能制作中英文两份数据手册，因为如果芯片客户是国内的代工厂，接的是国外的订单，最终的国外客户也可能要审阅英文版本）。
- 我曾经工作的某公司雇了英语系毕业的技术书写员，任务是审核中国AE团队的英文语法错误。她经常来找我问，说不知道某句话里工程师想表达什么意思。我后来意识到，其实我们中国AE的英文数据手册有时写不好，不是因为英文能力不好，而是本身的逻辑还不够缜密，其实是中文表达不好。英文其实没有中文有很多细微处的区别，只要造句简单，逻辑正确，就不难理解。
- 有一定的与人沟通的情商和同理心。
- AE需要和一线的销售和FAE交流。包括产品培训，答疑和帮助销售/FAE改善客户的设计，出具参考设计等，因此需要沟通能力。如面对支持需求时要能够询问具体的细节，希望销售去进一步了解等，而不是一味答应或拒绝他人的请求。

销售和客户不会只为了产品线经理的偶然访问而印象变好，也不会为了看到未来的路线图而改变期望，印象好坏更多是建立在对客户平时细微处的技术和商务支持上。如果有客户的疑难没有得到及时解决而生意丢失了，可想而知销售对产品线的印象会变得比较差，进而只会去推其他产品线，甚至代理商销售会对公司整体印象变差而去推其他公司的产品。客户支持是幕后不那么光鲜的角色，却是很多生意成败的关键。

2.6.7　试论战术市场经理

在较具规模的芯片公司，产品线还会增设战术市场经理一职，一般每条产品线视客户数量的多寡可能有一至数人。其主要的职责可由下面几部分组成。

1. 销售量的预测

芯片业务有其从销售到生产环节的独特性。从赢得设计开始，销售或代理商要了解客户具体的生产开始时间，而在那之前芯片必须已经交货给客户。然而芯片一般有3~4个月，甚至更长的生产时间，因此产品线必须有这样的人，可以预测具体何时，需要准备好多少量的某种型号芯片，然后与公司的生产计划部门沟通来协调。

芯片公司最严重的事故之一，就是芯片不能及时交货以至于客户无法生产，特别对于苹果公司这样的客户，后果不堪想象（当然对于最大的一些客户，公司一般特事特办有专门的团队来负责）。

曾经有某印度小公司的客户向我们告急，说如果不能及时交付芯片，公司就要破产了。这不是不可能发生的事。我们不能轻视对小客户的扶助，因为小公司如果因为我们的失职而破产，其工程师很可能以后加入大公司，而将我方列入供应商黑名单，这也是完全有可能发生的事。

在一些其他情况下，客户需要临时增加产量，或者需要提前交货而希望下紧急的生产单，这些都需要产品线相关人员来协调，而战术市场经理就是比较合适的人选。产品线经理很难有时间来协调所有这些战术动作。

2. 报价

在业务、客户较多的产品线，每天的销售报价可能有几十条或者更多，然而并不是每条报价只要满足最低毛利标准就能批准。需要有专人与销售和代理商协调和谈判，如目标价格是否合理、能否增加价格、是否与过去的生意相冲突，等等。有关芯片的报价和定价等具体细节，在4.7节中有专门介绍。对于战术市场经理，如果在产品线每年保证销售额增长的目标时，毛利也能不断提高，就是有功绩之处。

3. 调整标准价格表

销售和代理商一般会参照产品线的标准价格表，来给客户第一次报价，而第一次报价的高低显然很影响设计成功的可能性。战术市场经理应该了解对任何细分市场，某类芯片在某区域的大致市场价格，然后不断调整价格表以应对市场价格的变化。

4. 对客户的报价每周固定的报告

包括前10或者前20按照销售额排名的报价，和与目标价格差距较大的报价排名，以便产品线经理做出及时的跟进。

战术市场经理几乎不需要有任何技术背景，需要做事细致而有一定领导力的人选。因为其工作的成绩不容易显现，而一旦有不能及时回复的情况就可能遇到销售抱怨，因此责任心和抗压能力都比较重要。

综上所述，可以归纳所有产品和市场经理的特质，主要可以分为"农民"和"猎人"两种。

农民习惯栽种，然后精心浇灌，施肥，除虫，提高亩产量。这样的特质比较适合负责已经量产的成熟芯片产品线，然后深耕其中，包括减少产品成本、挖掘更多的客户、提高市场的份额、改善客户体验、增加更多的产品培训、做更多网上推广，等等。"农民"更加适合与销售、生产、运行等部门打交道，对日常可能琐碎的任务都不感到厌烦。比较适合的位置是商务拓展经理、战术市场经理、项目管理等。

猎人是时刻在观察、出击、收获，然后寻找下一个目标。"猎人"适合观察市场动态和客户兴趣，然后出击来定义和推出新产品，然后继续寻找下一个目标。猎人的特质比较适合定义新产品，会因为经常面临不一样的挑战而感到兴奋。比较适合的位置是技术市场经理、战略市场经理、产品线经理等。

我想自己的特质是比较偏重"猎人"，但是我也绝不反感在不"出猎"的时候做好"农民"的工作。同时产品线需要招聘各方面气质、性格不同的人来覆盖各个方面。

2.7　产品推广的全方位战术

在大多数模拟、电源、数字、传感器、无线等芯片的市场，在收到第一版工程样片以后，经过电气和可靠性测试，如果该芯片没有大的技术问题，就应该考虑马上进行推广，而不能等到量产以后。因为电子产品的特殊性，若我们晚几个月等到万无一失了再去推广，就可能错过不少市场机会而影响最终的销售额。

如图2.29所示，如果我们在2020年开始做某颗芯片，2021年有工程样片后就开始推广，我们就可能在2021—2022年部分客户量产时赶上生产周期，开始有一些销售额，然后2022—2023年就可能有更好的销售数字。反之，如果推广在2022年年初量产时再进行，就可能只赶上2023年开始的项目。而且，虽然销售额开始只差一年，但是市场上可能已经有更多的竞品，市场价格可能也更低，因而可能会影响以后每一年的销售量。因此，我们需要在芯片的性能已经基本实现、量产风险比较小时就开始推广。有些技术出身的产品线经理对于定义和设计芯片比较上心，在芯片开始推广后相对花的精力就很少，希望如果芯片够好的话就会主动吸引客户上门。然而全球芯片公司的数量仍然很多，客户的选择也很多，如果不在推广上花大功夫，再好的芯片也很难找到主动上门的客户。

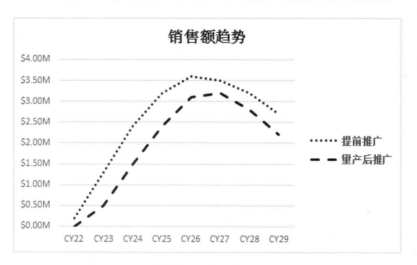

图2.29　提前推广和量产后推广的销售额趋势

对客户来说，试用尚未量产的芯片总是有一点儿风险。可能的风险包括产品良率、交期、不同生产批次带来的参数变化、一些尚未发现的应用问题，等等。然而，采用新的芯片也可能为客户带来成本降低、性能提高、满足某标准、与竞争者的先发优势等利益。因此一般来说，在竞争较为激烈、产品周期相对较短的应用，如消费类电子，更加愿意尝试用未量产的芯片；而某些工业类客户，更重视长期质量和可靠性，给此类客户推广成熟的量产芯片效果较好。

产品推广时，公司的宣传部门会提供不同的选项。这些选项因为占用公司不同的资源和成本，因此并非是所有芯片都可以重点推广的，这样浪费人力物力，而且如果很普通的芯片都重点宣传，会让外界对公司的定位和印象也感到模糊，因此我们的推广肯定是有所侧重的。

芯片推广的准备工作一般有两大类，分别是客户支持需要和市场宣传的需要。我们先把这些项目列出，分别说明这些项目希望达到的成果，然后按照需要推广的芯片对公司整体战略的重要性，说明具体哪些芯片适用于怎样的推广方式。某些公司的产品线经理直接对所有这些项目负责，有些公司有专门的技术写作人员与工程部门合作来更专业化地生成这些项目文档，其他公司也可能没有专门的团队，而由产品线、工程部门和宣传部门共同合作来做推广。无论何种方式，产品线经理总应该做统一的调度，然后做最后的检查后方可正式开始推广。

2.7.1 客户支持需要

1. 产品参数手册

毋庸置疑，客户没有参数手册则无法开始设计，因此是推广所必需的第一条件。有时在工程样片的推广阶段，参数手册并没有完全做好。一般的做法是提供客户以初版的手册，仅列举其设计所需要的必要条件，如功能、引脚说明、参考设计的公式等。

2. 应用说明

参数手册因其篇幅所限，一般只介绍整体的芯片功能说明，而很难具体说明设计步骤、系统设计方案、版图、编程注意事项、设计案例等，这些细节应该付诸应用说明，对于稍微复杂的芯片，一般都附有参数手册以外更复杂的应用手册。

3. 软件文档

对于可编程的芯片，都附有GUI文件或者编程说明。

4. 硬件参考板和参考软件版本

对于多数芯片，不论是模拟还是数字，都应该附加参考板，帮助客户可以在不做自己设计的情况下就比较方便地验证芯片的性能。

在产品未量产之前，可以只附加参考板的电路图、BOM说明和初版软件。在量产时，应该有更具体的功能说明、该参考板的设计步骤、一些测试好的性能指标、版图设计说明、最终版的软件等更多细节。

另外参考板可分为以下三类。

（1）Evaluation Board 参考板。此类设计增加了很多方便客户验证的测试点。如果芯片有不同封装可能会放多个封装便于客户选择。此类板比较适合对版图不太敏感的芯片和产品场合。

（2）Demo Board 演示板。此类板的意义在于给客户一个更直观的、最终产品的形象。此类板不再有各个引脚的测试点，会做得非常紧凑。甚至客户可以直接拿来照抄设计成为自己的产品。如一些USB PD快充的芯片，就把演示板做成客户完全可以直接拿来用的充电器样式。

（3）客户专用参考板。对于有较大潜力的客户，芯片公司常会组织专门的AE来为客户专有的规格来定制开发样板。

产品和市场经理可建议AE团队对某具体客户，应该提供什么类型的支持。如可能为小客户提供设计咨询，为中等客户提供理论设计，一直到为大客户提供专用参考板。

5. 全套参考设计和系统验证平台

此类设计是帮助客户来搭建一个系统。对于具有不同产品线的公司，现在比较流行的销售模式是集中力量在一系列客户应用上开发全套芯片解决方案，因而得以在单一客户上实现销售额的最大化。观察业界，凡大公司如TI、ADI、Infineon等无不如此。

如在我目前工作的瑞萨电子，因为在一系列收购之后拥有了完整的微处理器、电源、模拟和数字解决方案，我们得以为客户开发了百余种整体系统的参考设计。

6. 参考报价

理所当然不论是销售还是客户都会关心价格。经常在开始推广时，销售就希望产品线可以先给出根据不同预计销量的参考价格，这样在访问客户时可以直接给出报价，而不需要再向产品线申请。

7. 销售/FAE培训资料和培训会议安排

很大程度上，培训资料是与数据手册同等重要的材料，因为在较大的芯片公司，销售或者FAE可能各有所长，不一定对某产品线的芯片很有了解，那么我们就需要用培训材料来让销售团队掌握如下几条有助销售的关键之处。

（1）该芯片主要销售的应用在哪里？如家电、仪表、电信，等等。

（2）该芯片的主要竞争优势是哪些？

（3）该芯片的目前状态如何？何时可以量产？

（4）价格参考信息。

（5）是否有长期的产品路线图规划？

（6）关键的一些性能证明和展示。

（7）该芯片的上代版本的一些成功销售案例。

（8）参考设计和参考板信息。

（9）其他支持工具，如仿真模型等。

（10）如何申请报价和申请样片和参考板？

产品线经理应该定期与各区域的销售/FAE组织培训会议来交流沟通这些新产品的信息。往往和销售和FAE的会议会分开举行，因其侧重点有所区别。

8. 客户需要签署的法律文件和软件许可等

对很多比较普通、竞品很多、即将量产的芯片，我们在推广时一般可不需要新客户签NDA（Nondisclosure Agreement，保密协议），因为有的工程师客户可能对这种协议有抵触情绪。然而，对比较特殊的芯片（参数领先、特殊功能、公司新产品线），我们在推广时应该尽量选择已经签过NDA的客户，或者至少是非常信得过不会将资料外传的客户。有一些更特殊的芯片可能需要第三方硬件或者软件许可等，因此可能需要签订三方的NDA。

要注意的是，保密协议的签订，市场经理不能直接丢给法务部门了事，最好有所建议。市场经理必须详加考虑如何平衡生意和法务风险的问题。

2.7.2　市场宣传的需要

芯片公司的客户会用芯片来做其他面向工业或消费者的产品，如手机、家电等。芯片的生意完全是B2B的，因此和消费类产品的宣传和推广区别很大。消费类产品的推广非常依赖于商业广告和品牌资产，而芯片的推广相对来说渠道较为狭窄。

尽管如此，我们都注意到，Intel可能是最习惯用商业广告来宣传自己的芯片公司，"Intel Inside"这句话大概每人都耳熟能详。近年来，高通也开始做自己Snapdragon等品牌的电视广告，我们平时也能在YouTube等其他互联网渠道看到根据用户数据而定向播放的广告。对大多数芯片公司，对某颗特定芯片的推广，会因为目标客户、目标市场和应用有很大的不同。例如，如果为苹果公司定制开发了某颗特殊芯片，可能根本无需任何推广；而如果是某颗针对上百个潜在客户的芯片，而自己销售力量又不足，就可能需要在电子杂志和其他渠道来普遍投放宣传资料。

对于普遍的市场宣传，这里我们可以准备的宣传项目如下。

1. 产品简介

这里的简介可能是一张高质量的铜版纸，介绍产品的大致信息，用于在客户会议、展览会和其他场合供人拿取，而数字版本可以在网站上上传。（因为在展览会之类的场合上可能拿资料的人有相当一部分是竞争对手，所以要注意不要放太多的重要细节。）

2. 产品宣传演示

此演示可基于销售/FAE培训资料，需要省去报价等内部信息。

产品线经理可能在不同的场合要重复介绍多次此产品，因此不断地优化此演示可能占据了产品线经理平时很多的工作时间。

3. 新闻稿

芯片公司用在各种媒体刊发新闻稿的方式，是为了向已知和潜在的客户宣传新的产品，也可能为了使公司吸引新的投资，也起到宣传公司品牌形象和战略路径的作用。如果某公司持续在各种媒体上宣传性能优异的芯片，有可能竞争者会知难而退。尽管刊登新闻稿的成本不菲，然而总是有积极作用。甚至很多客户即使不一定对在宣传中的芯片感兴趣，也会为了看看此公司的其他产品而去访问网站。我记得凌力尔特公司（Linear Technology）在被ADI收购前，是很多电子杂志的常客，基本每期都会有凌力尔特某特殊新产品的介绍，给客户和竞争者都留下很深的印象。特别对于网站流量不高的中小厂商，刊发新闻稿来吸引网站的流量其实很有意义。

有另外一种新闻稿不是为了宣传最新芯片，而是为了宣传某量产芯片已在重大客户处得以应用。这种新闻稿需要征得客户的同意，而且往往由芯片公司和客户公司双方的负责人各提一两句为什么这个合作获得成功。芯片公司希望通过这种新闻稿来吸引其他类似的客户和建立公司更加正面的形象。

对较大的公司，可能有专门的技术写作团队来负责新闻稿的写作，此团队一般与产品线经理沟通负责采编内容、制作视频等。

4. 媒体访谈

刊登新闻稿毕竟是公司自己的付费活动，其中没有与工业界的公开互动，这里可以用媒体访谈来加以补充。一般各种电子应用大类都有自己的专业的商业杂志和编辑，如在电力电子方面，就有Bodos Power、Power Electronics News、Power Electronics Europe、Power Systems Design等杂志和网站，国内有电源网和世纪电源网等网站。此类商业杂志与IEEE的期刊和会议论文有所不同，IEEE专注学术方面，以发表论文为主，而一般不接受为某芯片而做的商业性广告和访谈。另外有很多其他的出版物覆盖面更加宽广，并不特别专注于某类别的应用，如IEEE Spectrum、EDN、All about Circuits、Electronics Products等，虽然本书的读者更多是中文读者，但是国产芯片的公司如矽力杰等，也逐渐开始有出海销售的计划，因此提早了解还是很有意义。

在较为突出的芯片量产时，有时觉得新闻稿尚嫌不足，可以通过媒体访谈的形式让第三方在自己的平台上做宣传，这里接受专注某芯片类别的杂志访问较好，因为这些编辑往往在业界影响力非凡，可以给出更好的反馈，询问更专业的问题，而且这些杂志的受众也更可能是此芯片的最终客户。

接受访谈时，很理想的场合是在行业展览会上，如我们常去的PCIM、Electronica、APEC等展会，展商可安排会议室、采访室等，同时安排很多议程。我的经验是如果自己在展览会上有面向较多听众的报告，可以先安排一个或几个较私密的媒体访谈，先小范围地锻炼和测试一下自己能否很准确地传达产品的信息，然后会更有信心去向更广泛的听众宣传。

如果我们在访谈时能够给人深刻印象，可以预见到能得到一个很好的媒体宣传，而且也是一个培养与这些编辑良好关系的机会。与这些编辑接触时也要比较小心，除非是被问起，否则最好不要提起任何竞争对手，只需要谈产品本身的特色和优异表现即可。

市场经理往往与公司的公关部门共同合作来选择不同的媒体访谈。优秀的公关专家懂得如何打动媒体编辑，准备新闻材料，预先安排好各种事项和备选方案，与很多媒体编辑关系很好，可以得到更好的版面，进行更合理的宣传。

5. 技术类文章

对前述的专业性商业杂志，如果它们的内容全部都是公司访问或者商业广告就难有读者了，因此会经常刊登大量技术讨论、系统解惑等，使读者订阅这些杂志有所收获。其妙处在于，如果我们写这些稿件，可以在最后提到自己公司的芯片产品，杂志是不作为广告来收费的，等于是变相的宣传。

我写的几篇可以在网上找到的此类技术文章如下，供读者参考。

"智能照明的电源集成方案"

Integrated Power Solution for Smart Lighting

"学校里不教的同步整流控制——从实际设计出发的一些具体讨论"
What They Don't Teach About Synchronous Rectifiers in School—Selected Topics from Real Designs

"电源效率的标准呼唤在AC-DC电源内采用同步整流方案"
Legislation in Power Supply Efficiencies Calls for Adopting Synchronous Rectifiers in Offline Power

"在采用PFC+LLC架构的AC-DC电源内增加灵活性"
Adding Flexibility to AC/DC Power Supply Design that Uses PFC+LLC Topology

"满足电脑电源在轻载时的钛金能效标准——先进的数字功率因数补偿提供了前所未有的表现"
Meeting PC Power Titanium Specifications at Light Load—a novel digital power factor compensation method

"用氮化镓开关可以像用硅开关一样的方便—在48V系统中的示例"
Using GaN FETs can be as simple as using Silicon FETs—an example in 48V systems

6. 推广视频

读纸面资料常常不如看视频更让人印象深刻（现在直播带货的销售方式就比很多传统的促销方式要更有效），因此很多芯片公司制作了各类宣传和介绍具体芯片设计使用的视频。制作视频切不可草草为之，否则不如不做。应该由比较专业的公关宣传部门配合，需要提前做好演讲稿，用提词机来播放，也要注意做视频时的个人形象，要布置好合适的场合、灯光，等等。在正式录制前不妨反复练习，以期达到最好的效果（见图2.30）。

图2.30　我拍摄的某产品宣传视频在某一年的APEC展台上播出

7. 网络宣传

芯片公司总是愿意投入资本来做一个尽善尽美的网站，网站一旦建好框架，就成为免费的公司和产品宣传基地。公司希望客户能够主动来访问网站，搜寻芯片和其他资料。某些公司出于保密因素考虑，网上的资料除了少数简介以外，都要求用户必须先注册，获得后台通过才能看到细节。然而除了部分确实需要签署保密协议和软件许可协议等的芯片，就我所见大部分的电源和模拟类芯片其实都不妨公开。因为用户的耐心是很有限的，多数场合也有其他可替代的选择，如果不是单击几下就能找到的资料，那用户很有可能去看其他公司的产品了。虽然公开资料的另一面是竞争对手也可以更容易地来做出分析，然而，造成的损失远远比不上真实客户流失的损失。

在某些与具体客户特殊合作的场合，我们可以制作需要特别密码才能进入的特别网页。假设某芯片公司与苹果公司有长期合作，完全可以制作特别的网页让苹果公司的某些合作工程师可以登录，得以分享和上传仅限于与此公司与苹果公司之间业务往来的信息。

有时产品宣传和特色分析也应该被用在网页上。如显卡和GPU厂商nVIDIA，在网站上不光是有芯片的资料，而且有给游戏玩家看的性能分析。

公司内部的宣传网页同样重要，如瑞萨有公司内部销售、FAE和外部代理商可以看到的产品销售网页，各自有不同的权限。我会每个月做一期内部新闻形式的E-mail，记录最新产品信息、推广资料、新产品研发状态等信息，然后将相关资料上传到内网，把链接记录在E-mail里，这样销售和FAE可以按照E-mail的线索自己去内网上轻松得到需要的推广信息。这个E-mail的受众本来只有几十个熟悉的销售，因为影响力的不断扩大，现在已经有几百名瑞萨内部的员工每月收到我的新闻信。

2.7.3 按重要性区分的推广方式

产品线的芯片有重要性的轻重之分，对公司来讲，各产品线的产品类别对公司也有轻重之分，不可能每次量产一颗对产品整体战略和公司形象不重要的芯片就采用所有的推广方式闹得天下皆知。这样既浪费了大量本可用于研发的推广资金，而且可能浪费了销售资源在推广市场价值不大或竞争力较弱的产品上，也可能误导投资人认为公司战略过于分散。因此，我们在推广前就要和市场宣传部门沟通好，需要推广的芯片大致落在以下哪个范畴。

第一类：该芯片对公司是新产品，填补了空缺，但是在业界已经有很多类似的产品。

此类产品可以在公司网页推广、邮件推广、社交媒体推广、代理商渠道推广等，成本较低。此类产品不适用新闻稿等推广方式，因为对树立公司形象并无积极作用。

第二类：该芯片是业界领先的技术或产品。

此类产品在第一类的基础上，可以添加的推广选项包括：在各技术媒体刊登产品发布新闻稿件，媒体访谈，推广视频，写技术文章，开网络技术讲座，开销售和代理商培训讲座，其他数字媒体宣传（Facebook、YouTube、微信公众号，等等）。

第三类：该芯片是业界唯一，在某些特色和参数上是业界重大的突破。

此类产品在第二类的基础上，可以召开新闻发布会，在特定产业年会上寻求公众演讲机会，与销售部门共同雇用额外的产品销售和外部销售咨询公司，等等。

很多产品线经理认为只要芯片做得好，客户自然会源源不断而来。这样的想法大概在该细分芯片市场排名世界第一第二的公司比较行得通，因为经常主动来询问的客户占了多数。然而对于大多数其他公司的产品线，只要自认为自己并不是在做一块垄断的业务，就应该花很多精力在市场推广的过程中。"酒香更怕巷子深"才应该是我们的准则。

我们研发芯片时，芯片只是一个用户实现功能的"工具"，通过提供不同的支持、宣传、用户体验，我们放大了芯片作为"工具"的本质，使其真正成为"产品"。就好像我们去高档超市可能只是买一样食物（"工具"），然而却心甘情愿额外付出成本来购买随之而来的体验（"产品"）。

2.8 销售和产品线的季度业务审查

在规模中等以上，有几条至数十条不同产品线的芯片公司，公司的最高管理层难以经常关心具体产品线的发展，因此会定期与各产品线的负责人做阶段性的总结，了解过去一段时间产品线的新产品和业务进展，以及未来发展的趋势；而产品线经理也借此机会可以汇报成绩，获得重视，申请资源，明确未来的发展方向。此阶段性总结可能是每季度或者每半年举行的，因此称为季度业务审查（Quarterly Business Review，QBR）。QBR是产品线经理一年中很有限的在所有管理层面前表现的机会，对个人在公司地位的提升和产品线能否得到公司资源的倾斜至关重要，因此需要精心准备。可以想象，如果公司领导认为某产品线未来的发展希望不大，那么未来的发展一定很受限制。

QBR并不是只在产品线经理和高层之间进行，实际上，在各条销售渠道，都有不同层次的QBR，如以下的数层QBR就非常常见，每一层得到的数据会被收集和汇总到下一层级来进行汇报。

第一层：销售经理与各终端客户的业务回顾和前瞻。

第二层：各销售经理与区域销售总经理的营运会议。

第三层：各区域的FAE与各产品线经理的新产品会议。

第四层：各区域销售总经理与各产品线经理的营运会议。

第五层：各产品线经理与公司最高管理层的营运会议。

在芯片公司，一般常见的是每季度进行第一层和第二层的会议，然后每半年左右进行第三层的FAE新产品会议，以及第四层和第五层的营运会议。其原因是第一、二层以战术性的营销会议为主，需要更频繁地追踪和采取行动；而第三、四、五层以战略性的新产品方向研讨、业务分析和前瞻性讨论为主。

本节的主旨在于介绍产品线管理，因此只讨论第五层的产品线经理与公司管理层的QBR。其他部分的会议在第3章关于销售的部分再做较具体介绍。

对于产品线经理与公司最高管理层的营运会议，我们要准备的最终文件是一个全面介绍产品线在当年的营业额表现，以及未来展望的文件，然而又以未来展望最为重要，因为过去的成绩无论好坏，已经是既成事实，而管理层最重视的就是产品线未来的发展趋势。

芯片产品线各有特点，每个产品线经理又可能负责好几条不同的产品线，我们也许希望管理层会大力投资我们管理的每一条产品线，然而对公司来讲这未必是最好的选择，因此在管理不止一块业务时，我们要考虑对于每块业务，是否要传递不同的信息。如以下的主题都是管理层可以接受的。

- 产品线面向的市场在稳定快速发展，竞争者不突出，我方有先发的产品或其他方面的优势，现有团队实力较强，应该进行持续大力投资。
- 产品线面向的市场前景广阔，然而市场较为动荡，产品线难以在短期内靠自身快速成长，希望进行外部兼并或者增加投资来扩展产品范围。
- 产品线面向的市场没有明显的成长，产品线希望进行小规模、特殊芯片的投资，针对高毛利的特殊客户。

- 产品线面向的市场没有明显的成长，竞争者较多，产品线自身优势不明显。未来以内部减少成本，努力维持营业额，提高毛利为主。

如果产品线的芯片十分丰富，销售业绩十分理想，应该以强调成绩为开头，以战略性的长远目标来收尾。而如果产品线目前的成本、工艺等方面较为落后，目前业绩一般，应该对现有的销售额较为淡化处理，转而重点讨论产品线在一两年之内扭亏为盈的方案，不应提及太多长远的战略规划。我正好负责过这两种不同类型的产品线，以下分别叙述这两类产品线QBR报告的重点。

2.8.1 成长良好的产品线QBR重点

首先列出去年和今年的实际销售额、毛利和明年的预期销售额和毛利，以及成长的比例，可以同时画出成长曲线。需要指出的是，代理商有时担心缺货的问题，可能会提前进大批量的货然后屯着慢慢出货，这里应该大致了解到下半年预计的销售额是否有代理商额外备货的因素存在，通过与几个重要客户的销售沟通可以得到更准确的数字。如果有这样的情况，应该列出财务系统中的预计销售额，以及产品线自己认为更加实际的数字，否则代理商不会永远进超出实际需求的货，未来某个时间点销售额一定会下降。

如果我们负责两条不同的产品线，一条增长迅速，另外一条非常平缓，可以说明平缓发展的那条产品线也许有其他特殊之处（如毛利很高，或者维持的人力成本很低，等等）。虽然现在芯片行业正面临缺货潮，然而除了部分应用在疫情开始后有所增长，整体电子行业的真实需求并未井喷，缺货主要是因为各公司对疫情影响的预测失准。因此我们还是需要做好未来销量下降的准备。

如果有更细分的产品线，也应该描述其趋势然后解释其增长或减少的原因。如LED照明芯片，我们可以划为调光照明、非调光照明和直流照明这三类，细分市场的销售趋势增长或减少可能是产品的原因、销售的原因，也可能是出于整体市场的影响。

根据不同的产品线，先列出不同国家（区域）的销售额、毛利、平均销售价格在今年和明年的数字，如果有明显趋势上的变化，应该事先做好准备如何回答。

如果某产品线有大量不同的应用，可以按照主要应用来区分市场，列出发展趋势，然后说明产品战略是否和市场的发展趋势相吻合，以及在不同市场发展的策略。如单片机市场就可以列出大量的细分市场，如白色家电、小家电、仪表、汽车、工控、照明，等等。仅在汽车大类里就有主控、车身、娱乐等多个细分领域。这些细分市场所用的芯片规格、要求、竞争者、市场趋势等都不尽相同。

其次列出去年和今年按销售额排序的主要客户名。应该在备注里标好这些客户的主营行业、主要使用的芯片等信息。对于增长或者流失比较多的客户，应该在备注中做好功课，了解增加或流失的原因。比较健康的情况是，随着产品线的业务不断增长，客户也更加分散，新的客户不断增加，也没有很多重要客户流失。

然后列出这三年排名销售额前列的芯片产品名。当然以销售额较为平均的分布为好，证明几乎每次的量产芯片都有所成效。

产品线每年都有或多或少的新产品开始量产，而每次新产品应该在量产后一年就开始有销售额而且逐年增长，到产品的生命周期则自然被更新的产品所替代，而产品线整体通过推陈出新，销售额每年不断地在进步。这样的趋势基本可以表明产品线的芯片定义是比较贴近市场需求的。如果产品线某年的趋势没有呈现这样的增长，则需要准备必要的说明。

产品线新客户方案的增长趋势，这里有以下几个定义。

赢得设计（Design Win，DW）：表明客户已经选用我们的芯片，正在下单或已经下单。

得到设计（Design In/Design Win Pending，DWP）：表明客户已经口头或书面确定选用，集成此芯片在设计中，然而尚未下单（取决于客户产品何时或者是否会最终量产）。

待定（Pending，P）：表明客户尚未选用我们的芯片。可能是下列任何阶段之一：客户感兴趣而尚未有实际行动，已经送样，已经开始测试，尚在和竞争者评估，报价阶段，未知，等等。

界定这三种情况的标准，应该有相应的IT系统，由各销售经理在系统里做出申请，说明客户情况，然后由区域的销售经理（和产品线的战术市场经理）来批准。

每个季度这三种情况的客户方案数量都会上下起伏，特别是夏天在欧洲，以及冬天在全球的客户方案都会有较明显的下降（因为客户放假）。然而如果整体呈现一个上升的趋势，证明产品总体上是吸引了更多的新客户。

如图2.31所示的示例，代表某产品线在2017—2018年的DW，DWP，P的趋势。可以看到，Q4比起Q3在全球范围内的设计方案都会下降，然而2017Q3比

2016Q3总体上升，说明产品线的未来潜力在增长。

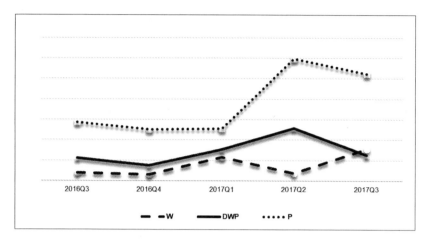

图2.31 DW，DWP和P的趋势举例

如果有较大的新客户、全新的应用等值得具体描述的新动态，可以考虑另外用一页或几页来描述此新业务，包括如何赢得设计的故事，该新应用的背景，量产时间，未来销售预期，等等。

接下来我们可能对某些局域市场做分析。如某产品线如果有7条不同的产品种类分支，而中国是主要市场之一，可以把这两年这些分支在中国的增长绘图如图2.32所示，并解释增长快速或者相对缓慢的原因。

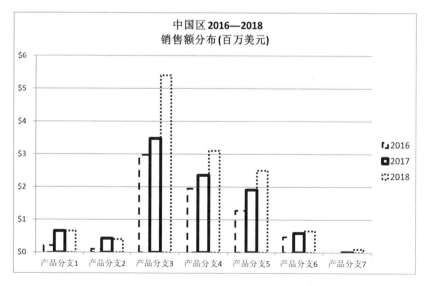

图2.32 举例：某产品线的7条产品分支在中国区的销售额在2016—2018年的变化

QBR还有较重要的一节是整理回顾过去一年的新产品研发进度情况，有的可能已经通过内部测试，送样给客户；有的还在查错，有的还在流片前后的不同阶段。如果需要管理层的资源协助（如更多的设计或应用工程师），此时可能是沟通的较好时机。

管理层会比较关心产品线去年一年定义的新产品是否够多，设计工程师是否能够人尽其用，各种新项目是否能够吸引到足够多的新客户，这些都是产品线经理要准备好回答的问题。

最后，可以用产品线的组织架构图来结束。总结时可以提到产品线未来两三年的新产品战略和销售额预期，维持老产品销售额和毛利的计划，以及要达到目标需要补充的各种人力、物力资源。

之前所讲的，是产品线发展良好时的标准QBR形式，我们主要介绍的是去年的成绩和明年的发展，市场的未来发展趋势，新产品研发情况，销售状况，以及人员结构——不需要做大刀阔斧的变革。

然而当产品线经理加盟公司时，恰逢是产品线暂时属于青黄不接、亟待外援时，那么产品线经理可以在加盟一年后的QBR报告如2.8.2节所述。

2.8.2 需要扭转势头的产品线QBR重点

我曾经接手的某块业务，其过去几年销售额不增反减，士气低落，在接手一年以后，我做了如下QBR报告。

（1）过去一年主要的进展。

- 获得销售团队非常有力的配合。
- 研发了多款全新芯片，部分已经接近送样阶段。
- 采用了多种全新、更低成本和更优良性能的晶圆工艺和封装工艺。
- 对多条产品分支重新定义了产品战略。

（2）发现和解决之前的一些问题，如成本过高、与销售配合不佳、缺乏新产品的持续投入。

（3）几条过往的老产品线的发展和新产品线的新销售额期待，并且解释我们如此估计的原因（老产品的客户流失时间的具体估计，新产品投放市场的时间和预计销量，与其他产品线共同销售的机会和新的战略客户介绍）。

（4）新产品所针对的市场，包括市场容量、主要竞争对手和市场份额等估计。

（5）各产品分支未来几年的产品路线图和销售预期，产品线预计的投入程度和原因。

（6）产品线新的设计团队资源和扩招计划。

总之，如果产品线经理加盟时是继承了某一块产品线，应该就前任的遗留问题和成绩做一总结，然后说明新的产品战略、市场销售战略，及其他带来的新气象，以获得管理层的支持。有时在优秀的公司很难做出成绩，那么可以考虑去在某些方面较落后，但还是有其成功之道的公司，如果能够扭转势头，反而会成为公司里更重要的角色。

这一章较详细地介绍了产品线经理的主要工作职责，包括分析研究市场、定义芯片、计划整体项目、项目执行，推广和营销芯片、向上汇报的全部内容。或者一言以蔽之，"芯片公司的产品线经理是某一部分芯片业务全环节的最终负责人。"

汽车业的传奇人物亨利·福特说过："We don't really create, but we assemble what has been created for us. Be a great assembler!"——我们不真的创造，而我们把已创造过的组装在一起。当一个伟大的组装工吧！

这句话也适用于芯片的产品线经理。我们不真的创造（设计），而我们要了解为什么而创造（市场细分），创造什么（芯片定义），创造以后怎么组装（推广），以及产品到哪里去（销售）。

在产品线经理的日常工作中，只有小部分的时间是与流程文档、演示文稿等打交道，而大部分的时间可能花在与人的沟通上，如日常的邮件交流，技术和商务会议，与客户开的推广会议，或者内部的销售培训，以及内部一对一的沟通等。

接下来的一章我们要谈的是产品线经理与公司内部的人事。作为工程师出身而现在做产品线经理的我，这些年来在芯片产业学习与人沟通，与哪些人沟通，沟通的内容方式，希望达到的成效，如何让别人帮助我们，等等方面的一些心得。

第 3 章
芯片产品线经理的人事管理

亨利·福特的另外一句名言是这样说的："Coming together is a beginning, keeping together is progress, working together is success"——聚在一起只是开始，保持在一起只是进展，而工作在一起才是成功。

产品线经理作为产品线的最终负责人，也担负着整合团队，让全部产品线成员更积极有效地开展工作的任务（尽管多数这些成员都未必报告给此经理）；同时也需要公司内部，不属于产品线的其他同事予以各方面的支持；还应该做到鼓励和激励各国的销售团队倾斜部分资源来帮助产品线销售芯片；甚至需要和很多外部客户和代理商直接沟通。细细想来，至少有十几种各种职能的人会常常与产品线经理沟通，这些人各自有自己做好本职工作的需求，有从我们这里得到帮助的机会，我们也有向他们学习的许多可能。面对这么多错综复杂的关系，如何一一调整，使大家成为一个有机的整体，从各个角度来帮助产品线和公司整体向上发展，实在不是能简单讲清楚的题目。我希望在本章可以试图一一剖析其中人与人的关系，和我们如何定位自身的角色。

我修过一些商学院关于领导力的课，也读过不少关于人际交往的书。那么怎样与整个芯片公司的组织成员保持很好的关系呢？结合马斯洛需求理论，我认为无非是以下几点。

- 对方怎样通过我们实现在公司里的发展（自我需求）。
- 我们如何能帮对方学到知识，拓宽视野，成为比昨天多进步一点点的人（自我需求）。
- 我们能否帮助对方营造一个更好的工作环境（尊重需求）。

其余的社交、安全等需求，都是我们没有必要提供的（是的，如果我们帮助同事和客户们完成了更高层次的需求，就算平时几乎完全不闲聊，甚至是开会时会高声辩论，其实也可以合作得非常好）。就像奈飞（Netflix）的文化手册上面写的：We are a team, not a family ——我们是一个团队，而不是一家人。

是不是这么回事，我们来试解析之。

3.1 如何向上管理领导

这个题目有些惊人，一般都想到如何被领导管理，如见了领导唯唯诺诺者有之，与领导和睦相处者有之，和领导互相拆台者有之，与领导貌合神离者有之，然而管理领导？

所谓的"管理领导"，是运用沟通手段，实现与领导之间的理解、信任、授权、支持与合作，以获得必要的工作配合和资源提供。在此之先，我们在面试公司职位的时候，就应该通过各方面的了解，来确认领导是否和自己有一样的工作追求目标。假设我们还比较年轻，希望在公司里得以上进，就应该选择态度积极，希望有所作为的领导；而如果领导已经在考虑退休生活，就比较难在事业上再扶助我们一把；甚至有时公司面临收购兼并等情况，领导可能为保自身而把下属扔到车轮下去（这是句英文谚语——throw someone under the bus），这些情况我都亲身经历过，实在不得不察。

良禽择木而栖，我们总是希望可以追随到优秀的领导和团队。有本书可以推荐给读者——加拿大作家阿瑟·海利写的《烈药》，讲的是一个普通的女医药销售员最终成为某医药大公司CEO的挣扎和奋斗之路，书中有很多与领导互动的过程可以值得我们学习。特别是提到了应该在职业生涯的早期，就为自己物色可以跟随的领导，建立良好的工作关系，助力自己的提升。随后只要该领导人在组织内部不断得到提升或者去其他公司升迁高位，自然会同时提拔和挖角他所最信任和最熟悉的部下。

Amy Hood在32岁时就成为万亿美元市值的微软公司CFO，她本身是哈佛的MBA，加上高盛的投行经验，在加入微软前已经是罕见的人才，加入微软以后很快在当时微软某分支的CFO手下做办公室主任。在此CFO一路升迁至微软CFO的路程中，也一路提携自己最信任的Amy Hood直至最后把权柄交予她。如果Amy当时没有追随在公司最有前途的人之一，以后的升迁之路未必会如此顺遂。可见我们早早建立起与有前途的领导良好的关系是多么重要。

然而我们与领导是可以互相成就、互相补充的。在领导自身成长的过程中，如果我们学习的速度跟得上，始终对领导有良好的补益，那么我想总会有很好的回报。在我的职业生涯里，有好几个很优秀的导师，虽然因为种种原因没有持续合作下去，然而我也借这样的学习机会大大提升了自己。

管理领导有如下的几点经验。

1. 了解领导的追求

我和现在的领导第一次见面，是网上先约好，然后在一家意大利餐厅午餐，畅谈了两小时左右，大致了解了他的职业背景和在公司目前的处境，以及他在公司的愿景和希望我辅佐他的需要。了解了这些，我觉得自己和现在的领导可以有比较一致的追求，可以共同努力。这样的好处是后来加入公司以后，也很快得到了信任和授权。

如果是一般的面试，和领导交流的时间还不够，那么可以和其他面试官请教对方产品线整体的目标和前景。有些产品线比较保守，效益也一般，有些则可能公司有重点的投资，对这样不同的产品线管理层也会选用不同的领导，借此可以间接了解领导的背景和他可能的兴趣所在。

2. 了解领导的期望

我自己在交代下属工作时，有时只有一个泛泛的想法，还没有非常细节的工作布置。而最优秀的下属，能够反过来向我发问，把我原来只是泛泛的想法变成可以具体落实的目标。

例如，如果我希望某市场经理去调研某种RF运放芯片的客户情况，那么他当场就可以问我希望调研的具体细分市场，是否需要了解各种功率的RF芯片，是否需要了解竞争对手，是否需要了解市场价格……这些问题和讨论可以使下属和领导本人沟通好要求，对工作的开展非常有利。这时如果该市场经理只是回答明白了，反而让我觉得不安，不知道我的想法到底对方了解了多少，一般这种情况交出来的报告也会不尽如人意。

3. 了解领导的长处和短处

毕竟人无完人。技术卓越的领导可能在公司政治上有所欠缺，而商务型的领导可能又没有相关的专业经验。有些领导太快做出反应而缺乏深入思考，有些领导的决策可能又跟不上快速变化的市场。在一段时间的共事以后，如果在某些事情上觉得领导做法欠妥，可以找合适的时机与领导建言。切记如果意见与领导截然相左，一定要在合适的一对一讨论时提出你的建议，不要在公开场合或者抄送多人的邮件里表达与领导相反的意见。记得马斯洛理论里有尊重的需求，如果领导某些信息让你觉得不适甚至恼火，出去转一圈，然后回来在周围打听一下，不要马上以就事论事的名义顶回去，其实往往有其他情况我们还未了解。曾经有位印度女生想要转组到我这里，我面试后觉得还可以。结果后来打听到，她之前某件工作没做好，结果现任领导将其转去做些较简单的事情，她心怀不满就跑去HR那里抱怨，自然HR会通知她现任领导，导致情况变得更坏。听到这样的事，我也没有办法再雇佣她（我的美国领导说："要小心经验不足又鲁莽的下属，可能引火烧身"，我深以为然）。

大多数领导是很欣赏能对自己有很好参谋建议的下属的，只要注意方式方法，我自己曾有吃亏的经验。如果是很多人参与讨论的邮件，要了解哪些是领导希望自己回复的，哪些是应该我们先为领导分忧的。另外不妨尝试做能与领导互补的人，如领导是激进的类型，我们就可能要在一对一讨论时多做些冷静的分析；反之如果领导需要冲锋陷阵的人，我们也要做好心理准备。

4. 成为细分领域里的专家

在公司最核心的是做好自己的份内工作，即使我们的工作只是一块芯片的DE，一个项目的PE，一个客户的FAE，只要关于这颗芯片，这个项目，这个客户，我们的能力和知识别人无法顶上，经验无法复制，我们对产品线、对公司就有价值，就有话语权。

如我可能同时听取两位AE对不同芯片项目的验证结果总结，如果一位的总结更加细致，波形抓取标注很清晰，各种边界工作情形都测试到位，对设计工程师的建议更加到位，虽然两位AE的职位出发点相同，然而我一定在以后的工作中会甚至无意识地倾向于给工作做得较好的那位AE更重要的芯片去验证，更重要的客户去支持，久而久之，此AE就可能更早地获得提拔，这何尝不是一种对领导的管理呢？

5. 做好工作请示和汇报

领导要管理很大的团队，同时自己手上还有很多工作——很难主动去关心某员工的现有工作和具体进程，因此需要员工自己有主观能动性去主动请示和沟通很多新工作。对产品线经理来说，每天处理的邮件可达三位数，要事无巨细地去和上级领导沟通势必绝无可能，而且显得没有担当。在这样的情况下我的做法是把每周的汇报分成以下三栏的内容。

（1）亮点（如某芯片成功通过内部验证，某研发取得进展，某问题得以解决，某新成员加入产品线，等等）。

（2）暗点（如某芯片流片的结果是设计有较大问题，日程延误，丢失某客户，等等）。

（3）问题和需要的帮助（如需要法务部门的合作，需要与财务部门讨论某芯片的成本核算，需要更清晰的运营流程，等等）。

我的推荐是周五做此总结，然后与领导在周一一对一的洽谈会上将周五的总结一一具体介绍清楚，使领导理解并认可工作思路，并且给予资源上的支持，有些时候需要的帮助无法内部解决，领导可能会亲自出马与其他部门或公司协调，这样顺畅的沟通也是良好的管理领导的办法。

6. 引导而不是说服，让领导自己得出结论

例如，曾经有销售希望我们投资电子烟方面的某种芯片，领导问我怎么看。在分析了一下技术方面的可行性以后，我转帖了几个美国和其他国家考虑禁止电子烟和其相关危害的报道，写简要给领导看。我其实是从一开始就不看好做这个项目，但是在并不了解领导倾向的前提下，我宁愿只是稍稍引导一下，让老板自己做出不投资的决定。

7. 决定权的管理

有时领导希望来做很小的决定，有时领导会不方便做某些决定，这些都不可不察。

例如，如果有一颗重点芯片量产前要做推广，市场宣传部门希望我们做一期市场推广视频，其中一个要做的决定是谁来做此视频的主持。按照常规，我作为此芯片的负责人，可以自己做这个主持，但是我考虑到这样的可能：因为这颗芯片对公司非常重要，领导也许有心自己来做主持，但是又不一定会明说。那么我们不妨请示领导谁来做这个主持，而且主动提出写演讲稿，这样不管领导的想法如何，他都会很高兴我们给予了他们足够的尊重。

下面给出每周与领导一对一会议前的检查清单。

工作需求内容方面的表现：
- 本周工作对年度销售数字的影响。
- 本周的客户发展情况。
- 商业计划的进展。
- 最新的客户反馈。

与同事的关系：
- 本周与各方面工程师的主要交流内容。
- 与销售的交流内容。
- 培训。

领导力：
- 本周下属的工作安排。
- 本周下属是否做出突出成绩。
- 招聘的进展。
- 是否有人表现不尽如人意和改进计划。

创新：
- 我们团队本周取得哪些进步。
- 芯片验证/客户验证是否有进展。
- 与其他表现最佳的团队相比，我们团队如何比较？

领导终究也是从我们的位置一路做上去的，只要沟通顺畅，了解领导真实的需求，工作就已经成功了一半。和领导沟通的关键，其实是把自己定位于领导的辅佐之臣，从领导的角度出发来考虑问题，如何沟通好需求，帮助彼此更顺利地做好自己的工作，这些基本道理不光适用于芯片领域，对其他职场一样有意义。

另外的一点儿职场体会是，如果想要上级对你不错，就要让自己变得对他非常有用，能够助力到他再上一个台阶，要显示自己的忠心，而同时又不至于到能够威胁他地位的程度。这其中的尺度，十分难以把握，要花多年修行。做中层管理者最难，也最巧妙。

3.2 如何向下管理芯片产品和市场团队

由第2章的介绍可知，产品线经理和总监可能有直属的市场工程师、战术市场经理和商务拓展经理。另外根据不同公司的体制，权限较大的产品线经理和总监还会有直接汇报的应用工程师团队、产品工程师团队等。设计工程师一般不一定锁定于同一条产品线，可能由设计总监负责统一调配，因此不直接汇报给产品线经理，是平行合作的关系（因为产品线不一定永远都需要固定的设计资源）。

因为篇幅所限，这里主要介绍如何管理产品和市场团队。

在谈到管理自己下属的经验想法之前，不妨先分享我对优秀领导的看法，见贤思齐，希望自己也能成为富有领导力的人。我回想自己过去工作中经历过的领导，有几位让我非常尊敬和佩服，在这样的领导手下做事，我自己的敬业度也大大提升。这些领导各有不同的特质和专长，总结一下他们的特点。

技术型的领导：只以数字和事实来讨论，为人正直而诚实，平时经常有慧眼，遇到问题能够快速指出大方向，技术水平高超而非常愿意分享经验，讨论问题非常平等，不怕在年轻的下属面前主动说自己不懂，对年轻的下属在技术上严格要求，对个人又非常尊重。

产品和市场管理的领导：富有人格魅力，善于沟通，善于聆听，对市场和客户的未来情况把握精准，在遇到僵局的会谈中说几句话就改善局面，平时谈话滴水不漏，在关键时又能够站住立场，乐于也敢于放权，但在需要时又能够挺身而出做出决定或者改变局势。

这两类领导的个人特征其实颇为不同，但是有几类共通的领导力。

1）以身作则

基本下属能做的事情自己都能做，也愿意做，可以落实到最细的细节。我以前做工程师时有技术的大领导在我身边一起看示波器分析波形；也有产品的领导一起对着PPT逐字逐句地优化。现在我自己管人之后，自己手上的事情已经无数，才体会到其实从细节上帮助下属进步是多么不容易（因为往往有这点儿指点的时间，我自己已经做好了）。

2）在某方面有极其突出的长处

我做工程师的时候曾经跟过一位工程总监，其是希腊人，为人放荡不羁，经常说政治不正确的话让周围人很头疼，然而他在电路分析上确实水平非高，让我心悦诚服，天天晚上加班然后白天再去请教他，学习到很多东西。

3）十分敬业

芯片产业是竞争十分激烈的行业，任何的细节都最终可能决定成败，而且也没有绝对完美的制度可以规范所有的行为使得公司的利益最大化，最终从研发到销售这个完整的链条还是需要每一个成员都极其敬业。优秀的领导基本都是严于律己、非常敬业的人。

我回想起自己在与优秀的领导共事时，往往联想到的是多少个自己自愿加班的晚上，做很多份外的工作而觉得乐在其中。遇到优秀的领导时，我们作为下属时常常思考的并不是何时争取加薪或者早早回去陪伴家人，而是会觉得被感召，觉得与此领导共事时可以有所收获，可以做成事情，因而自愿地投入全部精力并努力工作。而领导力的目的就是鼓舞他人，让他人全身心投入到创造价值和成功中，让追随者投入他们的全部精力。美国有句常说的话叫"Work Life Balance"——工作和生活平衡，这句话其实是错的，因为把工作和生活变成对立面了，其实在自己的岗位上遇见优秀领导时，生活和工作根本是可以相辅相成的。

国内经常看到有员工以抱怨公司强制996的工作制辛苦，这就像大学时有些老师靠点名来强迫学生来上课一样，如果领导自身能感召员工的工作积极性，老师讲课能够吸引学生，那么又何必要强制996和上课点名呢？其实在开始强制打卡和点名的时候，教育者和管理者就已经失败了。

芯片产业最大的全球代理商之一Avnet的CEO Roy Vallee曾经说："最重要的就是找到合适的人才，配置合适的岗位，正确地培养并激发他的投入度！其他所有的一切都来源于此，如卓越的客户服务、盈利增长、股东价值回报以及品牌形象"。

我曾经效力的芯源系统公司（Monolithic Power Systems），在过去的七年中股票市值翻了十倍之多，我离职以后常有人问我芯源系统成功的原因是什么，是不是他们讲的特殊工艺？我的回答是与其说是工艺成功，不如说是软实力——靠敬业得来的成功。

那么在芯片产业对于管理产品和市场的团队，如何激发团队的敬业精神？我有以下几条想法。

1）对信任的下属予以放权

我的下属有负责全中国商务拓展的经理，申请设立该职位的初衷是因为公司熟悉我产品线的销售和FAE比较有限，那么设立此商务拓展经理可以帮助中国的销售、FAE和代理商来更好地卖我产品线的芯片，然而，需要考虑到可以给出多少权限的问题。大型芯片公司一般有特别的团队专门来批复价格，按照正常制度，应该该经理和客户聊好需求以后，回来写邮件请战术经理来批复价格。但是我考虑到如果要让这位经理发挥最大效益，应该让他有见客户时当场给价格的权利，因此为他修改了此制度。当然，在放权的同时，也应该有很多反馈、认可和支持来强化我们的共同目标。

2) 观察不同市场和产品人员的特质，给予不同任务

例如，最近我希望调研自己本身并不熟悉的某细分芯片市场，有两位市场工程师可选。其中一位女生平时较为内敛，能够做较细致的工作，但是不太愿意去推动别人，我请她来做技术资料的搜集和竞争对手的路线分析；另外一位男生比较外向，是能够随时拿起电话的人，我请他负责调研客户和代理商，把各种客户用的方案尽量多多搜集。

3) 给下属以在各种场合表现和得到认可的机会

市场和产品经理是需要建立一些在团队中的影响力的，因此我尽量让团队成员得以有主持大型项目的机会并最终演示。如我把一部分产品划分给不同的PME，希望他们可以得以从头到尾主持一颗新芯片的定义到演示，并且最后能在副总裁面前讲演。当然我在这个过程中也不能不管不问，全过程都需要观察和提建议，而且在幕后与PME分别讨论和修改整个项目的细节。

功劳属于团队，责任属于领导，这样才能归心。

4) 尽量创造良好的沟通环境

较大型的芯片公司一般都有全球的分支，如我的产品线专属的设计团队就分布在加州、北卡罗来纳州、吉隆坡、东京、北京各地。还在佛罗里达、上海等地有应用和产品工程师团队。而在现在疫情的影响下，多数人又在家办公，这样带来的挑战就是如何使产品和市场的团队得以不受影响地与团队和外界接触，以获得和传递信息。本节最后有一部分专门讨论远程领导的挑战。

5) 以身作则和行为的一致性

就像任何其他的人与人关系一样，我们希望见到的领导或者下属是一个表现始终稳定而我们愿意接纳的类型。我觉得做领导因人的个性而异，可以对任何人都温柔慈善，也可以对任何人都冷眼相看，这样始终如一的个性是下属都能预判而接受的。但是很忌讳的是人前人后两张面孔，如在领导面前唯唯诺

诺，转身对下属又狐假虎威，这样的领导让人无法适从，下属都看在眼里，长期如此自然离心离德。

6）建立共同的奋斗目标

领导总是应该让下属看到其所做的工作是切实有意义的，为此我在发送需求的时候，经常把背景交代得非常明白。

如公司在联合第三方公司做某项目的参考设计，需要我们产品线配合此方案。我在交代AE做此设计时，把整个项目的来龙去脉，最后项目对公司可能产生的利益，需要对接的人都交代清楚，那么AE自然也比较有动力把设计做得尽善尽美。

从更高的目标上来说，如我与商务拓展经理制定的共同目标是帮助产品线增长销售额，可以制订自己区域的具体发展计划，可以拥有自己的预算和招人指标，给出定价的权限，对新产品的定义也有发言权，在每周一详尽的审核会以外不过多掣肘。只要常常确认共同目标是一致的，下属就有热情把工作做好。如果能把这样的奋斗目标表达成一种对个人的机遇，就更能激发员工的热情。

7）爱之深责之切（Tough Love）

著名芯片公司Marvell的现任CEO Matt Murphy，曾经在另一著名公司Maxim（美信）从初级销售一路做到高级副总裁。在Maxim的创始人——他的老领导Jack Gifford将退休时，Matt、Maxim新任CEO和Jack吃饭，Matt鼓起勇气问："我真地要问一下，你以前真的对我们俩很凶，这种态度是你的策略？还是你就是这样的人？"

Jack是这么回答的："不是你想的那样，我考虑过我的做法。我有机会时，就会去推动公司里任何的人，我会找准时间和机会，狠狠地去推动他们，然后观察他们的表现。他们会继续做得更好，还是会当场崩溃？最后，对每个人我都会找到他们无法再被推动的点。他们会达到自己能够达到的最高层次，我可以接受这样。"

Jack又说："但你们两个人又不同。你们俩永远能继续变得更好。每次我推动你们，给你们更多任务时，你们都能继续做得更好。最后，你们获得了今天的地位，因为你们一直在进步。你们俩要明白一件事，你们都是世界上做你们做的事最好的人之一"。

Matt非常感动，认为这是他职业生涯里得到最好的赞扬（这段故事出自Maxim CEO回忆录）。

我做第一份工作时，遇到的老板对我也是这样的Tough Love。有次年终总结，他对我说，"你今年非常努力，各个项目比较成功，本来我已经打算给你XX美元的奖金，但是你最近问我一个技术问题，我已经回答你了，你还是没有搞懂，而后来又去问别人，这样不好，因此我要扣掉你多少比例的奖金"—这段话我每个字都记得，在技术方面决不能不懂装懂。后来我离职时，该老板给我写了几千字的长信，提醒我做得还不够的地方。

我的想法是：对于值得提携，对自己也有追求的下属，决不应让其得过且过，应该要给予足够的磨炼。

远程领导的挑战

在规模稍大的芯片公司，几乎都有全球性的研发，应用分部，而不只是销售的分支或者生产基地。这样的好处是显而易见的，区域性的研发和应用团队可以更好地服务当地的客户，调研各地的市场，分享有关不同产品和市场的知识，更好地利用当地的人力和地方学术界工业界的资源，甚至可以以全球接力的方式24小时开工推进项目进展（如美国先做设计，8小时以后传给中国做版图）。当然也使跨地域、跨时区的协作成为很大的挑战。

在受疫情影响的现在，国际性的大公司在家办公已经成了新常态。很多领导如果管理的团队很大，当然会担心团队远程协作时是否还能继续保持绩效。自疫情爆发以来，我已经在家办公半年多，总结了如下几条远程领导和办公如何还能保持密切沟通和促进团队合作的想法。

1）确保成员与领导，成员互相之间的密切沟通

无论是哪种性质的团队，团队意识的建立是成功的关键之一。当成员之间不能直接在一起工作时，团队之间的定期沟通极为重要，能增强凝聚力并培养一种包容感，同时持续地给大家提建议和发挥影响力的机会。某些情况下，核心小组位于一处，而其他团队成员则分散他处，确保他们不会感到被排除在外就尤为重要。

如在一颗芯片流片、封装以后，产品工程师应该召集这个项目所有的相关人员——市场、设计、应用、测试、封装等方面召开周会，然后列出一个清单，包括电气验证、环境测试、参数手册制定等项目，每周逐一讨论进展和审核结果。当然周会也可以用很多的邮件往来取代，不过显然对沟通和整合团队的效果，就没有周会来得更有效率。

无论是使用电子邮件、即时消息、电话会议、视频会议，还是其他的网络

媒体来保持沟通，团队成员都需要有机会进行参与、分享想法和工作成果，并且了解彼此，即便他们不在同一地点办公。尽管存在距离、时区和文化差异，但这种定期的沟通有助于建立起团队成员之间的信任和信心。

2）建立协作的心态

在一个等级分明的组织中，个人、小组和部门之间的竞争往往被暗中或直接鼓励。这可能导致一种争输赢心态，破坏了齐心协力为共同目标努力的团队能力。合理的做法应该一是分工，把各地的小组分到不同项目上去，不宜把不同地点、之前互不相识的工程师分配来做同一颗芯片；二是应该就事论事，只以做事的成功失败来定论，不以个人好恶和其他因素来判断个人或小组的竞争力。如果某些设计或应用工程师通过实际工作表现出更强的能力，就应该及时调整，将他们放在更加重要的位置上。

远程管理时，更加应该鼓励各员工畅所欲言，不必因为职级的高低就埋没了进言的机会。特别有时领导出于自尊心，常常觉得自己的决定是对的，如果平时的行为已经使下属不敢提建议，那么在远程办公时，反正不说话也不会引人关注，员工更加会觉得多一事不如少一事而选择沉默。

我想到在远程会议时，我现在的领导特别注意电话上其他人是否会想说话，有时他说话时，听到别人有动静就很有礼貌地问对方是不是有话要说。远程合作时，这样的尊重和在意对方的态度实在是必不可少的。

3）明确团队的目的和目标

远程办公时，更加应该时刻注意分享公司和产品线的动态，使团队成员都明白他们存在的意义，了解自己正在为企业做出什么样的贡献，期望他们产出的具体成果是什么，作为个人如何为团队做出贡献，以及团队作为整体在公司的表现情况（如销售额、利润率等）。

例如，我每月会发出一封产品线动态的新闻邮件，这封邮件的主要意义是与全球各地的销售、FAE等保持沟通，有新产品可以送样时及时提供所有材料。然而我也同时抄送团队里所有的工程师，虽然每位工程师具体负责的项目可能只是产品线全部项目的冰山一角，然而每位成员都收到产品线的新闻，就更能了解我们作为整体的前进方向和动态，进而聚合人心。

一旦缺乏这种目的和目标的明确性，团队成员不太可能会全心投入。了解团队的目的，增强了团队的认同感和凝聚力，即使团队成员分散各处单独执行任务。

4）建立清晰的绩效标准

当远程办公时，经理无法直接观察员工是否准点上下班，工程师是否在实验室里度过足够长时间时，也无法手把手观察员工的具体做法，这样有些喜欢微观管理的经理可能不适应了（我曾经经历过某经理因为员工早上进办公室迟到十分钟而骂半小时的情况）。其实我们不妨以目标而不以过程来管理，如在市场经理需要某周交出某项目的商业计划书，商务拓展经理某月应该拜访哪一些具体应用的客户，等等。在制定这些目标的同时，团队应该不仅需要了解他们要实现什么，还需要了解他们为什么要实现它，以及实现它对公司和产品线的意义，这样就更能激活主观能动性。因为远程管理时，我们实在是很难去具体观察和协调一步步的具体操作，因此不如放手，只是做阶段性的回顾。

远程办公时，必须对具体的奖惩措施有明确的指示，裁人时要明确裁人的理由并且事后明确告知团队，而不能无意间营造一种惶惶不安、互相猜疑的气氛；而如果有成功案例时也不妨公开表扬，使得团队成员明确一个可以参照的基准。

硅谷现在在疫情影响下绝大多数科技公司的员工都在家工作，按照常理而言应该不是找工作的最佳时机，而事实上我感觉跳槽的人比往年还多。一是在家上班反而更容易参加面试，二是如果经理平时没有进行很多有效沟通，远程工作会让人比平时有更多的职业不确定感。因此妥善的交流就比在公司上班时显得更加重要。

5）针对远程管理调整辅导策略

对大多数经理来说，进行有效的辅导是一项颇具挑战的工作，尤其是远程工作时，员工很难主动希望接受一点儿辅导，而且也很难观察团队成员如何执行任务，很多时候只好看他们具体做出的结果，如演示文稿等。尽管如此，当团队分散各处时，辅导仍很重要，甚至更重要，经理应该要学会经常发问，确保下属了解自己的需求，确认员工是否需要辅导或者指示。远程团队的领导者们需要为个人和团队设定期望，监控团队的进展，就如同在同一地点办公时需要做的那样。领导者同样应该通过电话、电子邮件和其他沟通渠道定期为个人提供反馈。只要有机会，应该安排偶尔与个人面对面的会议，建立更多的个人联系。

6）庆祝阶段性的成果和成功

获得像一个团队般的感觉，不仅意味着在一起工作，更意味着对团队成员做出的牺牲和成就给予认可。远程团队的领导者们可以有很多的机会奖励团队的优秀表现，强化团队的协作意识和组织荣誉感。例如，在我现在的产品线，每颗全新芯片都以某种酒来命名，每次如果芯片成功通过测试，开始送样品时，整个项目组的成员只要能买到这种酒，都可以在计算机前和远程的团队成员一起干杯庆祝。

可以肯定地说，远程工作对很多人来说将成为工作的常态，即便他们还没有准备好。通过采用这些清晰、具体的策略，远程管理的领导者们可以克服团队因时区、距离和文化而产生的绩效障碍。他们的团队和公司将充分利用多样化团队的努力和才干，在竞争规则不断变化的全球市场中齐心协力创造自己的优势。

如果你管理着一个远程工作的团队，不妨自问：

你的远程协作的工具（网络会议、VPN、内部服务器、显示器等）的配套服务是否让所有团队成员充分参与并保持了积极性？有没有其他硬件和软件上可能影响他们效率的地方？

团队成员之间是否有牢固的信任、尊重和合作的基础，即使他们很少或没有机会面对面地一起工作？有没有可能进行一次全团队的视频会议，至少可以远程打个招呼认识一下？

是否很好地利用了团队成员的多样化才能、知识和专长，实现最佳的成果？如果有感觉到远程工作不力的成员，有没有帮助他改善工作效果的办法？

你是否持续地对所有团队成员都进行辅导和反馈，即使他们不在你的办公地点工作？

团队成员是否知道他们的成就和成功得到了组织的欣赏和认可？

每个团队成员都清楚地知道对他的期望吗？

是否每个项目的结果都被明确地定义、沟通和理解？

不管公司的品牌是什么，员工只在面试那天在乎公司的品牌，到开始上班那天以后，其他团队成员对他/她工作热情的影响力就要超过公司的品牌。像华为这样的公司，有员工热火朝天地天天加班并且不以为苦，也有员工无法适应而早早退出，其实往往与直属的经理有密不可分的关系。对于产品和市场团队，如果不能随着产品和市场的变化而进步，不能接受更有意义和有发展的任务，就可谓不进则退，会随着年龄增长而逐渐保守，最后被市场淘汰，因此最重要的是管理者能否让产品和市场的团队有充分发挥才干的机会，有个人成长的空间，安排好团队的成长渠道，才能激发团队最大的敬业精神。管理者能否先团队之忧而忧，后团队之乐而乐，实在是我们尽全部职业生涯都需要不断修炼的。

最后，摘抄一段我以前商学院上课的笔记：优秀的经理总是关注周围员工有什么值得欣赏的品质。没有人是完美的，你对他人的态度决定了周围是否能围绕着对的人。尽量使你的工作环节更舒适和高效。设立一个榜样，然后你就会像磁铁一样吸引到对的人。这是与你欣赏的人一起工作最好的方法。

3.3 如何平行管理芯片工程师团队

我多年前开始接触芯片的市场管理工作时，一度自得其乐，觉得很多工程师比我年资长得多，也并不汇报给我，却会毫无阻力地接受我对产品定义的修改需求，按我的邮件建议去测试项目和支持客户，甚至几位极资深的工程和研发总监也非常客气。少年时并不知愁，后来这些年逐渐成熟，才感觉到平行管理工程师和其他团队，实在是有很多隐形的难点和压力。

产品和市场团队要与各类工程师团队一起协作，工程师各有各的主管，直到副总裁以上的级别才可能有共同的最上层领导。这样互相协作而没有直接管理的关系，在芯片公司可谓十分常见。其他的例子还有产品市场团队与全球各地的销售、FAE的协作，销售和全球的客服团队的协作，FAE和产品线直属应用工程师的协作，等等。

如前所述，产品和市场团队主要负责芯片的大致定义，计划整体项目并且推动项目的实施，与客户的前期调研和后期推广等；而各工程师团队负责具体芯片的设计、应用测试、技术支持、量产测试和项目管理等。其关系可谓错综复杂。如果这些团队都拥有共同目标，彼此激励扶持，当然能更加有效地推动芯片的最后成功。然而，很多情况下这些团队会有一些意见不同之处，举例如下。

- 目标的冲突：产品团队可能希望做性能最佳的芯片才能吸引更多客户，而设计团队可能希望做风险最低的芯片以保证自己的项目奖金不受影响。
- 相互的依赖性：芯片项目可谓都是环环相扣，一方的工作如果产生问题，往往会导致其他部门的日程延误，影响工作质量和绩效。有时错误的产品定义可能导致许多部门花了很大力气，芯片却没有卖出去；有时设计工程师的简单失误，可能导致许多其他工程师白忙很久；这些都可能导致意见和冲突。
- 责任的模糊：芯片卖不好的原因往往是多重的。为了卸责，有时市场开始推责任给销售，销售推责任给FAE，FAE又推给AE……
- 地位的斗争：市场、设计、应用、产品等团队，往往都有自己的领导，也都在努力提高自己在公司的地位，而在同一个副总裁手下，总监和高级总监的位置又极其有限，因此即使这些团队理应协作，往往又存在一定的貌合神离。
- 沟通不畅：产品线的团队可能跨全球好几个不同时区，目标、观念、文化等意识形态总有各种差异。如果沟通不顺利，轻则导致误解，重则导致隔阂和更大的矛盾。

在这里要讨论产品和市场团队与工程师团队的平行管理，就要了解平行管理的实质挑战，就是在平等、不借助职权的前提下，用公司和产品线的愿景、个人的影响力和信任度，以及良好的沟通协调能力来降低冲突的发生，整合各个团队，塑造向心力，进而实现共同的目标。

结合个人的实践，有几点以下的想法供读者参考。

1. 永远以公司或产品线的利益为出发点来思考和决定问题

我们的任务不是使某些部门或个人更轻松地达成任务指标，而是要让公司和产品线达到最大的ROI；不是为了某些部门可以更容易地沿袭以往的固定流程，而是要讨论怎样修改流程才能让公司更加运作有效。在驱动其他部门和个人做出变化时，要给出足够多的信息来解释背景，有功劳的时候先让对方得以展示，长此以往，如果对方发现配合我们能够被更高层所关注，所带来的利益比不配合我们要高得多，那么又何必给我们设置障碍呢？

例如，前段时间我们定义了一款芯片给本公司其他部门的多种微处理器供电，初版的效果不错，设计工程师希望不做修改，可以直接拿来量产。然而在最新的微处理器发布后，我希望做一些较小修改，以覆盖更多的新兴处理器，设计师就有一点儿抵触情绪（因为多做全新项目可以多拿奖金，如果只做修改就比较难）。于是我一来与设计总监沟通，希望不要影响他的奖金发放，二来写了一封较长的邮件解释想法，如果修改后的设计能够覆盖全范围的处理器芯片，以后可能在公司内外做一较大的推广。如此一来，设计工程师就完全没有意见，开始修改工作。

又如，在我曾经服务的公司，产品送样以前一直要经过很严格的出口管制审查，然而如果审查拖延太久，客户的机会可能早已丢失了。我的做法是先把问题捅大，到销售副总裁的层级，很显然无法及时送样肯定会影响销售额，然后和负责审查的经理陈明厉害，希望他赶紧做程序上的简化。如此一来，此经理本人也有了业绩，同时我们的产品也得以及时送样。

还有的时候，使别的部门优化某项运营细节，只要简单说明理由就可以了。同样是芯片送样，以前系统里的标准做法是得到需求后先把目标发货日期自动往后放三个月，这样销售和FAE看到以后都怨声载道（而实际上一般不到一周就可以发货了）。我于是解释道，如果我们得到需求的同时还不明确何时可以发货，而又必须填发货日期，那不如干脆填10年以后算了，这样至少销售和代理商一看就知道这不是一个真实的日期（并不是开玩笑）。

2. 主动去互动——关心和请教对方

在大型芯片公司内，总有各方面的专家具备不同的知识和人脉，也不会无谓去与同事分享。如果我们需要他们的建议，而又无法短时间带给他们相应的利益，不妨在他们面前表现出很谦虚的请教态度，这也是马斯洛需求理论里对尊重的社会需求。

要知道公司里一些老资格的专家可能已经对升迁无欲无求，而得到后辈的尊重而得以帮助后辈反而能够得到很多快乐，我们和他们沟通时如果全以利益来吸引对方，反而不一定有效果。

十几年前我当工程师时，对公司几个老先生非常恭敬，经常晚上看书学习然后白天来请教他们，其实有时他们教我做事还不如他们自己动手来得快。即使在有一些经验以后，适时请教对方的观点和看法，仍然可以获得意料之外的好建议，也能让自己从他人的角度来看待问题。还有可以适时请教下属，这样非但不是显示自己能力欠缺，反而会让下属感觉领导更加坦诚。

另外一个诚心向人请教的好处是，其他成员如果原来与我们存在一定竞争关系，我们主动示弱的时候可能让他们把我们从潜在竞争者里删去，那么放下戒心以后就能让他们更愿意予以我们帮助。

3. 提出专业的建议

不管我们如何培养自己的人际交往和沟通能力，芯片终究还是一个高科技附加值的行业，产品和市场团队如果没有相当的专业知识，从而给出专业的意见，那么终究是无法服众的，没有相当的信任程度，很难有能力去平行管理其他团队。

产品线经理应该在整个细分的芯片产业努力把自己培养成为全才——在每个工种都有超越一般的知识，虽然自己一般不去实地观察示波器和调电路板，但是一定要有完全理解相关技术文档的能力。在与销售和FAE拜访客户时，也要保证自己能够当场回答绝大部分的技术问题。和其他部门如工艺研发、封装测试等团队沟通时，要可以理解对方所有的专业术语。先做到能够和各类技术人员"说一样的语言"，就至少有一定建立信任度的基础。当然，这样全方位的学习有个循序渐进的过程，我自己除了平时会下班多学习一会儿，也会和愿意分享的资深同事有时有一对一的讨教，毕竟芯片产业有很多书本上没有的知识，善于从工作中学习也是很重要的进步渠道。

给予其他团队建议以前，不但要有相当的专业知识，而且要了解全面的事件背景，在建议的同时最好要用数据、测试波形和客户反馈等旁证，而不要给予武断的评价。一般来说，只要我们给予建议的团队本身心态稍微开放，只要我们的建议在技术和市场上是合理的，一般都会配合，而且我们的信任度也一点一滴会被培养起来。

除了上述专业方面的能力我们需要努力培养以外，还有几点更"软"的能力也比较重要。

1. 创造积极的能力，让团队始终保持正向思维

产品线不可避免地有时会受到一些挫折，如设计出来的芯片反复流片仍然无法通过测试而面临项目取消，测试成功的芯片没有客户，部分核心的人员流失，公司面临战略性调整，等等。这时各个工程师团队可能会感觉沮丧，也是人之常情。然而这反而是产品和市场人员做出调整，赢得组织信任的契机。例如最近某个芯片的样品正在测试，某功能的测试无论如何都无法通过，设计师比较沮丧，觉得自己奖金要泡汤，建议把这个功能去掉算了。我说一定不要，因为这是此芯片的主要卖点，后来通过到处询问（甚至是问竞争厂家的朋友），各种实验，终于还是通过了此测试。

2. 主动倾听和总结的能力

产品和市场人员周围环绕着各个工种的工程师，我的感受是必须有很强主动倾听的能力，才能够和工程师团队做好交流。主动倾听的意义是不仅听懂和回应对方，而且要能够总结、提炼出更完整和有用的信息。

在倾听时，需要注意的是不要在对方说话时就思考自己的回应，这样会在思考时完全忽略掉对方之后给出的信息。然而我们也需要时时给出反馈，让

对方感觉到我们在真实地倾听。可以只是简单表示同意,也可以做出肢体语言如微笑或点头,如果能多问几句(你的意思是这样吗)或者只是回答(我听起来你说的意思是……)都能表明我们在认真听,也能使对方可能多透露更多的信息。听完以后,要尽快地思考和总结对方的信息,并且提炼出最有意义的部分。

例如,最近我们的工程团队在分析客户用竞争对手芯片的一块产品,在会议上互相讨论电路板上所用的元器件多寡和具体数值等细节,我听完以后,提了一个问题:"通过大家的讨论,我们可不可以说客户如果改用我们的芯片,可以完全不用做一块新的电路板,而只要改一些外围器件的数值即可?"答案是对的。这就可以算是主动倾听。

3. 使他人得以表现的能力

曾经在会议中,某工程师无意中提起某封装厂拥有某种电源模块的工艺,出于经验我说这个非常好,请务必一定要跟进,然后我们产品线花了很多工夫把基于这种工艺的模块样品与此封装厂一起做出来了。当然在做商业计划书时,我把这种工艺的前景和未来的产品蓝图都向各个团队的负责人描述得很清楚。猜猜发生了什么?封装团队直接把这颗样品放在公司第二号人物的办公桌上,显示他们做了很了不起的工作——而且没有告诉我们产品线,其中当然有想占功劳的因素。但是我汇报老板时说,其实他们这么做我很欢迎,而且我当作不知道,因为这样我们团队之间未来的配合只会越来越好,这个模块如果大卖了,最终受实惠的还是我们自己团队。

对于产品线来说,只有销售额增长才是最实际的,而其他光彩我们不必独占。公司内部不以直接盈利为目的的部门,也需要有办法做点儿能够出头的好事,我们不妨时时帮助他们找一些这样的机会。否则一直去找别人配合又不给人功劳,别人想想反正没有光彩,多一事不如少一事,长远来看就会离心离德。

本节介绍了如何平行管理不直接报告给产品线经理的其他工程团队。和任何其他人际关系一样,如果做到良好沟通,了解对方真实的意图,努力提高自己的共情力和专业能力,那么即使是很多团队并不直接汇报给我们,也能做到使他人一致归心。公司里的高层几乎都是从较低层级慢慢升迁上来的,其实都经历过先管理平行团队,然后通过展现自己良好的领导能力,原来其他平行团队慢慢也转移到这些高层旗下,自然水涨船高。

3.4 产品线经理与芯片销售

在芯片产品通过一切内部测试，开始推广之时，产品线的注意力就要放在如何销售上了。在一颗芯片通过一两年以上的研发测试才终于达到性能目标以后，还有很多工作要做才能真正通过此芯片来赚到钱。制定长远战略目标是一回事，当这些目标变成现金，才是真正让人印象深刻的真实结果。产品线经理不能老是飞在一万米高空指指点点，也经常得落到地面上来做最实际的事情。

如前所述，产品线经理的工作主要是定义具体市场和针对的芯片产品，管理产品开发，量产，定价，推广和支持等。然而，要说服客户来用我方的产品而不是竞争对手的，就需要产品线经理与各国各地的销售密切合作。销售团队的工作是分析目标客户的工程项目进度，采购流程，管理整个销售过程，等等。产品线经理日常的工作与销售团队密不可分，应该相辅相成，因此本节着重谈一些产品和市场团队与销售团队的工作协作的部分。而芯片销售和采购这个题目本身复杂到有足够的内容来撑起另一本几十万字的书——无法包括在本书的范围内了，所以如原厂内部和代理商销售团队的组织架构、职责细分、具体销售策略等，本书就不具体介绍了。

3.4.1 销售团队的兴趣

销售团队等于是公司的军队，任务是打破竞争者的防御，获得全新领地，保卫本方的阵地。他们的武器是对产品的了解、客户的关系、价格、服务、支持和谈判力。就像其他军队一样，需要提供培训、物流支持，以及合适的工具和技能。

最有效率的销售团队，一般是一支对某产品线专家级别的销售，然而对于某些产品线广泛的公司，往往用一支更普适的、能够销售一切芯片而没有特别专业经验的团队。这样的销售团队是对公司整体的销售额负责的（而不是对某一特定产品线），销售团队会与各个产品线经理共同制定销售计划，然而，销售一般没有兴趣把自己的业务指标完全绑定在某一产品线的芯片上。一般来说，销售总是只去追逐自己最熟悉、最容易卖、销量最大和最容易短期成功的销售机会（见图3.1），只除了一些特殊案例。这些特殊案例最常见的某些更有长期回报的芯片和应用，如销售一颗高复杂度的数字电源芯片显然不如销售一颗最简单的LDO芯片所花精力少，要花更长的时间才有可能产生回报，风险也较高，然而其长期的回报和毛利的预期又远超最简单的LDO，在此不进一步讨论特殊案例。

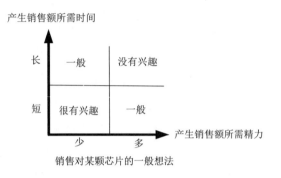

图3.1　芯片销售的兴趣所在

因为销售的天性是只去看最容易卖和最快速盈利的机会，因此很多产品线经理会面临一个困扰，就是如何让各个销售花更多的精力来推广自己产线的芯片。显然一颗芯片做得再好，如果没有人推广和支持，也是没法卖得出去的。那么产品线经理最大的挑战之一，就是怎样说服销售团队来关注我们生产的芯片。我们不但要说明芯片的优点和针对的市场，也需要给销售团队关于与竞争者比较的真实信息。

销售的成功是建立在使客户"感觉"到我们的产品有独到性之上的。销售感兴趣的是我们的芯片有什么竞争优势——然后引导客户使其认为自己有对此优势的需求。运气不好的是，经常市场人员只是提供了芯片的技术规格，而没能让销售学到真正有区别的地方。

除了芯片本身的竞争优势以外，销售还希望产品线能够使他们的工作更加轻松一点儿，这里包括定期的沟通、推广的宣传文档、参考设计、Demo板，以及原厂后援的客户支持AE。销售们会互相交流，比较不同产品线对他们的支持力度，总是及时支持他们的产品线会得到他们更多的关注。

销售们一般是比较乐于与我的团队合作的，因为我们的产品线能做到以下几点。

（1）销售联系我时，一般简单报价、催货之类的邮件不过夜即可得到回复，如果更复杂的支持如宣传文档、参考设计等，同样不过夜就能得知产品线团队会采取的行动和预计完成的日期。

（2）如果需要帮助来介入某新客户，我会用到各种关系帮助介绍资源。

（3）如果需要与客户开会来推荐新产品，只要潜在的业务是值得的，不管在什么时区我总是尽量支持。

（4）每月有群发所有销售的产品线新闻稿（见图3.2）。此新闻稿包括最新的产品线分应用的产品介绍PPT、新产品研发进展动态、最新可送样芯片的所需推广资料链接等具体信息。

此新闻稿不宜包含太多信息，大多数销售平时都在外面跑，坐在计算机前的时间有限，因此我们必须用最简洁的介绍来吸引他们的眼球。新产品也只需要介绍3~6个月可送样的产品为宜，更远期正在研发的新产品对销售来说现在推广显得太早。

产品市场计划经常像是在象牙塔里制定出来的，因此产品线经理应该把销售团队视为自己调研市场方面的重要搭档——因为销售出于自己的经验和对客户的了解，都对市场有一定的认识，如果被请求评点产品路线图时，一般都乐于参与其中——还记得马斯洛需求理论里的被尊重需求吗？产品线经理应该努力向销售征求他们对于某市场和相应产品策略的想法；同样，应该在产品开发的早期就解释为什么特定的产品特性能够帮助销售们获得客户。很多优秀的销售还会反馈某些功能或参数是否还需要变化。因为销售在前线作战，如果大部分销售都不同意作战的策略和方向，那么最好还是从头再想要做什么产品。

在推广产品时，还应该提供销售以替代竞争对手产品的工具，如参数比较、功能比较、BOM分析，甚至能够全部替代客户现有设计的参考板（如为进入某家电客户，我们曾经征得同意后将其基于竞争对手的电路板拆下分析，做了可以完全插入兼容的电路板——当然用我们的芯片，然后测试后证明我们的性能更优秀）。销售得到这些工具以后，就能完全了解我方芯片的竞争优势和劣势。如果客户看到我方做了这么多准备工作，即使原来并不想换成我们方案的，也多少会有点儿不好意思，以后还有其他机会。

XX 公司 XX 产品线新闻稿
2020 年七月

整个 2020 年和以后，XX 产品线团队会保持每月推出一块全新的芯片，请与我们联系！

从（...应用到....应用）XX 产品线团队总有方案适合您的客户。

所有 XX 产品线的演示文档都可在 XX 网站上获得

最新的产品线销售演示文档：

- 已签 NDA 的现有客户（附链接）
- 未签 NDA 的新客户（附链接）
- 过去的新闻稿（附链接）

关键联系人和联系方式：

产品线经理 XX
应用经理 XX
战术市场经理 XX
商务拓展经理 XX

本月亮点

XX 产品线全新针对 XX 市场的演示文档（附链接）

XX 产品线全新针对 YY 市场的演示文档（附链接）

X 芯片已经可以客户送样
- XX 芯片主要特色，预计量产时间
- 主要应用市场
- 推广资料，参考设计，数据手册的链接：

Y 芯片实验室测试效果良好
- Y 芯片主要特色
- 待做的其他测试和预计送样时间
- 初步的参数手册

（a）

2020 新产品状态

已量产！
- A 芯片
  所有推广资料目录（附链接）
- B 芯片
  所有推广资料目录（附链接）

接近量产（芯片已是最后版本）
- C 芯片
  所有推广资料目录（附链接）
- D 芯片
  所有推广资料目录（附链接）

正在送样
- E 芯片 预计量产时间 XX
  所有推广资料目录（附链接）
- F 芯片 预计量产时间 XX
  所有推广资料目录（附链接）

预计 2020 年第三季度送样芯片
- G 芯片 预计量产时间 XX
  初步数据手册（附链接）
- H 芯片 预计量产时间 XX
  初步数据手册（附链接）

预计 2020 年第四季度送样芯片
- I 芯片 预计量产时间 XX
  初步数据手册（附链接）
- J 芯片 预计量产时间 XX
  初步数据手册（附链接）
- K 芯片 预计量产时间 XX
  初步数据手册（附链接）
- L 芯片 预计量产时间 XX
  初步数据手册（附链接）

（b）

图3.2 产品线新闻稿

这里要注意的是，产品线经理不能给销售以夸大和错误的信息（举例，在说我司的产品是工业界第一颗实现了某性能的芯片之前，最好先做够功课确认是这样），很显然错误的信息会使销售在他的客户面前失去信誉，而失去信誉的销售就丧失了一切成功的可能。

同理，如果类似某芯片的量产可能会延误之类的坏消息，最好也早早与销售沟通。产品线经理不要许无法保证的诺言，如交付期或价格，不要因为过度营销，使得销售或公司被列上客户的黑名单，有时宁可保守一点儿。美国的著名思想家爱默生曾经说过一句名言——不管别人怎么耍我们，我们总不能自己耍自己（Whatever games are played with us, we must play no games with ourselves）。

3.4.2 如何支持销售

如前所述，销售需要市场和产品部门的支持，不仅在开始的客户引入阶段，而且在整个赢得设计的六个阶段都需要不同的支持（赢得销售的六个阶段在4.3节中会详述）。从开始指引销售如何对于某重点客户的破冰介绍、产品介绍，到中期的报价、提供样片和参考设计，到后期的量产支持，产品和市场部门几乎和销售的日常工作密不可分。

当产品的培训完成以后，产品/市场经理和销售、FAE应该一起去拜访某些重点客户，这样销售可以实际观察到产品经理实地推广此芯片的话术和客户心目中对此芯片的认可度。销售还可以第一时间了解客户可能的问题和批评，如果能观察到客户眼睛睁大，说"这个功能没有见过，很有意思"这样的情况就更好不过了。产品经理如果做了足够的功课，推广比较有效，引起客户的兴趣，那么销售后面的跟进和对其他类似客户的推广自然就更加积极。在每次客户拜访以后，产品经理最好询问销售是否有什么意见或者反馈，有经验的销售往往会提供一些建议。而与产品经理一起做了第一次针对某市场的客户拜访以后，销售和FAE也可以后续用同样的演示文档计划对其他类似市场的客户进行进一步的访问。

在产品推广的早期阶段，因为产品和市场团队掌握更多关于此芯片本身的知识、市场信息、定价和选择主推的客户等资源，要避免的是任何可能让自己显得傲慢的因素。如果没有将服务销售团队视为第一需求，造成的影响是销售团队会认为产品线有其他更优先的合作方（虽然常常不是这样）。实际上，产品线不光要卖芯片给客户，而且在之前就要先"卖"芯片给自己的销售，因此越早分享最多的知识和资源,越能使销售尽早开始独立地推广。

因为上述这些因素,产品和市场团队实在是应该很尊重销售团队,提供销售以所有必要的帮助而且及时响应。

另外,产品线经理如果观察到某区域或者某销售对推广自己的产品不太上心,要了解是否有产品以外的因素。优秀的销售应该有种"不管怎么样都要拿到生意"的工作热情和态度,如果某个销售经常抱怨说我们的芯片价格开得太高,功能不够好,但是又给不出具体的竞争对手信息和价格,或者在我们尽了所有可能的帮助以后,某个客户还是莫名其妙地丢掉了的话,我们就知道这个销售是需要一点儿帮助了。

最后,产品线经理不能在销售面前显得对产品很悲观或者有其他负面情绪。很显然,如果负责产品的人自己不觉得能够大卖,那么销售显然是更加缺乏热情的。只有自己立起大旗并且大声呼喊,才有可能召集起一个团队。我自己往往被销售问到一个问题:"你这颗芯片说是可以卖到很多应用场合,但是有没有具体实例可以讲讲?"这种时候,如果只是告诉他:"当然可以,我们已经大批量卖到华为了",好像对这位销售也没有太大的意义,因为他明显需要更多的信息。所以我现在在每月会群发一份"赢得设计新闻通稿"——Monthly Design Win Newsletter。

我的做法是每个月挑选两到三个我产品线在全球赢得客户的案例简介,发送的对象就是公司在全世界的销售和FAE。其通稿包括的信息并不复杂,主要有:

(1)客户简介和所处行业(客户名字需要略去);

(2)具体芯片应用的终端产品;

(3)客户设计的系统框图/产品照片;

(4)系统规格简单介绍;

(5)最重要的是:为什么我们赢得了这个客户?其中有许多可能,包括芯片性能好,报价低,客户关系好,技术支持好,多颗芯片的整体系统方案,等等。最终往往是多重因素的组合。

这个通稿需要全球销售来投稿(因为我显然不可能了解所有客户的细节),如果投稿的案例被接受,销售们能够收到等价于100美元的小小奖励。另外,我还会考虑定制一个奖牌。

理想中能够达成的效果是:如果今天美国某销售看到在中国的同事赢得了一个5G通信类的客户,即使他自己没有相关经验,他可能会想:"我的某某客户好像也是做类似的产品，那么我可以问问产品线或者中国的同事有没有相关资料可以分享给我"，这样一来，全球销售的经验可以在某种程度上共享，一个小客户的成功案例也许能够撬动一个体量庞大的客户。

最近我公司在土耳其的销售做了好几个成功案例，因此三月份我做了一期土耳其特别专刊，还特别附上了土耳其地图和成功案例的所在地。大家觉得土耳其应该不是电子工业的发达国家，公司在当地也没有很多负责客户支持的工程师。即使这样，我们的产品线也能在当地赢得一些客户，至少说明我们的芯片覆盖的客户群很广泛，远程的技术支持也比较得力，当地销售不需要特别的技术专长也能够卖此类芯片，那其他国家的销售，实在没有道理卖不好。

我和老板聊起，说到我做的土耳其特刊，看似是分享经验，其实目的是给上海、深圳、纽伦堡等销售人员悄悄地提醒，如果在土耳其我们都能卖得好，其他在电子工业重镇的销售们实在没有借口不做出几十倍的生意。老板哈哈大笑说："当然应该这样啊"。

这个专刊发出来以后，果然某几个国家的销售高层专门把邮件抄送给自己的下属，说"我们这里也有这些应用，你们了解这些芯片吗？你们看看能否挖些客户过来？"然后这些销售就开始向我们咨询芯片产品线的细节。而土耳其的销售和 FAE 当然很高兴我帮他们在全球公司网络里露了脸。

做芯片管理，有时要一板一眼，有时也能玩出一些新花样。如果在销售会议上正面去"挑战"某些业绩不理想的销售，他们当然会有抵触情绪，但是如果旁敲侧击地激励他们，销售们则会有积极的反应。

3.4.3 客户谈判

对重要的客户，产品和市场团队经常会汇集销售，与客户最后谈判价格。价格是由供需双方的市场情况和双方的谈判能力所决定的，其中还包括性能提升、外围元器件的成本和切换成新产品等各种因素。

如果销售没能用芯片本身的价值和公司品牌的附加值作为手段来赢得客户，那么自然会滑向使用人人都懂的手段——谈价格。在产品线给了很多的销售工具（数据手册、参考设计、推广材料……）以后，价格仍然是最容易使用的工具。对很多通用的芯片，如功率器件、通信的收发器、普通电源芯片等，确实一般来说价格越低，能卖出去的量就越大。

然而，对于大多数芯片，价格并不是唯一决定赢得设计的因素，很多时候甚至不是前三重要的。产品线经理的重大挑战之一就是如何与销售沟通，让他们确实了解此芯片的卓越性能，以及客户可能为这样的性能而额外支付的成本。即使在与国产芯片在低端市场上的一些残酷竞争里，我们还是可以从BOM分析、竞争者分析、参考设计、良率、出货量等多种因素上来多提供一点儿竞争优势，还可能包括如工业界的关系、捆绑式销售、专利等其他各种因素来卖一个最好的价格。

记不清我有多少次与全世界各地的销售有这样的对话：

销售说："客户在看你的芯片的时候，也在考虑某厂家某型号的芯片，比我们便宜几美分，能不能降价？"

我回答："我们这颗芯片比起另外那颗有怎样的优点，节约多少外部器件，性能多卓越，保护更完善，而且我们公司品牌还在那里做保障，质量问题很罕见，绝对保证供应，客户真的愿意舍弃这些优点，承担那么多风险而用另外那颗只是便宜了一点点的芯片吗？"

这时销售如果说："那我再去试试看。"——这样是比较好的销售，以后我们也会长期合作配合。

这时销售如果说："我（好像）也解释过了，可是客户就是要一样的价格。"——对于这样的情况，第一，我很怀疑他是不是真的解释过；第二，他不一定曾花时间在这颗芯片上。不得不承认，有时需要报价的邮件和电话一天有几十次之多，有的客户量也比较小，产品线本身没有工夫把每一个客户方案都分析一遍，如果毛利还可以的话有时也就降价了。这是组织结构可以改善的地方，因为很多大公司如果能够设立专门对某业务部门（如电源芯片或无线芯片）负责的销售团队，自然会有对某芯片类别比较精通的销售来沟通我们的竞争优势，而不用全部汇总到产品线的角度来批复低价格。

有时价格的高低，纯粹出于销售本人的工作态度和好胜心，因为公司可能没有第二个人对这个客户究竟能谈到怎样的价格更了解了。

我曾经看过一本讲销售的书（中文），举的某案例是在几家供应商僵持不下之际，作者自己作为最先降价的销售获得了最后的合同，觉得自己非常成功。在我看来，如果对小客户这么操作，够不上表扬也不至于批评；但如果对公司重量级的大客户还以价格为最重要的谈判手段，那么此销售的绩效奖金也许是要泡汤了，因为降价实在是人人都会，不需要经验能力，也不需要客户关系的。如果能维持高价还是能卖得掉，才算是高水平的销售。

IBM曾经的王牌销售之一曾经被问道：如果竞争对手比你的产品性能好2成，价格低2成的话，怎么办呢？他的回答是：我销售的是我自己。只有客户从IBM买，才能得到我的服务，我会自己保证客户的成功。

高水平的芯片销售，懂得销售芯片其实有很大部分是销售自己，包括他的服务，他的友谊，他们自身也成为公司的产品，大部分芯片其实与竞争者的差距并不大，那么客户真的会忍心拒绝一个他很欣赏的销售吗？Davidow在他的书*Marketing High Technology*里介绍，他认识的某销售，曾经有政府实验室的客户，这些客户工程师觉得政府采购流程实在太过烦琐，自己搞不清也没有时间，所以该销售就主动帮客户把文书工作和技术规范都写了，这个关系持续了多年，因为该销售很注意不能让客户失去信任（当然，他也很注意不让竞争者的产品跑到客户采购清单里去）。

3.4.4 基于采购量的价格

产品线经理和销售经常商谈的另一点是根据客户采购量而制定的不同价格，如图3.3所示的简单表格。假设我们有一颗芯片的成本是0.1美元，在客户采购量只有1万颗的时候可能毛利在85%，报价给代理商的价格是0.667美元（然后代理商再加自己的代理商毛利）。然后随着采购量的上升，产品线对毛利的要求也开始下降，直到在采购1000万颗时价格已经到了0.154美元，毛利已经降了35%。这里的1000万颗不必是单笔采购，可以是客户项目累积到1000万颗后，后续此项目的采购都可以用同样的0.154美元的优惠价格，也可以通过后续谈判，将此前采购量较少而售价较高时产生的一部分金额返还给客户。对于销售要注意的是，向产品线询价时要说明项目的整体潜在销售额，以得到最好的报价。

这里要注意的是随着采购量上升，毛利的下降也有从快到慢的过程。从500万到1000万颗，单颗价格只有0.7美分这样看似微不足道的区别，然而总销售额却有35 000美元的差距。对于某些客户，特别是电子业的代工厂，因为终端产品体量大而毛利较低，因此对单颗芯片0.1美分的价格差都很重视，因为可能直接关系到工厂能否年终盈利。在报价时，要尤其注意的是在采购量上升时，不可线性地降价（这样客户总以为有继续降价的空间），要让客户感觉到我方的降价空间已经极小。

另外要补充的是，一般客户可能在试产时，只下较少量的订单，如10 000,

此时价格会比较高，然后在正式量产时因采购量的提升而享受低价。

芯片料号	成本	10k 报价 (85%毛利)	100k 报价 (75%毛利)	500k 报价 (52%毛利)	1M 报价 (45%毛利)	5M 报价 (38%毛利)	10M 报价 (35%毛利)
XXX	$0.100	$0.667	$0.400	$0.208	$0.182	$0.161	$0.154

注：k为1000颗芯片；M为100万颗芯片。

图3.3　根据销售量而调整的价格举例

价格随采购量上升而下降的幅度也因公司、产品和市场等因素而变化。如凌力尔特在被ADI收购前是业界著名只做高毛利客户的生意，因其公司的战略如此，降价幅度就非常有限，而像TI、MPS、Maxim等很多普适性的电源芯片，随采购量上升时价格下降相对较多。

芯片价格一般随客户不同而变化，给特定大客户以特殊价格是很正常的操作。有时在宣布芯片量产时，产品线经理还需要提供一个"公共"的价格，这种公共的价格一般只要根据很少的量，如1000颗到1万颗的报价就可以了。这样的话面对小客户就可以自动报价，对于略大的客户，就可以由不同区域的销售与客户分别交流，而竞争者也看不到公司芯片面对超高采购量下的底价，自然保证了公司的最大利益。

一般来说，产品线经理不愿随便告诉销售某芯片具体的成本和毛利的目标，这样至少能让销售从高点开始往下谈价格，否则开始就知道大致的底价，销售往上谈判的动力就可能不足。然而，在不少知道很可能进入价格战、竞争很激烈的场合，提前让销售知道我方的底价也能建立起信任，让销售可以更有效率地去谈最终价格。另外，对于一些和我互相信赖、经验丰富、平时尽力去卖高价的销售，我几乎都会给出成本等关键信息来帮助对方成功。

另外，一个可以分享的小诀窍是，一般在见不熟悉的客户时，如果客户一定希望得到价格的话，我倾向于报得高一些，这样回头公司的销售自己再来见客户时，可以给出更低的价格表明自己向产品线申请了更好的价格，让客户觉得自己欠了一个小小的人情。有其他产品线的朋友以前教我：产品线经理和一线销售最好一个和客户不熟的来唱白脸，一个经常见到此客户的来唱红脸。这是很有道理的。

3.4.5　面向销售的培训

许多公司依靠每半年的QBR会议来做销售培训，QBR时全球的销售和FAE

几乎都会来到公司，正好可以在几天的日程中加入培训的内容。但是只靠每半年的QBR来培训也是显然不够的，需要频率更高、各种形式的培训。

如客户访问就是销售培训的很好机会，当产品市场人员定期到各地调研拜访客户时，销售会安排和建议我们去拜访某些特定的重要客户，在拜访以前，我们会先整理一些更适合此客户应用的演示文档，会事先和销售交流一些打算向此客户推广的芯片和想法，销售也可以指出一些此客户现在所用的竞争对手方案和产品研发情况等信息。在拜访的进程中，销售可以观察市场人员的具体推广说辞，在以后去其他类似客户时，可以用类似的话术和演示文档，这样相当于间接完成了一次销售培训。

在较大规模的芯片公司，销售可能同时有几十类产品线的上千款芯片可以推广，更需要产品和市场人员努力向销售说明芯片的研发进度和竞争优势，新闻稿和内部网站也是一种销售培训的办法。我们不能假设定期发送新闻稿就一定每个销售都会看，定期的一对一沟通仍然不可少。如果产品经理获得了内部销售所认可的相对其他产品线的竞争优势，就已经离卖给真正的客户不远了。

销售不但是产品线经理的搭档和工作伙伴，而且也应该培养更加紧密的私人联系，如正式的会前会后、展销会、平时闲谈、工作午餐，都是培养联系的好机会。对于坐在象牙塔里的产品市场经理，很难想象很多销售都是多么精明强干的人物，因为销售都有最好的老师：客户。经常产品销售不利，最容易指责的就是销售"能力不强"，其实大多数情况下都是产品和市场人员强要他们把错误的产品销售给错误的客户而已，而销售很快就会发现这点。

3.4.6 销售季度业务审查

如第2章所述，销售有三个层级的季度业务审查，分别是与终端客户开，与区域销售总经理开，与各产品线经理开。因为我都参与过这几个层级的会议，有一些感性认识。下面分别做简单分享。

第一层：销售经理与各终端客户的业务回顾和前瞻。

各区域的销售经理与客户的QBR是一个了解客户的长远发展方向和提出如何帮助客户的良好窗口。优秀的芯片销售经理对客户的公司发展有深厚的兴趣，以成为长期的发展合作伙伴，因此QBR比平时的销售走访显得更为重要。

与客户的QBR也是挖掘潜在商业机会的良好时机。因为平时的走访往往流于日常的琐碎，不一定有机会与客户的高层人士谈到未来的发展，如客户如果在QBR中谈到未来可能对5G有新的投入，不妨介绍公司在5G市场上的投入和在其他相关客户的成功案例。

与客户的QBR因为主要邀请的是管理层，时间比较有限，因此必须事先就列出会议希望达到的目标和具体流程，确定邀请的客户方重要人物会准时出席。如果公司的产品和市场人员正好来访，不妨一起邀请来。

与客户的QBR应该是战略性的，因此我们应该较少地谈细节，更多着重于了解客户目前和未来的业务，然后推荐公司可以为客户提供的额外价值，成为"商业咨询伙伴"的角色。

也许读者有几个问题：

（1）是否每个客户都值得开QBR？

答案是否。因为每个销售经理往往有几十甚至上百个客户，如果要每个客户每年开两次QBR，加上日常走访，显然不是很现实。因此我们一般只为重要客户开QBR，而界定重要客户不一定是只看目前销售量，也要看客户未来的潜力，看准客户也相当于风险投资。

（2）QBR是否一定是面对面的？

特别是在中国的情形下，几乎是肯定的。然而我们可以根据实际情况扩大或者缩小规模，在不同的场合如高尔夫球场上举行都可以。

（3）一般多久进行QBR？

与客户的QBR一般以客户安排为妥。如如果我们知道某客户每年进行产品成本核算或者开展新项目选型的时间，就应该选在之前进行QBR，就更能赶上客户的时间节点。

（4）何时与客户计划第一次QBR？

还没有开始稳定发货的新客户因为尚未有成熟的合作关系，暂时不适用开QBR。在开始供货后的3个月左右可以开始第一次的邀请。

（5）哪些人应该参加QBR？

可以把客户的研发、采购和其他高层负责人邀请到一起，并且邀请本方相应层级的负责人。

在召开QBR之前，销售经理准备的内容有：

①确定双方出席的人员。

②准备事先需要的文档，如公司介绍、商务总结、出货清单和日程。

③决定会议的议程，例如：

- 公司最新动态和成长的介绍，客户当然愿意与更加成功的芯片公司合作。
- 强调客户与我方合作的投资回报，如采购我们的芯片后节约了多少成本，满足了什么工业标准，打败了哪家竞争对手，等等。
- 了解此客户现有业务的潜力和未来可能研发的新产品，进入的新市场。
- 介绍产品线最新可能适合该客户的新产品，和未来三年的产品规划。
- 了解客户目前的芯片出货情况。
- 了解现在FAE和代理商的配合情况。
- 会议之后总结与区域销售总经理汇报的本年度和第二年的销售量预测，做好系统中的预计销量。

有一些注意的事项：

①与会的负责人不一定都了解我方与对方之前的商务活动，可以列出一条故事线，如开始与对方是如何接触的、在哪些项目上发现有合作的机会、后续如何推广、送样、做参考设计、加入供应链等。最后加以提炼，介绍本方公司未来的发展和帮助客户达成减少成本或提升产品性能目标的意向。

②先用十分钟左右总结，然后可以进入细节的部分。任何人一般在听讲解时只有前十分钟是最能集中注意力的时候，另外对方的高层不一定有时间全程出席会议，因此要将重要的部分先提炼讲明。

③除非客户主动提起，否则不要提到任何有争议或者矛盾的地方。如果与客户还存在主要的矛盾（例如索赔、交货延期等），则不适合召开QBR以免造成更大范围的不利影响，应在主要矛盾解决后再考虑未来的合作可能。

④控制会议时间在一小时左右，不要陷入太多具体事务的讨论，如果有客户人员提到某具体问题，可以以后约对方个别开会，不要耽误重要人物的时间。

第二层：各销售经理与区域销售总经理的营运会议。

在销售网覆盖全国或者全球的公司，必然按区域划分销售的覆盖范围。如常见的中国划分的销售区域就包括长三角以北（包括西部），长三角和珠三角三个大区，每个大区一般有区域销售的总经理，其中每个大区内部又可能细分成北京、杭州、青岛、广州等很多更小的区域。

出于类似的组织架构，在美国的销售区域一般会分为西部、中部和东部三个大区。其中，西部会分成西北部（华盛顿州，俄勒冈州），北加州（硅谷）和西南部（洛杉矶，圣地亚哥）；中部一般分为五大湖区（芝加哥附近，底特律附近，威斯康星州，印第安纳州，俄亥俄州等）和中南部（德州为主），东部会分为东北部（纽约州，马萨诸塞州等）和东南部（佛罗里达等）。

欧洲的芯片销售按国别分类较为普遍，部分工业类大国如德国和法国一般有较多的销售按照应用或区域来划分。这里不再展开。在5.1节里有相关更详细的介绍。

在第三层会议之前，各销售区域的销售会汇总到各大区，与区域销售的总经理或者负责整个国家的销售团队的国家总经理做营运会议，根据公司的规模可能有额外的一级或两级会议。比较正常的介绍格式为：

- 当季的销售额，比起前一季度和去年同一季度的变化。按照当地的销售额，外部转入的销售额划分。（因为制造业的全球化属性，客户公司可能在一国设计电路而在另一国采购和生产，一般来说，在最初设计的地方，当地销售和FAE支持最多，所以在采购地产生的销售额一般称为外部转入，计为设计地的销售业绩。）
- 主要增加和减少的客户。
- 预测全年的业绩和关键客户的总结。
- 预测未来3年的业绩指标和客户的发展趋势。
- 当地在近3~5年的销售额增长趋势。
- 当地在近3~5年的客户数增长趋势，较大和较小的客户可分开归类。
- 按照产品线划分的当地销售额和趋势总结。
- 创造最多销售额的几颗芯片。
- 待定机会，得到设计和赢得设计的趋势。
- 代理商覆盖的客户总结。
- 如果各销售区域有不止一位销售，可列出个人分别的贡献。
- 此外，可以增加具体客户的分析，包括趋势、新项目、竞争者等信息。

第三层：各区域销售总经理与各产品线经理的营运会议。

这一层的会议主要是一对一或者几位重要销售与产品线经理多对一的形式，不如其他几级QBR那么正规。一般在产品线经理访问当地时，可以安排一两个小时组织这样的会议。此类会议一般不需要特别的演示文稿，可以用销售QBR的内容或者各主要销售自己整理的内容。同时，产品线经理也在这样的场合分享一些产品线的销售额和未来的产品蓝图。

这里比较重要的是讨论该产品线在当地的销售额和趋势总结。如果产品线的芯片在当地卖得很好，显然销售平时都与产品线每周甚至每天都有交流，那么此时可以更多谈一些关于产品战略等比较高阶的问题，销售也应该提早整理好一些建议和反馈供以后参考。然而，我们的产品线有时未必是当地销售所重点关注的对象，这是根据当地市场而决定的，如中国台湾地区显然对PC和服务器相关芯片比汽车芯片要有兴趣得多，那么如果我们负责的是汽车产品线，就应该更多地谈战术性和针对特定客户的问题。如可以针对台达的部分汽车电子业务、裕隆汽车、一些后装市场等少数客户来讨论可卖的产品，这样也是销售比较欢迎的。总之，产品线掌握关于公司的内容和资源比较多，因而更应该注意听众最关注的话题。

芯片公司的产品和市场人员，与全球各地的销售是一种相辅相成而又互相依存的关系。在规模较大的公司，可能产品线经理有几十人，下属市场经理和市场工程师更有上百人，而全球的销售更可能有几百人之多，因此与其说我们在营销客户，不如说我们先要做好对内部销售的营销，只有让销售觉得与我们合作对他们的业绩有莫大帮助，同时我们的为人又值得信赖，久而久之，才能合作起来如鱼得水。

3.5 产品线经理与现场工程师

芯片公司一般都设有FAE的职位，汇报给大区的FAE经理或者大区的销售经理。从职务介绍上来说，FAE主要是从技术方面来介绍和推广产品，将客户工程师的需求反馈到公司内部的AE团队来继续处理和支持，也可能在客户的现场帮助解决设计和生产中的问题。不过其实际的覆盖范围远远不止这么简单。

FAE其实是在芯片产业最有难度的职位之一。以微处理器MCU芯片来举例，较复杂的版本有动辄上千页的数据手册，FAE如果要帮助支持客户，必须掌握几百种功能特色、专属架构、指令集和开发工具。如果客户使用的是竞争者的微处理器，还得了解竞争者的产品才行，而且微处理器每过一两年就有新的版本上市。如果不是只负责某类产品的FAE，还需要熟悉公司的其他芯片，如ASIC、内存、通信、模拟、电源等，不一而足。

掌握芯片的知识固然重要，优秀的FAE还需要熟悉客户的应用环境。和芯片一样,现在的电子终端产品的功能只会变得更加复杂,即使是很普通的电动工具,我最近了解到现在的厂商还会添加更多新的功能像蓝牙通信、条码扫描等,这些环境变化使得FAE必须与时俱进,不断学习才行。

同时,FAE还会对芯片工业有一定了解,包括晶圆厂和封装厂的制造流程、质量管控、一些半导体物理知识,等等。

然而了解了大量知识也未必一定能做好FAE的工作。优秀的FAE性格里甚至有一点儿矛盾体,因为FAE和客户工程师基本都是电子工程专业毕业,而工科的培训往往使得培训对象对机器比对人感觉更加亲切(硅谷有太多这样的实例),然而FAE必须对人和对技术具有同样的热情——可称为"能够社交的书呆子",不但要能够描述MOSFET的驱动原理,还要对客户工程师的心理活动有所了解。不但能够在高大上的行业讨论会上主持讲座,还能够低下身段在客户下班后留在实验室里加班解决问题(在中国的环境中,经常还要能够喝酒)。最后,还需要了解芯片的销售和生意的常识。

所以,在芯片产业,优秀的FAE永远是奇缺的。

在芯片工业的早期阶段如20世纪60~80年代,因为通信不发达,即使是数据手册有时还需要问FAE才能拿到纸质版,自然FAE的地位极其重要。然而在互联网极其发达的今天,绝大多数的资料上网就可以学到,那么FAE天生的传道、授业和解惑的需求已经被大大削弱了,那么有很多人可能会质疑FAE的存在意义了。而我认为FAE还有如下两种绝对的核心价值。

(1)最好的FAE,我的定位是"暂时借给客户使用的AE"。这是因为对于简单的芯片,FAE不需要花多少精力支持,一般客户自己就能搞定;而对于复杂的芯片,即使数据手册再详尽,都可能需要一个调试优化的过程。对一些非常"懒"的大客户,类似功能芯片的供应商选择有好几家,没有太多时间精力去把每家的芯片都自己来调试优化一下,因而优秀的FAE就显得格外重要,如果比竞争对手提前把方案调试好,自然占了很大的先机。在一些相对非常透明的市场,几乎是一场FAE能力的竞赛,最早跑到终点的团队就能大单通吃。

如以前我们产品线在中国台湾地区的FAE团队,经常可能被客户"关"在实验室里调试直到完美为止,也经常和AE团队共同研究,因此锻炼出一身真本领,对于芯片的优点和某些极为细节的缺点都了如指掌,比原芯片设计者和公司内部AE可能都对芯片更了解。如果当时雇佣的FAE是属于"二传手",无法自己调试方案,那么就非常残酷地无法获得哪怕很小的市场份额。

（2）在一些不是FAE能力竞赛的应用场合，FAE也能起到极其关键的作用。我自己曾经在芯片公司客户的角度做过不少年，想象一下作为客户工程师，有时已经在实验室里度过漫长而枯燥的大半天，心里充满压力，如果经常有芯片公司的某FAE过来和我聊聊，使我暂时有借口离开实验室一小时，他会给我介绍某些尚未量产的芯片，希望我提提想法，然后解答我一些疑惑，关心一下我正在做什么事情，那说实在的，不管其他部门怎么抱怨价格好贵或者交期太长，我还是想用这位最相熟的FAE推荐的芯片。水平高超的FAE甚至对客户工程师是真正关心的，能有一点儿心灵上的关照。在芯片产业，除了英特尔和AMD可能纯粹是性能之争，在绝大多数的其他芯片应用上，其实人情的因素至少是和芯片本身特性同等重要。一些优秀的FAE离职以后，我们经常看到某客户的生意就慢慢没有了，因为客户已经觉得和这家供应商只剩下纯粹生意往来，缺掉了人情的部分（我的感受是销售离职的影响，往往还没有FAE的影响更大）。

因为这两种因素，所以芯片销售还是不太可能全部变成亚马逊这样的形式。

欧美国家的FAE估计有八九成都是中老年白人男性，人到中年以上，观察人心已经洞如观火，非常了解客户工程师的心理，介绍产品也天然自带一点儿权威性，子女都已经独立，所以出差也不成问题。如果客户工程师很年轻，简直有些像父辈在关照后辈。在亚洲国家，文化和国情比较不同，人际关系的压力较大，出于很多原因，FAE的位置很难留得住好的人才，特别是代理商的FAE，作用更加有限。曾经看到有研发工程师转FAE无法适应后又离职，觉得"没有办法做这种求人的活"。在我看来，求一个客户的工作是非常痛苦的，但是求一百个客户的工作又可能是非常有意思的。可能很多领导层，没有真正将FAE的意义讲透。

3.5.1　FAE的5种分类

多数的FAE为设计和制造芯片的原厂服务（拥有自己的芯片品牌和产品），然而很多代理商也有自己的FAE。这里主要描述原厂FAE的分类。

因为芯片公司市场定位和战略方向不同，对FAE职位的定义也有所区别。其中主要的区别和分类如下。

（1）在多数芯片公司，FAE和其他行业内的工程师一样具有职级，如有初级、资深、FAE经理等。然而也有美系公司不对FAE做职级上明显的区别。对客户来说,销售和FAE的职级高低对他们其实无所谓,还是要靠具体的工作来决定是否能够信任。当然,随着经验和能力的提升,内部的工资奖金还是会增加的,只是不一定与职级挂钩。

(2)FAE应该是销售组织的一员,如前所述,可能汇报给大区的FAE经理或者大区的销售经理。然而,也可能具有特别的职能,如专门支持某一应用、某特别的产品线,或者支持某大客户,因而汇报给不同的团队,并不限于一个特定的区域。

(3)FAE的角色可能是以产品为导向,客户为导向,应用为导向,或者市场为导向。或者,FAE也可能是普适性的,面向所有基于本地的客户,而支持公司所有的芯片。

①产品导向的FAE。

可能为某产品线服务,尝试在全部或局部的客户中销售和支持。例如,我曾经服务的产品线就有专职在各地的FAE团队,只销售和支持属于该产品线的芯片。这样的好处很多,第一是对较为特殊的芯片种类,可以从招聘时就选择性地招具有相关产品经验的候选人,或者直接从客户工程师中找,从而使推广或支持更具针对性;第二是公司整体可能在某些产品线上有一枝独秀的优势而相对好卖,那么如果FAE可以不加选择地去推广,必然会冷落公司其他有潜力的产品线,因此,如果不是公司内部最有竞争力的产品线,更加需要专属的FAE团队。

另外,在规模较大,产品线又极其多样的芯片公司,几乎不可能有FAE能够支持全部产品线的芯片,而不是只做泛泛的"二传手"的。因此,常用的做法是把FAE分为几个大类或者更加细分。如可能把FAE分为分别覆盖MCU、模拟、电源、传感器等几个大类。而在大类中,像电源芯片也可能分为服务器电源、PMIC、工业电源等细分种类,每个细分种类都因公司的需要而可能会有特定的FAE。

②客户导向的FAE。

对于规模和销售潜力很大的特定客户,国内如华为、中兴、海康等,国外如苹果、谷歌、施耐德、博世等,芯片公司一般有固定的销售和FAE团队,争取专注在获得这些大客户所有可能赢得的芯片机会上。这是因为大型客户一般组织结构和项目管理错综复杂,还可能涉及不同国家团队的配合,如诺基亚、爱立信等都有中国、美国和欧洲的研发团队。有时要找到客户方面真正能对供应商做决定的人,芯片公司可能需要花的时间还多于一颗芯片从设计到量产的时间,因此需要长期与此客户配合而足够专注的团队才可能得到第一手的机会。

③应用导向的FAE。

对于某些市场量非常大或者是新兴的应用,可能会安排针对此应用,而不限地域的FAE。如我认识美国某测试设备公司的FAE,就专门负责整个美洲地域与电动车相关的客户,为一家客户而特制的测试设备,很显然有机会卖给类似的电动车客户而照搬经验,就不必限制在任何区域。

对于较特殊的应用,可能需要FAE精通该应用的系统知识。如如果专门看硬盘公司的FAE,就可以销售特定适合硬盘用的MCU、模拟、混合信号或者SoC芯片。而公司如果放宽此FAE的覆盖范围到整个存储市场,那么此FAE不光是看硬盘,还可以看其他多种存储技术公司。

④普适的FAE。

如果芯片公司集中力量针对某几块战略市场来发展,则只需要普适性的FAE,对某核心区域的客户销售一切芯片。如国内的晶丰明源公司,主要做LED照明市场,就在广东中山有自己的团队(因为当地专注照明的公司很多),这样贴近地气的当地团队在地域上非常有针对性,而欧美原厂一般只在中国上海和深圳有大的销售办公室,无法覆盖到这样的程度。对于普适性的FAE,公司内部的几条产品线就可能要争取此FAE的关注。

⑤代理商FAE。

很多代理商为了摆脱只会备货的刻板印象,也增添了FAE的服务,具有一部分原厂FAE的责任,在很多原厂无法覆盖到的客户也有不少作用。另外,代理商较为优秀的团队,可能整合来自同一或不同原厂的芯片器件,做系统总成的交钥匙方案,这样就增加了很多代理商本身的附加值,而且如果是因为这样额外服务而赢得的方案,一般原厂销售也愿意多给一些额外的毛利点。如最近曾经有中国台湾地区的代理商FAE团队做了一块单片机控制的车载USB快充示范板,就给我留下很深刻的印象。代理商的各种重要角色,还要在3.6节继续讲到。

芯片公司可能同时拥有几项或者以上所有分类的FAE,如可能有总揽全部深圳中小客户的FAE团队和只服务华为的FAE团队,或者有只服务MCU的FAE和只服务无线产品的FAE。而经常在公司重组和战略方向调整以后,FAE也可能在不同的角色间切换。

3.5.2　FAE的9种责任

芯片设计和AE可能同时只负责一块芯片，而FAE工作的有趣之处是可能同时应对上百件的细节，每天睁开眼睛就可能面临很多的市场和客户变化。FAE虽然和销售属于面向客户的良好搭档，一个解决技术问题而另一个负责商业问题。然而实际操作中此边界比较模糊，FAE需要了解芯片推广和销售的全过程，而销售也要对芯片和客户应用较基础的部分较为了解。所以也常常看到这两种职能互相转换的案例。FAE大约有如图3.4所示的9种责任。

图3.4　FAE的9种责任

1. 赢得设计

FAE如果有职业宣言的话，可以说是"与整个销售组织一起尽力赢得采购量大、毛利率高的芯片生意，而且影响芯片的定义和研发来满足市场上未来的需求"。

FAE需要从技术角度上来发现任何可能是新的机会，然后从技术角度采取行动来赢得这些机会。作为与客户距离最近，最有可能了解到客户具体需求的人，FAE是有责任清除掉一切技术障碍来赢得设计的。在芯片销售的全过程中，FAE需要在售前、赢得设计、量产，到产品改版和退出市场这整个过程，从技术上辅导和带领团队。总之，只要是销售过程中有技术上的壁垒，FAE的工作就是清除或者绕过这样的壁垒。

举例来说，如客户之前做的是传统的电饭锅，现在打算在新产品上加入智能的功能，那么FAE就要预测和了解到这些智能功能比起传统功能所额外需要的芯片，然后去询问相关的产品线在此应用所推荐的最新芯片，进而学习和推广到客户。而在了解到客户具体技术需求以后，可能反馈此要求到产品线而询问能否出具参考设计。而在客户设计做完以后，可能又要帮助客户检查可能的问题，一直到客户最终量产为止。这就是一个比较出色、赢得设计的过程。

2. 影响芯片定义

FAE的又一角色是影响未来芯片的定义和研发。毋庸置疑，半导体行业永远是逆水行舟，研发错误的芯片可能会浪费芯片公司几百万美元，甚至丢失已有的市场份额。如果研发出来的芯片比不过竞争对手或者定义有问题，那么产品线无论怎么推广或者给出再低的价格，也很难挽回损失。产品和市场人员出差次数总是有限的，而且对于特定的市场特定的客户，对其需求的了解必然不如FAE所知更深，因此在芯片定义阶段引入FAE的意见非常重要。

有些公司在定期的QBR上，会邀请全球的FAE来介绍自己的新产品提议。如果某提议最后被产品线接受，作为正式芯片开发，那么提出建议的FAE还能得到一点儿奖金作为好点子的激励。召开大规模的新产品讨论会的好处在于，某芯片可能限定某区域的商业机会并不够多，但放眼到全球范围内可能就足够支撑起产品线投资来做这颗芯片，如深圳的FAE提出某芯片的需求，而欧洲的FAE会举手说我们这里也需要这颗；而如果大家靠邮件交流，显然达不到类似的效果。虽然因此要花不少成本，然而比起芯片定义失误导致的市场流失，又实在是很值得了。

对于如何构思这些新产品的建议，FAE可以做到：

- 了解客户新产品的路线图，如负责赛灵思（Xilinx）的FAE，应该对下一代FPGA的开发计划和所需周边配套芯片比较熟悉。
- 做竞争者产品分析和比较。
- 了解业界发展动态，参加展览会，阅读最新行业刊物等。
- 如果产品线做了对新产品的调研计划，应该可以向相关客户做调研。
- 在新产品初始规格制定出来以后，向产品线反映自己的意见。

正常情况下的模拟、电源芯片需要从几个月到2～3年不等的开发时间，加上封装、验证和测试的时间就更长了，在这段时间里市场情况一般已经发生了变化，那么就需要产品线和周围的团队如FAE，来一起确保产品开发周期和市场需求是吻合的。

如在疫情下，红外遥测体温计的需求突增，如果得到的市场反馈是需要更高精度的ADC（模数转换芯片），FAE可以以自己对市场的了解，向产品线建议是继续做单独的芯片，或者整合进单片机，或者单独开发ASIC。

FAE出于经常询问客户目前在考虑的方案，也应该了解竞争者的动态，如果有新量产而值得注意的芯片和特殊的性能，也可以经常向产品线主动提醒。

虽然多数情况下是市场定义了产品，然而也有更成功的案例，是产品定义了市场（乔布斯和苹果手机就是典型），在芯片领域也有这样的情况。然而目前我认识的FAE，在新产品建议时多数是建议小的改动，基本这些建议还没有到可以申请专利的地步，这应该是FAE很少有机会能坐在安静的地方一个人静思的关系。

此外，对影响客户体验的部分，如参考板开发、软件烧录等，FAE也都能贡献修改的想法。

3. 协助推广

当产品开始推广时，产品线经理往往会通过内部通信发出推广文档——包括数据手册、宣传演示文档、参考设计、开发工具等，然而产品线是很难有时间根据各地不同情况而特殊处理的。如对于很复杂的芯片，就可能需要FAE用本国的语言来重新组织复述推广材料，在当地的销售培训和客户培训上，可能需要用更适合本地的语言重新把演示文档写一遍。另外，很多客户不一定有时间和耐心去一页页把芯片的细节看一遍，因此FAE用简明的语言把芯片的主要特色和竞争力说明一遍就会显得非常重要。

在产品线开始对某芯片给出推广消息的同时，FAE可以用E-mail或新闻稿的形式把此芯片的简单介绍发给可能感兴趣的客户，而且需要组织一些代理商和销售的培训。FAE还可以做的是：

- 发放客户调查问卷。带一颗新芯片去拜访客户时，总应该对客户的应用有一些基本的了解才能预判这颗芯片是否满足客户的需求，以及能否带来一些性能或成本上的提升，因此事先做一个简单的问卷是比较有帮助的。

- 撰写如何争取客户的话术。很多时候客户已经有来自竞争者的芯片正在量产，未必有足够的动力来切换芯片方案，会用现有方案的某种优势来说服自己不必去试新的方案。在这种情况下，FAE在自己没办法亲自去时，应该给相关销售或者代理商写一些对这颗特定的芯片如何争取客户的说辞。

4. 第一联系人

当客户或者销售遇到技术的疑惑或试产/生产中遇到问题，应该由FAE作为第一联系人首先尝试解决，即使在不能解决的情况下，也应该知道谁是产品线技术方面的联系人，可以把问题转交过去。要注意的是，如果客户多次发现FAE自己解决问题的能力或者意愿比较弱，那么会影响长期的信任度。我认为FAE都应该提高自己的技术能力，到足够帮助客户调试硬件和软件的水平，哪怕不能当场解决问题，也应该在重点客户的实验室里待一段时间，确实无法解决问题时再把问题上报。这样客户至少能看到我方的诚意。

就像摩尔定律说18个月内芯片的密度会翻倍，FAE也可以每18个月就把自己的知识能力翻倍。

5. 技术培训

FAE一个人的力量终究有限，为了覆盖更广泛的客户，需要有时帮助其他团队成员增进技术知识和对芯片的理解。原厂FAE经常做技术培训的对象包括代理商销售、FAE和第三方销售。其中可培训的细节可能包括：

- 这颗芯片的主要卖点和销售话术。
- 产品线的路线图。
- 目标销售的客户。
- 在客户应用的框图里标注这颗芯片。
- 与竞争对手的比较。

FAE还可能互相培训，做FAE的工作前可能各有所长，如果一位以前是做RF产品设计，进入芯片公司后也主要销售RF产品的FAE，就应该有机会把自己的知识传达给同事们。

除此以外，FAE主要应该对负责的芯片有所信任，并把这种热情传达到客户和销售中去。

6. 芯片验证

一般来说，芯片验证主要是由原厂的应用工程师来负责的。然而应用工程师首先测的都是数据手册上的各项功能和参数，未必能测到芯片在所有应用场景的特殊情况，以及满足客户的某些特殊要求，因此更多的验证需要在客户的具体系统运行中来进行。

举例来说，在2012年时我曾经与特斯拉的研发工程师一起试用我司的

IGBT，因为卖IGBT单管的时候，数据手册是不会表明某些参数的一致性分布的，因此在逆变器的项目测试中，我们就验证了很多参数一致性的分布，再做了大量关于各类参数的一致性分布对系统性能影响的测试。有几篇专述支持特斯拉的文章发布在我的公众号"硅谷硅事"里。

7. 提出整体方案

为了使方案有竞争力，我们推荐的芯片即使性能再好，总是要同时尽力给出整体系统成本最低的方案（不代表我们的芯片也必须是最廉价的），这里就没有人比FAE应该更了解客户的系统。如哪颗芯片可以用最简单的功能来实施同样的作用，如果用集成的方案是否比分离的方案成本更低，有没有即将量产的芯片成本更低，有没有可能帮客户节约其他元器件成本？

8. 给产品线反馈

就像FAE应该给产品线建议需要开发怎样的芯片一样，FAE也应该向客户了解对芯片的意见和建议。有时如果客户提起为什么喜欢这颗芯片，FAE可以及时把此信息反馈给产品线，因为产品线完全可能忽略了在某些应用场景下此芯片的优势，或者并没有在宣传中强调此优势。有时客户会提到一些他认为此芯片具有的一些缺点，在这种情况下，FAE也应该反馈给产品线，可以提出一些办法来消除客户的误解，或者可以在后续的芯片中进行改进，总之这些或好或坏的反馈都有其一定意义。作为产品和市场人员，最担心的就是失去了和现场销售和FAE的这种良好互动。

9. 为客户争资源

FAE应该为自己的客户来争取产品线的资源，可以影响到芯片的开发，服务和支持来更多倾向于自己覆盖的业务。

不同地域有不同的客户类型。如底特律有美国最多的汽车电子客户，圣地亚哥有美国最多的医疗电子客户，广州有世界最多的小家电客户，那么理所当然，各地的FAE会推动各产品线向自己的应用领域来增加投入。为了说明自己的需求，如果能让大客户说"只要你们开发满足某种规格的芯片，我们一定试用"，这样就是很强有力的信息。有时客户需要定制化的芯片，就需要打消产品线关于为单一客户开发的疑虑。为了说服产品线，要给出在自己区域的市场前景。另外，如果能够向产品线说明此类芯片在全国各地乃至全世界都能找到类似客户需求，当然更有意义。

例如，前段时间某著名处理器厂商在寻求下一代电源方案，全部都是特别的要求，涉及不同产品线的合作，我和其他产品线经理都对投入的风险有所疑惧。然而，负责生态合作的FAE就促成了两家公司的会谈，高层的沟通，终于让我们下定决心来协作开发此项目。

很多客户即使体量很大，然而如果没有FAE可以很好地传达这些客户需求的信息，往往因为沟通不畅和信息缺失，造成双输的局面。有一次华为公司提出某颗特制芯片的开发案，除了要求的文档以外没有其他对市场情况的说明，那次正好我在国内，FAE帮助约到了华为在上海的负责人，当面沟通才把事情谈清楚。

3.5.3 与FAE的产品培训

在产品线经理给各区域做产品培训时，最好是销售和FAE分开沟通。销售可能更加关注的是产品和竞争者的比较、价格的区别、销售的策略；而FAE培训的重心应该是产品的特性、重要参数，如果涉及软件的还应该有包括烧录程序的培训。FAE和销售在赢得客户时，基本是左右手的关系，侧重点不同而缺一不可。除非是很简单的芯片，否则很少见到有单独靠销售或单独靠FAE就能赢下来的客户。

产品线经理还应该保证FAE与内部AE团队的配合度。如果重要而比较复杂的芯片即将开始推广或量产，最好让目标客户的FAE可以到总部来工作几天，与AE一起调试和观摩参考板的运作，这样到客户那里去展示和支持时也比较有心得。

对产品线经理来说，如果某FAE帮助解决了客户一个很棘手的问题，间接帮助其赢了一个很大的订单，这时不妨感谢信抄送更高职级。感谢的邮件也不可只写一句话如"谢谢你带来的生意"，不妨更加具体，列出他的主要贡献，如果有类似被客户关在实验室调试这样的辛苦经历，不妨细细写明。

FAE对产品线乃至公司整体，可谓十分重要。优秀的FAE是产品线在全世界各地的"长臂"，可以给出最精准的产品推广，在当地服务和支持好客户，不断和产品线有良好互动，是芯片生意的得力助手。

3.6 产品线经理与芯片代理商

芯片销售有多种渠道，有时是直销，如大客户经常会由原厂设立直接账户，不通过中间代理，如据我所知是不会有海外的原厂使用代理商来处理华为公司和苹果公司的生意，因为代理商在这些超大的客户处没有什么作用；有时是网上直销,如德州仪器近年在推行的方式;而在面向广大的中小客户时,大多数芯片公司会使用代理商来完成最后对客户的交付。代理商的各种营运方式和销售技巧可谓非常错综复杂,市场有专门的书籍,这里无意展开做更多介绍,可以推荐的是南方日报出版社2014年出版的《芯片营销》和电子工业出版社2015年出版的《芯跳不止——身边的集成电路江湖》两本书,两位作者都是从代理商角度写的芯片销售书,读者可以借鉴。国内的芯片代理分销如雾里看花,即使是局中人也很难理得清楚,更何况我这个远隔重洋的人,不过每年回国出差两三次,也见过一些优秀的代理商,因此也有一点点心得。

3.6.1 芯片代理商的分类

这里用较简略的说明来解释代理商的种类。

我们通常说的代理商是原厂的授权分销商,允许在指定区域里代理和推销原厂的芯片,会签署正式的分销协议。授权分销商一般体量较大,国际上有很著名的分销商,例如安富利、艾睿、大联大等。授权分销商有一些原厂给的限制,如客户注册限制、价格限制等,但是可以直接与原厂销售和产品线对接,因而拿到的出厂价一般最低,供应和支持上也都受到优待。代理商需要首先打款给原厂,然后在客户拿到芯片后等到客户的回款。根据客户是否是代理商独自发现和客户回款时间,原厂会与代理商商定一个最终销售的价格。例如,如果原厂卖给代理商是1美元1颗的芯片,最后代理商卖给客户的就可能是1.1美元,加上关税、增值税等其他额外支出。有时体量较小的代理商无法直接与原厂签订合同,因此可能挂靠在大代理商上成为二级代理商,也可以发掘到自己的客户,最后利润分成。

此外也有所谓独立分销商,或称为贸易商,作为原厂的客户而转卖,可能有自己的渠道找到最终客户,一般不受限制,但也没有任何支持和退货的可能,需要自负风险。有些原厂不允许直接与贸易商做生意而必须通过代理,以防扰乱市场秩序(因为不了解其最终客户)。但也有产品线如果做的是普适性的产品(如电阻电容和普通模拟器件),则可能主要卖给贸易商,再由后者拆开转卖。还有独立设计公司(IDH),拿原厂的芯片组合做技术方案来卖给客户,再签订独家供货合同,拿到的毛利会略高。

目录分销商一般不做大宗客户,而着重于小额、高价的网络销售,一般拥有自己的网站系统和产品筛选工具,这里国外规模最大的例如Digikey和

Mouser，国内也有世强、融创芯城这样的企业。目录分销商做得好的其实毛利相当可观，然而需要很庞大的电子商务系统支持。

代理商（授权分销商）的销售和芯片原厂的销售有以下几个最主要的区别。

（1）代理商一般情况下需要囤货和备货。

（2）代理商不拿销售奖金，而是靠从原厂买芯片再转卖来获得收入。

（3）与原厂销售不同，代理商一般可以卖来自不同原厂的芯片。

（4）代理商规模大小不同，较大规模的都不限于一地，而是全国性乃至国际性的，然后在各重要地点设立当地销售办公处。

（5）因为原厂会把大型客户变成直接客户而不通过代理商，因此代理商覆盖的客户一般以中小规模为主。

对于芯片原厂来说，最理想的代理商应该满足以下两个条件。

（1）非常主动地帮助此原厂推广。

（2）在市场机会来临时，先考虑的是帮助销售此原厂的芯片，而不是其他竞争对手。

而对于代理商来说，最理想的原厂也有以下两个特质。

（1）芯片好卖。

（2）能赚最多、最快的钱。

虽然芯片产业涉及很多高科技，可是到销售层面，其赤裸之处和销售任何产品并没有区别。

这本书虽然是关于芯片管理，然而产品线经理也经常与代理商打交道，代理商在整个半导体行业的生态圈又极其重要，因此我对代理商在整个芯片业界的角色和未来转型也有一些思考。本节先从原厂的角度，提出一些如何配合好代理商销售的想法；其次从不同类型代理商的角度，建议如何与原厂默契合作，以及进一步转型的思考。

3.6.2　原厂如何配合好代理商

代理商可能对我们的业务造成重大区别。很简单的道理，如果某客户只从大联大的代理商采购芯片，那么如果我们不是大联大的签约原厂，就没法接触到这家客户，除非客户自己来找我们。因为我们不可能和世界上所有的芯片代理商签约，所以要注意如何有偏重地选择代理商，以及签约以后如何配合他们做好工作。代理商只有偏好帮助我方卖芯片，才能成为有益的伙伴。

可以卖一类芯片的代理商，不代表他们能在所有市场卖此类芯片，而即使某代理商覆盖了某区域，也不代表他们一定能覆盖到我们的目标客户。而原厂的销售也是一样，只有在覆盖了有限几个市场的情况下，他们才最有效率。我们最合适的代理商伙伴，可以和原厂的产品和销售一起，覆盖同样的目标市场，而在目标地域里搜索更多潜在客户，才能达到最好的协作。

例如，电源管理芯片的应用范围非常广泛——用电的地方都有电源芯片的需求，每家电源芯片的公司又各有优势，如销售产品到通信、数据中心的原厂，就没有意义和主打适配器市场的代理商合作，后者对原厂毫无附加值，这是很显而易见的，但是如果没有深入合作的话，又很难了解到对方的主要市场不一定与自己的相吻合。

某些芯片原厂有较大规模的自有销售群，因此不太需要代理商；而大部分芯片原厂除了部分大客户，是主要通过代理商来寻找客户和最终销售的。销售途径本无对错，但是无论是何种方式，最重要的是赢得生意要知晓是怎么赢的，而输掉的生意要明白是怎么输的，切不可万事通过代理商而自己坐在办公室里不管不问，这样很快就发现代理商都去为竞争对手销售了。所以第一重要的是客户审查。

1. 客户审查

原厂应该对代理商所覆盖的客户有较为频繁的定期业务审核。审核不是只为了以往的业绩，而是为了对现状和未来做一评估，目的是为了产生新的客户线索，维护已有的客户，探讨目前的机会。如新发展的客户目前状态如何，是否有业务和技术上的问题，原厂是否有需要支持的项目，原来销售策略（芯片型号、价格、参考设计等）是否已经足够还是需要做出调整……

有一些代理商为了留在原厂的代理系统里，可能会夸大甚至编造一些客户信息，在这样的情况下，应该有指定的销售负责跟踪代理商，而且有时去访问一些该代理商负责而规模较大的客户，从而有更牢固的掌握。如果客户是真实的，而代理商重视度不够或者配合不力，可以果断地做出换代理商的决定。如果原厂销售对代理商负责的客户有一定了解，那么在需要切换代理商时也没有多少损失。

有些原厂每半年甚至一年才汇集起来做所有代理商的年度考察，然后做去芜存菁的动作。其实大可不必这样兴师动众，不如做每月和每季度小规模的代理商审查，这样如果有战术性的问题需要配合，可以迅速得以解决，对有贡献的代理商可以及时做出鼓励（给更多的客户，给更多的毛利点），对有问题和推广力度不够的代理商应该早日淘汰。

从另外的角度来说，虽然原厂要鼓励积极推广的代理商，然而代理商的配合并不是凭空而来。如前所述，代理商因为可以直接卖来自所有签过协议原厂的芯片，因此代理商的自然天性，是卖自己认为最好卖的芯片——而未必是原厂认为最有竞争力的芯片。那么引申出第二点：原厂如何提升代理商的积极性。

2. 原厂如何提升代理商的积极性

如果代理商是在某些客户处对原厂是唯一的代表，产品线需要对代理商特别注意来支持他们，因为此时代理商已经成为公司能依靠的唯一销售力量，特别是对于没有特别成本竞争优势的Fabless公司和芯片复杂度较高的产品线更是需要多加支持。许多芯片公司的产品市场人员尽量避免直接与代理商打交道，认为应该是销售、管代理商的经理才该与代理商沟通，而其实这样的态度是有问题的。实际上，我经常希望下属的产品市场人员可以更多地直接与代理商接触来获得第一手信息。为了提高代理商与原厂的互动和积极性，以下几点是原厂可以做到的。

（1）需要什么支持？

不要猜想代理商可以自己搞定客户或者觉得代理商毫无能力。应该直接问公司的代理商经理：代理商希望原厂提供什么样的支持？需要什么样的条件可以使代理商看到市场机会第一时间想到的是卖我们的芯片而不是其他家的芯片？

这里无论代理商提供的是什么样的答案（如更多产品培训、更高毛利、联合宣传、降低价格等），关键是如果原厂做到了这些条件，那代理商就没有理由再不积极配合了。

打个比方，如果我们卖芯片时不是先做好了然后问客户是否愿意买，而是开始告诉客户我们正在开发某产品，而希望客户提供对产品规格的宝贵建议，那产品根据客户建议开发好以后，客户就变得很难说"不"，因为一个人很难否定自己。所以，如果代理商开出了条件，而原厂满足了这些条件，那基于最简单的心理学，代理商就很难再说"不"。

(2) 提供更简单的产品选型指南。

很多产品线同行认为自己的产品是如此重要，而需要用很长的篇幅来说明其优越性，不可否认很多芯片是非常复杂而难以说明的，但是我们仍然可以用最简单的过滤条件来帮助代理商选择可推荐的产品。因为代理商可能推广的原厂有不少，如果某原厂提供的工具帮他/她节约了很多检索的时间，自然更有兴趣来帮助此厂推荐。

先要选定一个大致的候选芯片范围，然后才需要根据其他细节来决定最后的芯片，我们应该帮助代理商把第一步的选定范围尽量简易地做好。

曾经有负责某客户的销售得知客户正在开发新产品，需要我们推荐从单片机、电源到其他各种模拟和数字芯片，因此销售就发信问各产品线经理所推荐的芯片型号。看到其他的回复，我忍不住幽默一把："我发9页PPT实在是太谦虚了，A经理发了35页，B总监发了73页，很快我们就要给客户一本1000页的百科全书去读了"。

小小玩笑无伤大雅，也表达了我的意思：没有客户是有耐心去读1000页的选型指南的，甚至20页都不太现实。在这种情况下，我们应该尽可能地了解客户的系统框图和目标系统参数，然后有的放矢地对系统里每一个需求都推荐特定的一两颗芯片，而每一颗只需一页介绍，仅此而已。如果客户需要了解更多，请参考数据手册。

(3) 给代理商以"破冰"的问题。

有时产品线因为对某芯片种类太过于熟悉，以致常常以为公司内部的销售和FAE应该也具备对此芯片相当的知识，其实是大大不然。而对代理商来言能够了解此类芯片的性能及其卖点，进而合理推广的更是凤毛麟角。实际上，我们应该默认代理商是一定需要很多帮助才能推广芯片的（如果有特别善于主动学习的代理商，应该给予一些特别的鼓励和好处）。在给予任何培训和帮助之前，应该给代理商一些简单的话题，使得他们在初次拜访客户时有内容可聊。

例如，对于所有电源管理芯片的业务，对于可能帮助销售的代理商，可以做一页帮助代理商在初次见面客户处的简单问卷。

卖电源管理芯片非常简单，只要问下面三个问题。

①请问您的输入电压是多少？（经常是5V，12V，24V，48V或者交流。）

②请问您的负载电压和电流需要多少？

③比起正在量产的方案，是否有关于效率、噪声、尺寸、电磁干扰或者成

本的问题是您正在考虑改善的？

代理商只需要回答：谢谢您的信息，我会与××公司的产品线或者FAE沟通，然后很快给您一个新方案的提议。

对于几乎任何芯片，只要是提供这样初次"破冰"的问题，那么没有背景的人都可以尝试来卖。

（4）原厂芯片公司的宣传册和产品资料。

一是展示原厂的雄厚实力和产品线的厚度，二是为了代理商在与客户见面时即使没有放幻灯片的条件，也有材料可以用来交流（很多小代理商未必开始接触时就能占用客户会议室）。

（5）不要丢给代理商一堆产品宣传的PPT然后指望代理商可以自己看懂。

如果有条件，市场人员可以把PPT的讲演录音，或者把自己的讲演稿记下来，放在每页PPT的备注里，都有助于代理商的推广。

（6）根据具体应用而制作的推广PPT。

虽然代理商销售比较习惯于客户给出不好的脸色，可是最不想看到的，是客户说"这颗芯片根本没法用在我们这里"。这样客户会认为代理商并不懂得他的产品应用，而不想继续交流，很容易就说："对不起，我还有个会，得先走了"。

代理商很可能完全不熟悉芯片，可是一定都知道要拜访的客户公司做什么应用产品。我的做法是根据不同的应用而做不同的PPT，这样任何代理商或销售都能有的放矢。如我就有关于5G通信、家电、仪表、电动工具、智能家居等很多应用的专属PPT，包括各应用的框图、基本需求和比较适合的芯片种类。例如，代理商如果事先知道某客户是做冰箱的，只要把我的关于家电类的PPT拿去展示，那么客户知道代理商是有备而来，至少大多数家电类适合的芯片都能用在冰箱上。

PPT绝不是内容多或者页数多就更有用。没有客户有耐心坐哪怕十分钟来听与自己无关的芯片介绍。

（7）帮助代理商在原厂网站上找到有用信息。

在培训代理商时，我们可以在屏幕上展示公司网站，然后一页页展开如产品选型、技术支持、产品推广等网页，帮助他们可以以后自己寻求有关信息。另外，也可以征求代理商对网站的任何意见，因为他们也代表了客户可能的视角。

（8）每个客户几乎都有正在设计和未来将要设计的项目。因此，可以与代理商分享某些大致的产品路线图。至于未来的产品细节则最好保密，因为代理商很可能有个关系很好的朋友是我们的竞争对手。

（9）给代理商介绍公司其他可以给予支持的团队成员。

芯片公司基本都有代理商管理经理一职，负责管理全国或区域内的代理商集体。然而代理商如果有价格或者支持方面的需求，不管是通过销售还是代理商管理经理来联系原厂，当中总是隔了一层，就必然带来回复的延迟和可能错误的信息传递。因此理想中应该让代理商和原厂直接建立起联系。在代理商培训和邀请代理商来原厂参观时，都是建立这种联系的好时机。如果经常让代理商来原厂的公司坐坐，认识一些面孔和声音，对培养其积极性很有好处。我其实非常希望代理商经常来主动联系，否则怎么知道他们是不是真的在帮我们卖。

（10）有些代理商和分销商担心的地方，是原厂得到了他们带来的客户，出于各种原因最后并没有让他们继续跟进，觉得自己可能做了很多无用功。不可否认这种情形确实存在，而原厂自己也有合理的原因，如一个很小的代理商找到了规模较大的客户，而自己从资金和技术上都无力配合，那原厂如果调配大代理商来接手也无可厚非（当然有一定的补偿就比较理想了）。只能说原厂应该尽量做到公平和透明。

（11）如果能够找到较大规模客户的话，产品线可以主动提出由较高层级的原厂代表来拜访相关客户并给予最高支持。

（12）不要等着代理商把机会丢过来，要经常主动问在某个应用上，是否有相关客户，是否可以卖某颗芯片。如果经常被提醒到，那么代理商一旦遇到机会，总会先考虑这家原厂。

（13）对于同样的客户机会，代理商当然更愿意与给自己毛利更高的原厂来合作。所以管代理商的经理应该明确代理商毛利的不同等级。如介绍原厂进入全新的客户，毛利可以给得更多；卖比较特殊、价格更贵的芯片，毛利给得更多，诸如此类。

有一次看到某代理商的客户访问报告，写得非常详尽，前期准备工作也很充分，生意也非常合理。我对管代理商的经理说请务必多批给他们一些毛利点。

（14）代理商都需要注册新客户。一般情况下，代理商注册完新的客户，原厂是应该保护其他代理商不允许接触此客户的，避免不必要的抢生意。然而也有的代理商注册完以后按兵不动，而其他代理商可能与客户关系更好，或者更加积极，这样的情况下应该对代理商有考核期，如果没有过考核则该客户可以开放给其他代理商来支持。

（15）原厂还可以考虑的是是否可以在代理商处设置一个对接的FAE。这位代理商FAE会对接原厂所有的产品线，作为一个原厂的总协调人。那么原厂应该像培训自己的FAE一样去培训这位对接的FAE，甚至可以考虑与代理商共同负责这个FAE的薪资。

（16）最好与代理商有定期的新闻稿交流。

一般原厂的产品线经理习惯与内部的销售和FAE定期交流，而很少有直面代理商的每月交流。在比较理想的情况下，可以每月给代理商群发有产品线动态的新闻稿。这个群发的对象群可能极为庞大，可以平时留意收集代理商的邮箱信息和请全球各地的代理商经理帮助收集相关信息——关键的是群发对象是可能会帮助此产品线推广的代理商销售。如有些大的代理商，对具体某些品类如模拟芯片，能够卖的销售也不过是很小的比例。

（17）分享一些其他地域的成功故事。

有时如果赢得比较有意义的生意，或者赢得对公司有正面形象的客户，那么可以考虑请销售或FAE写几句赢得生意的原因。如最近我们赢得一个车载视频监视器的客户，我觉得这个应用比较有特色，也许在其他地区也可以寻找类似的客户，因此就请销售写几句赢得生意的故事来群发给全球的销售，果然就引来一些兴趣。

（18）最后一点。如果原厂准备推出新产品，面向新市场，那么代理商当然也会来尝试这个新方向，为了至少与原厂保持好关系。但是原厂至少要了解新领域需要如何培训代理商，如何获得新客户，不要像英文说的"blind leads the blind"——瞎子指引瞎子。

站在原厂的角度，应该可以"推出"一系列这些细节的支持工作，来让代理商更愿意配合我们。同时，我们也应该更好地打磨自己的产品，使得客户要求代理商来寻找配合我们，产生"拉来"的需求，这样当然更为理想。"推"和"拉"的动作应该都是同时存在的（见图3.5）。总体来

图3.5　配合代理商

说，我觉得原厂为代理商做得太少，而要求代理商的又实在很多。要知道增加代理商渠道是很容易的，但是要让代理商真心实意而有效地为我们推广，那实在有很多工作要做。

3.6.3 代理商如何更好地配合原厂和彰显自己的价值

如前所述，对很多国际性的授权分销商，可能规模比一些历史不长的芯片原厂要大很多，销售队伍也是遍及全球，远非后者可以比拟。这样的分销商出于规模化的优势，成熟的销售运作，以及不断增加的销售网点，对原厂具有天生的吸引力，因此除了同样也是占据国际领导地位的大型芯片公司，其他中小规模的芯片公司多数在努力被引入到大型分销商的体系下。对于这样的分销商，自然有自己先进的销售和技术支持体系来配合原厂和彰显价值，本书不多做展开。

然而对于绝大多数中小规模的代理商，没有遍及全国甚至全世界的销售力量，也没有类似Digikey、Mouser这般强大的电子商务、物流和库存管理能力，那么如何更好地配合原厂，彰显自己的价值，从而获得大型芯片公司的青睐而得到更多生意呢？

1. 项目做深

代理商最根本的价值，就是不片面追求客户的数量，而把客户关系和项目细节做到原厂不及的深刻程度。除了极少数的大公司如英特尔、德州仪器等，或者因为客户较为集中，或者因为自有的销售和FAE非常多，否则大部分其他芯片原厂总是无法用自有的销售和FAE就覆盖所有的目标市场。因此代理商如果给芯片原厂带来新的机会，而且不需要原厂很多的介入就可以自己搞定生意的细节而引领向赢得设计的路，自然会得到原厂的重视。对于与客户关系深刻的代理商，即使原厂有心切换，客户都未必愿意。

图3.6是一个客户访问的标准表格。从客户信息到项目信息、设计信息，包含所有原厂需要得知的项目细节和商业潜力。从会议纪要到行动计划，让原厂得知所需要支持的项目和时间点。而系统框图使原厂了解到有可能卖给同一客户的其他芯片，而甚至将项目经验推广到更多类似的客户。这样的项目信息对产品线也是学习的宝贵资料。

产品线 Product Line		会议目的 Meeting Purpose			拜访日期（年/月/日） Visit Date (YYYY-MM-DD)		首次拜访（是/否） First Visit(Y/N)	
客户信息 Customer Information	中文名称 Chinese Name			英文名称 English Name			公司网站 Web Address	
	地址（城市） Location(city)			地址 Address			销售 Sales	
	背景介绍 Background							
参加人员 Attendee	客户01 Customer 01		职务 Title		电话号码 Phone Number		邮件地址 Email Address	
	客户02 Customer 02		职务 Title		电话号码 Phone Number		邮件地址 Email Address	
项目信息	项目名称 Project Name		终端客户 End Customer		年用量 EAU(K Units/Y)		优先级（高/中/低） EAU(K Units/Y)	
	负责人 Leader		职务 Title		电话号码 Phone Number		邮件地址 Email Address	
	工程师01 Engineer 01		职务 Title		电话号码 Phone Number		邮件地址 Email Address	
	启动时间（年/月/日） Kick-off Date (YYYY-MM-DD)		试产时间（年/月/日） PP Date (YYYY-MM-DD)		量产时间（年/月/日） MPDate(YYYY-MM-DD)		进度变更（是/否） Schedule Change (Y/N)	
	市场区隔 Market Segment		应用 Application				终端设备 End Equipment	
设计信息 Design Information	单板名称 Board Name	料号 Part Number	单板数量 Quantify Per Board(PCS)		当前状态 Current Status	竞争对手 Current Status	对手料号 Part Number	对手价格 Competior Price($)	备注 Remark
会议纪要								
行动计划 Action Plan	行动内容&所需支持 Action Items & Support Need					完成时间（年/月/日） Deadline(YYYY-MM-DD)	负责人 Owner	备注 Remark
系统框图 Block Diagram								

图3.6 代理商拜访客户表格

某些代理商，除了竞争者的料号和目标替换价格说不出更多的信息，这样对原厂的利益最大化就没有太大的作用，甚至对生意本身的真实性都有怀疑。

2. 为原厂引流

传统的中小分销商靠黄页和电话在当地挖掘客户需求的办法显然已经过时，而如果没有客户挖掘能力，单靠原厂要求囤货备货的毛利点基本又很难维持企业生存，甚至沦为授权代理商的货代和压款工具。因此运用电子商务模式来获取客户自有和需求信息显然成为一种可行的转型模式。不少分销商现在靠网上提供的附加服务来吸引潜在客户然后线下跟进的模式，得到了很大的发展。

如何吸引客户的流量，反而成为选择这条发展路线的分销商的艰难之处，其关键之处在于，如何让浏览的人得到好的体验，以及获得无法从原厂轻易得到的信息和支持。而投入的资源当然不能变成免费的BBS，需要从这些浏览的回馈，通过大数据的分析来寻找真实的客户，进而线下追踪来进一步挖掘生意，就是进一步的挑战。

例如我熟识的融创芯城的创始人，就有打造电子社区的雄心。融创已经建立了全方位吸引电子设计师的接近一站式服务的平台，包括各种资源对接、技术视频讲座、技术交流论坛、项目众包论坛、职场交流和人才招聘服务等。对潜在的真实客户，又能提供PCB定制、线下代理等其他服务，明显这样的模式就有极大的附加值。相对于原厂本身的网站只能单向地把信息推送给浏览者，电子社区更能集结来自原厂、渠道、最终客户等各方面多个方向的声音，都可能是信息的传播者和消费者而形成有机的结合，未来国内这个方向可能会整合而诞生规模更大的企业。

世强也是国内非常出色的硬件电商平台，世强本身已经是欧美日中数百家硬件厂商的授权代理商，规模已然极大，再把代理的业务放到网上，增加了推广内容的深度加工和传播特性，包括产品介绍、目标应用、选型经验、FAQ等原厂以外的内容。我曾经见到世强把我的新产品放在网上以后自己撰写的产品介绍，让我印象深刻，感觉做了很多原厂还没能做到位的细节。世强再加上自身的关键词运营、网络搜索推广、在线和线下研讨会，除了帮助原厂开发新客户，甚至还能开拓原厂力所不及的新市场，自然任何原厂都希望能与世强这样的平台有深度的合作。

此外，国内还有很多其他电子供应链相关企业的电商网站，侧重点不同，不多冗述。

而以网上目录形式销售的分销商，即使是做到体量最大的Digikey（得捷电子）和Mouser（贸泽），分别年销量超过30亿和20亿美元，对于做网上社区和深度推广好像兴趣不大。可能是需要业务专精一处的关系，毕竟像Digikey这样提供八百多万种电子零部件的公司，每个部件都需要加入很多筛选条件，加上客户服务，维持数据库和快速物流，已经是难上加难，需要大量人力物力的挑战。

3. 整体方案

第三类非常有附加值的代理商是所谓的独立设计咨询公司（Independent Design House，IDH），或者又可称为方案公司。这类公司一般会深耕一个或几个不同应用，研发产品设计的方案来推广给最终客户。这类公司的最终客户可能有一定生产规模但研发实力较弱，因此对这类可以拿来即生产的方案非常青睐。对于方案公司来说，盈利模式包括一次性方案买断费，或者收取基于此方案所有零器件的独家代理费，或者混合的形式。对于原厂来说，方案公司帮助原厂间接推广了产品，因此总是欢迎方案公司主动来靠拢。如果原厂有时希望创造某特定应用方案而自己资源缺乏，可能主动找到方案公司，来赞助对方来研发某参考设计的方案。

如我熟识的上海源悦汽车电子公司，十几年来一直专精于汽车电子方向。很多关于车身电子、汽车安全、动力总成、传感器等的参考设计都已经在大客户量产，同时也和很多芯片原厂结成了战略合作关系，公司还给终端客户提供其他有附加值的服务，例如SMT加工、EMC认证、程序烧写服务等。这样专精于技术服务的IDH不需要电商网站，也不需要大量销售支持，也能独树一帜而有相当的市场前景。

4. 整合服务

最后一点与原厂的关系不大，然而与代理商在终端客户前彰显自己的价值有关。对于实力较强的代理商，其覆盖客户已经非常广泛，要再通过增加销售人员来拿到更多的市场份额已经很难。这部分代理商选择增加很多服务的方式来增加来自终端的业务。以Avnet为例，提供了大量如仓储、物流、报关、保险等供应链解决方案，产品设计和测试服务，云数据存储，一站式生产制造外包服务，初创公司一站式服务，等等。

绝大部分芯片公司的商业成功，都离不开与代理商在各种层级的紧密配合，然而产品线经理又容易专注于研发产品，而忽略了与最前线的销售和代理商更紧密地沟通和配合。我注意到有些同行自认为站在原厂的角度，掌握更多资源和信息，对很多生意有生杀权力，没能真正意识到与销售和代理商本来应该是合作的角色。在我看来，只要代理商愿意主动来找我提需求，我都非常欢迎，最担心的是发现代理商没有兴趣卖我们的芯片，那就是我们在某些环节上有问题了。

3.7　产品线经理如何寻求资源和请求帮助

产品线经理其实没有多少独特能力，要让我单独设计一颗芯片那实在是不能的，我们做的事无非是开会、写邮件、打电话和做PPT，而营销的成功相当部分是需要建立在通过各种渠道的交流来寻求资源，帮助或者建议来解决各种繁难的问题。即使是对于我们稍许可称为的专长——增加销售额，产品战略或进入市场战略和公司架构重组，我们也需要咨询各种意见和请求帮助。

对于刚入行的市场人员，经常还不知道自己还很缺乏知识，因此必须首先建立起一套牢固的"咨询网络"，不管是公司内部还是外部，要随时想起哪方面的帮助可以向谁寻求，找一些在各种领域的导师实在很有用。

寻求知识和建议是一方面，另一方面是公司有很多不同职能的雇员，我们往往需要他们帮助我们做些分析，建立某些联系，打通某些渠道，提供某些材料，批准某些申请……这些都是在请求帮助的范畴之内。

3.7.1 寻求公司内部的帮助

产品市场人员总是应该最先在公司内部寻求帮助，要有一个顺利的职业生涯，总要先与同事搞好关系，而适当的求助也是拉近关系的很好办法。如果遇到产品线的任何问题，可以或者向公司有此方面经验的专业人士，或者向有类似职能的同事寻求他们的建议。产品市场人员应该像海绵吸水一样争取寻求一切可能有助芯片的定义、生产和销售的知识——这样的例子实在很多，基本我每天都在各种求助和求教。

- 如果在定义某针对FPGA市场的芯片，我可能会拿给负责FPGA生态的经理或者有客户用FPGA的销售来看，征求他们的建议。
- 如果看到竞争者刚推出造型特殊的电源模块，我会请工厂的技术员帮忙解构看其中的结构，联系封装工程师请他们估计竞争者使用的工艺和供应商。
- 如果想要打入5G客户的供应链，可以请教负责华为、中兴、诺基亚等客户的FAE，看有没有准确的系统框图，可以按图索骥向客户推荐可能适合的产品。
- 如果客户生产上量，需要紧急催货，那么就需要联系相关的客户支援团队和商务运营团队，看有没有办法在生产过程中插队提前安排生产。
- 如果有客户反映生产中有质量问题，要请AE和DE共同来探讨真实的起因，如果确属是芯片质量问题的话还要请教法务和销售等的意见。

这样的例子每天都可能发生。

求助或者请教时，只要精力允许（试试看一天写一两百封邮件还要开各种会时），都应该尽量把来龙去脉交代清楚，为什么要请求做这件事，以及这件事情的紧迫性。如果请对方帮忙时可以抄送对方的上级，这样对方一是不太好直接忽略，二是如果有成果也能被上级看到。

如果这些求助是来自其他来源的话（如销售催货），一个节约精力的办法是直接回邮件把相关的人都抄送在一起，这样免掉了一来一去的麻烦，不必成为信息的垄断者。

我有个习惯是在邮箱里加两个文件夹，一个是To do list（待做的事情），一个是To follow up（待跟进的事情）。发出去求教或求助的事情以后，会直接把发出去的信拖到待跟进的文件夹里，这样不会因为对方一时不回复就慢慢遗忘掉。

寻求帮助的另一可用的技巧就是把被求助方拉到整个项目里来，让对方共享成果。如之前某个项目运作比较成功，得到了公司的公开表彰，在制定获奖名单时我把不少辅助的部门人员，如采购、封装、测试等都列在名单里，自然以后的配合也就更加顺畅一点儿。

另一方面，产品线总是单线向上级汇报，或者向下层布置任务，但是有时也应该听一听旁边的声音，争取一下其他方面的支持。因为在半导体公司，很多产品线和业务部门经常会因为高层的决定而增加投资、重组甚至裁撤，这样的决定并不一定只是看当下的财务数字。如果我们得到很多重要部门的支持，认为我们的业务是公司未来的战略方向之一，那么即使现在的利润未必好看，仍然可能得到公司上层的支持。

例如，刚进入目前公司时，我注意观察了一下公司目前重点培养的部分产品线（可以从公司的年报和投资者交流中发现），那么我后来做的是与这些产品线的经理多做沟通，表示我们产品线的芯片完全可以发展某些方向，后面来与你们的产品相配合，为公司创造更多的利润。后来在销售副总裁主持的全产品线和销售QBR上，就重点提到所有销售应该着重来与我们产品线合作。其中的一部分原因，就是因为我之前在讲演时，显然其他产品线的经理也表达了相当大的兴趣，问了不少问题，也提了诸多建议。

咨询公司内部人士时，有时要注意对方能否持有公正立场，是否带有某种偏见。

3.7.2 寻求公司外部的帮助

作为产品、市场和销售的相关人员，必须时刻了解到工业界的动态，了解各种宏观和微观上可能影响产品线战略和营销的事件，因此应该经常保持和同学、同事、工业界朋友联络。

对于有共同利益的公司，自然可以由多种途径来取得联系，这里首先展示一下自己的实力，有时需要说服对方为什么这个合作可以使双方利益最大化而且没有利益冲突，这样对方公司自然乐意全力来支持这个合作。

如我之前负责的产品线，希望进入笔记本和手机快速充电的市场，然而公司产品以模拟芯片为主，尚无快充市场所需要的数字方案。但是如果要进入此市场，客户需要的是包括数字加上模拟芯片的整体验证方案。当时我环视硅谷，能够提供此数字方案，而本身完全没有模拟芯片业务的公司，可能只有

Cypress半导体一家。因此通过介绍，去和对方商讨能否一起合作。因为对方也需要寻找纯粹模拟和电源芯片的厂商，因此一拍即合，后来也共同做了参考设计，还联系媒体做了新闻稿。这样没有利益冲突而互相合作，就可能共赢。

有时在不泄密的情况下，可以咨询工业界的朋友。我的经验是以结交中层管理的朋友最好，这些朋友往往比较乐于交换资源。结交朋友一是在公司日常业务中，留意多与水平较高、工作积极的同事或合作方沟通，这些人以后如果跳槽了也应该常常保持联系；二是不要开个展会就到处撒名片和加微信，事后却不再联系，业界朋友贵精勿滥，要能够常常保持联系。

咨询朋友也只能限于简单的介绍信息，如果真正需要别人帮忙做事，如做产品战略、技术指导、开发特殊的工艺，那么可以寻找外部的咨询顾问或者咨询公司。这样的资源或者可以找朋友推荐，或者可以找合作方推荐（如代工厂经常会有工艺开发方的推荐），在此不多冗述。此外，像麦肯锡这样的知名咨询公司也有很大一块是关于芯片的业务，涉及公司兼并重组、战略分析等很多业务，可订阅他们的行业分析的邮件提醒。

3.7.3　市场营销的训练项目

除了在工作中学习，产品和市场人员一般不太有机会跳出日常的工作来深入学习营销。相反，不少芯片产业的工程师倒是去读了MBA，希望以后能有更多的职业选择。

如果读者已经从事了市场营销的工作，而且希望在这个行业深耕，那么不一定再得去读MBA不可，因为MBA作为宽泛的商务训练，包括很多我们未必需要学习的课程，而实际对我们更有意义的科目如产品战略、市场分析、商务谈判等，可能只占MBA训练的一小部分，而且因为商学院的很多教授甚至从未实战演练过企业管理，有时其教课的实际意义是值得怀疑的，特别是排名落后的商学院更是如此。开创了体育经纪人行业的McCormack曾经说："如果只是为了解一些商业运作，那么MBA还是合理的目标。但是作为商业的教育，最好的结果只是学了些基础，而最坏的结果是一种以天真的形式展现出来的傲慢。"（As an introduction to business, an MBA is a worthwhile endeavor. But as an education, as part of an ongoing learning process, it is at best a foundation and at worst a naive form of arrogance.）这句话实可玩味。除非，读MBA是希望转行去做投行、咨询等行业，那是非得去读MBA不可的，但是，按我的意见，读MBA非得去读名校，否则不如不读，不同商学院教授的水平，可谓天差地别。本书最后一章有关于如何从其他行业转行到产品市场管理的介绍。

对于已经从事市场营销工作的朋友，我的推荐是找一些更有针对性的、短期的市场营销、商务演讲、团队管理、商务谈判等的课程来学。这些学习尽量不要找线上的，因为在校园里认识类似背景的同学，才是我们更能带到未来的资源。我曾经去过斯坦福的战略市场管理培训班和伯克利的领导力培训班，这些培训班很注重选择世界各地拥有不同职业背景的学生，以促进从不同的视角来看待整个行业，乃至改变一些世界观。比较可惜的是，商学院一般没有专门为半导体营销开设的课程。

除了纯粹的营销训练课程，芯片从业人员还应该参加权威的细分行业年会、技术讲座、线上讲座，以对行业的动态有所了解，对产品线的未来战略发展或者能有所帮助。产品市场人员也应该尽量了解一些有关工艺制程、EDA软件、芯片设计的难点等。书末有更具体的关于产品线经理自身修行的介绍。

第三方市场研究公司的市场调查报告也是很有用的资源，可以用来证明自己的战略方向无误，更了解自己的竞争对手的经营方向，调整自身投资方向等。

第 4 章

赢得芯片客户的艺术

4.1 我们为什么要见客户

芯片公司的产品和市场经理是没有办法闭门造车的,我们应该每天尽量汲取任何对产品营销有用的信息,包括而远远不限于下面这些内容。

- 市场的变化:如中美贸易战对于中国公司采购美国芯片的影响。
- 客户的新项目和具体需求。
- 客户目前量产项目的进展和变化。
- 销售组织的变化。
- 某最新定义的芯片或刚量产芯片的市场反馈。
- 竞争者的最新动态。
- 任何可能合作的上下游供应商或其他友商。

可以注意到,除了偶然在网上找到一些内容,其他我们能收到的信息多数都是打了折扣的。特别是在全国性甚至全球性的芯片公司,产品市场经理往往和大多数客户不在同一地区,甚至不在同一时区,如果要依靠当地的销售、FAE甚至代理商来给出这些信息的话:第一,产品线的需求往往不在对方的工作范围之内,别人未必非常上心;第二,如果对方不是某产品线方面的专家,本来就不会推广，更加没法做出反馈；第三，客户平时与销售、FAE等接触较多，更多地会讨论商务、具体设计等实际问题，一般只有当产品线经理自己去拜访时，因为关注的点不一样，客户才会愿意分享对于产品的真实看法和未来的需求；最后，推广产品的时候，客户很多细微的表情和评论，往往反映了他们的真实看法，而这些不是面对面时是完全没法注意到的。

所以，如果要使产品定义切合客户需求实际和增加芯片销售业绩，产品和市场经理应该不辞辛苦，多花一些时间在路上。

在客户拜访时除了注意收集以上所列的各项信息以外，还有其他的重要任务。

- 介绍公司的最新动向，推广可能适用于此客户的重点芯片。公司应该没有人能比产品线经理本人更擅长推广某种芯片，如果还没有做到，说明学习得不够。
- 了解销售组织对产品线的期待和需求。
- 给当地的销售和代理商做产品培训，增进感情和联络。
- 感受任何足以影响产品策略的变动并及时做出决策。

……

拜访客户时要预先做很多功课，其中非常重要的是预判客户的类型，是"创新者"还是"追随者"。

对于"创新者"，希望作为行业里第一个试用最新芯片的用户。他们认为自己是行业里的技术领先者，必须使用最新性能、最低成本的方案以始终保持领先。这些客户无法等待，甚至不惜成为最新芯片的实验对象。他们希望能成为最新芯片的参与者，如果能告诉芯片公司哪些细节需要改进，他们甚至是很高兴的。我们如果向他们推广量产几年、非常稳定的芯片，他们看也不想看，因为市场上这种方案也许很多。他们对最新芯片可能文档不完善、有些小问题，或者耽误量产时间，早做好了准备。他们一听到芯片公司说我们的优点是价格比较低，就不想继续接触了。

很多非常成功、占据市场主导地位的客户，都是这样的类型。如果不能承担风险，就不能成为技术上的领先者。

我近来和特斯拉接触时，对方说：你对我们的系统设计已经很熟悉了。你们近来有没有什么芯片是非常创新或者性能优异的，请拿来看看，否则就不必了。

我与某著名的太阳能微逆变器客户接触时，对方说，我们在某些芯片上确实用量很大,然而我们对花时间精力去找更便宜的替代芯片没有兴趣;相反,我们在考虑完全改动系统架构,推倒以往的一切经验,从而重新成为领导者,如果你们可以满足此需求,可以继续谈。

另外一种极端是"追随者"。这些客户不希望试验尚未量产的芯片,最好已经在更大的客户量产,有成功故事,才愿意去做类似的方案。追随型的客户在一些万一犯小错误可能导致极大损失、冒险也没有多少收益的应用,比较常见,如白色家电、传统汽车。作为对比的是,电动车客户一般都是创新型的,一来电动车必须追求性能以吸引消费者,而传统车往往只需要保持品牌形象;二来民众对电动车作为新兴事物出问题的宽容度也相对较高;最后,因为传统车有极大的出货量,因为芯片问题而召回的损失极大,导致传统车的客户相对更为保守。

下面是引自我的公众号"硅谷硅事"的原创文章,读者可以对拜访创新型客户的意义有一点儿了解。

一颗源自芬兰的芯片

写《悲惨世界》的雨果曾经讲道:一个想法在时机来到之时是最有力量的(Nothing is more powerful than an idea whose time has come)。

某天我和公司几位高管介绍一颗新定义芯片的商业计划书。会后有人问起,这颗芯片的内部代号是SIMO,为什么取这个名字啊?我回答说SIMO是二战时某著名的芬兰狙击手,这颗芯片起这个名字就是为了纪念这颗芯片主要功能的由来。然而开会时没有时间讲这个故事,容我细细道来。

那次开会前再往前追溯几个月,正逢新年假期过去不久,我在计划去欧洲几个国家的销售代表处和重点客户处拜访,行程是意大利—法国—德国—波兰—芬兰。在意大利时去的是地中海畔的蒂利亚斯特(Trieste),已经乍暖还寒,着衣不多。然而拜访了一圈,后来飞到芬兰的赫尔辛基机场时,就遇到如图4.1所示这个大雪纷飞的样子。

那次和两位销售一起去拜访的是欧洲一家著名仪表公司在芬兰的子公司,还要在晚上继续往北飞到一个小城Jyvaskyla(现在我也不知道英文怎么读法,中文翻译为于韦斯屈莱),坐了很小的螺旋桨飞机,大约有20个乘客,几乎都是裹得严严实实,吨位很足的北欧大叔,看我的样子都侧目而视,大概这个季节是不容易看到亚洲人的。小城的机场很小,一天就起降两班飞机。

图4.1　赫尔辛基大雪

到达客户的公司，大概是很少有人会在冬天来芬兰，客户非常热情，包括所有管硬件、软件和采购的主管都来见面。两位销售和他们从前都熟识了，所以相谈甚欢。从前有朋友教我：如果在客户意想不到的时候去拜访，往往有很好的结果（他以前就在冬天去哈尔滨见过客户）。我也记得去国内出差时有时去一些较偏僻的乡镇企业，往往客户热情到想请我们吃饭，也是出于同样的道理。

我正在介绍最近在做的一些芯片资料，客户的硬件主管站起来，在黑板上写写画画，问我们能不能做块芯片来实现他构思的某种功能。当时我第一反应是应该用单片机来实现比较方便（公司在单片机的市占率比较高），后来又考虑到要检测的项目较多，用单片机做起来系统过于复杂，还是整合到芯片上比较好，于是告诉他回去我再考虑。

那天聊得很好，客户高兴了还请我们吃公司食堂的驯鹿肉排，可惜没有拍照。味道大概类似牛肉。我一般集中精神说话时，基本食不知味。

回去我考虑很久，把此功能需要的逻辑和电路思考清楚，后来花时间申请了一个专利。按照基于这个功能定义的芯片我写好了商业计划书，如今这颗芯片正在内部测试，应该不久的将来就要面世了。（后来过了一段时间我去新加坡见其他客户，聊起这颗芯片，他们说这个功能我们已经做了，是用单片机实现的,你们能用芯片来做就更好了——隔了半个地球,终端市场也全然不同,但是对某功能有类似的想法,也是很有意思的。)

那天从芬兰客户那里离开,去机场的路上看到SIMO Häyhä(席摩·海赫,外号白色死神)的纪念馆,此公在"二战"前期的苏芬冬季战争中拿一把莫辛纳甘狙击枪干掉了近三百名入侵的苏军,是芬兰的国家英雄。可惜没有时间去逛一下。这颗芯片是在芬兰时得到的灵感,因此项目名称被我取名为SIMO。

4.2 客户为什么要见我们

不光是芯片公司的代表希望经常见到客户,很多客户也希望能经常见到芯片公司来沟通,如以下的这些情况。

1. 新项目的开展需要选择合适的芯片

这种情况下需要销售或FAE能够提前得知客户新项目的需求和时间节点,从而提早与产品线沟通而确认应该推广的芯片。如果拜访不够频繁,客户已经首先试用了竞争者的芯片再去推广,那么就十分被动了。如果有客户心理学这门学问的话,第一条应该是:客户不希望自己之前的决策被否定,也不喜欢浪费时间。所以如果客户已经试用了竞争者的芯片,即使性能和价格都未必最佳,即使项目还远未量产,一般还是愿意坚持己见。所以我们即使不能做表现最优异的芯片,也应该争取最早向客户推广。

举例来说,曾经我们与某德国芯片公司共同角逐某项目上的芯片,我们花了很长的时间在公司内部不断优化产品性能和外围电路,到我们准备完全,把芯片交给客户时,发现德国公司早已将其并未量产还有不少瑕疵的芯片推广给客户,客户已经在试用。客户向我们抱怨这颗芯片的问题实在太多,然而他们已经花了很多时间在这颗芯片上,而且项目截止日已经快到了,根本没有时间来看我们的方案!后来这家德国公司的芯片终于解决了所有问题而量产,也赢下了这个项目后续的每一代,因为这颗是数字芯片,客户量产以后不太会轻易改变方案。

所以,成功的芯片公司,拜访客户一定要非常勤快,及早做出研究和保证,然后努力履行自己的保证。要记得客户会很高兴把自己的需求和任何愿意聆听的供应商分享,可能好几家供应商会在同时尝试解决同一个问题。也许我们在计划产品时,竞争者已经在设计非常类似或者比我们更好的芯片。高科技的垃圾堆里充满了计划完美，但是量产太晚、造价太高、性能不够好的产品。

2. 量产的项目需要进一步节约成本或者改善性能

大宗的商业类和消费类电子产品，每年总要承担降价压力，因此生产商也相应地需要把降价的压力转移一部分到芯片和其他部件的供应商去。所以，有时即使赢得了某设计，也需要允诺客户的采购每年可以降价百分之几，否则就难以考虑，而每年都可能有进一步的洽谈。

生产商也经常有面临竞争者而改善性能的需要，经常是芯片公司切入提供新方案的好时机。

3. 量产的项目需要引入第二家甚至第三家供应商

芯片的生产有其周期性。接到预测订单以后，从流片到封测基本要至少几个月，这其中任何环节出了差错，最坏情况下可能导致终端电子客户的全线停产，因此很多大规模的电子公司都要求所有零部件都尽可能有两家以上的供应商，或者有两套设计方案以防止突然断供。如像Xbox游戏机，每个型号都至少有两三家的适配器厂商有成熟的替换方案，每年微软会给每家一定的份额，同样，这些适配器厂商也有不同的芯片备案。

特别是在中美贸易战的影响下，很多国产电子厂更加担心供应链问题，因此需要更多的供应商。这里电子厂商最偏爱的是**BOM to BOM**替换，除了更换芯片以外完全不用更改其他元器件，要过各种安规认证也比较简单。其次是脚对脚替换，这里可能与客户现在使用的芯片性能非常类似，不用更换主芯片的封装，然而仍然需要更换部分器件或软件。再次是必须完全更改整体系统设计，但是可以实现类似功能的芯片。根据客户不同项目的重要程度和元器件的可替代性，电子公司需要布置一些供应链方面的战略。前不久我们去某家电子厂商推广芯片方案，对方已经有量产成熟的方案，对我们爱答不理，然而因为市场上开始出现缺货现象，对方突然感觉到事态严重，赶紧验证了我们的方案，把我们列为第二供应商，可以预计的是，如果后期我方支持得力，完全有可能拿到更大的份额。

4. 希望看到产品线下一代的产品规划，并产生一定影响

电子公司的产品，特别是消费类的，几乎需要每年都有标新立异的性能提升。也因此希望看到供应商此后是否每年都有足以提升性能、增加功能的产品规划，以决定是否继续保持合作，或者需要与其他供应商洽谈。其中不少大客户很可能提出更适合自身采用的功能而要求供应商配合。

5. 学习到一些具体应用上的知识

很多客户工程师可能专精于某个电子领域，然而所设计的产品需要不同领域的芯片和应用知识，因此希望有相应的芯片公司可以来推荐产品，顺便帮助普及一些知识。这里像TI等一些产品线极广的厂商就有优势，因为可以从某芯片的导入来提供整体系统所需大多数的芯片方案。如瑞萨在推广5G通信市场时，除了MCU，还可以推广诸如模拟、电源、时钟、RF、传感器等很多门类，只要客户有此选型的需求，就可以邀请具有相关经验的FAE和产品市场人员来推荐产品。

6. 目前产品上的问题希望由不同厂家来答疑

如以前在拜访苹果公司和青岛的海尔公司时，对方就提过一些具体产品和应用上的问题。我非常确定这些是客户在量产基于竞争者芯片时遇到的问题，然而竞争者可能一时无法解决或者客户自己有疑虑，因此希望其他厂商能从其他角度来提供建议。这时如果我们确切了解到这些问题可能的起因，显示自己的专业性，那么就是顺势推荐替代芯片非常好的时机。

7. 样品试制或者生产上出现次品或故障，需要原厂来配合解决

原厂对于芯片的验证，虽然可以满足数据手册上的规格，然而因为无法一一检查客户最终的电路和系统设计，经常在客户试产或量产后会接到一些投诉。因为客户工程师的第一反应总是自己的设计没有问题，而怀疑产品的故障是因为芯片本身的问题。虽然这些问题绝大多数是出于客户自己设计的问题——实际应用超过芯片规格限制，没有做好故障保护设计，或者系统其他的问题，但是芯片厂总是要认真应对，以免失去客户信任，甚至导致更坏的结果。

从前我做应用工程师时，公司生产的IGBT应用在德国宝马的电动车冷却水泵里，因为量产时的故障，宝马兴师问众派出一个五六人的代表团，扬言问题不解决不回德国去。当时我白天和宝马的人开会，晚上就在实验室加班思考和测试。后来居然真的测到这些IGBT在某特殊条件下会有不良现象，因此安排后续生产上增加了额外的测试环节，宝马的人最后终于满意而归。

芯片出问题有时并不一定是坏事，如果原厂能够显示自己认真负责不推诿，客户觉得可以信任，其实坏事反而会变成好事，以后的项目里还会继续合作。

不论在生意的哪个阶段，总要继续保持和客户的互动，中国每年进口芯片花费近三千亿美元，之所以现在还没有全部变成电商模式，实在是因为芯片的

营销有很多因客户而异的特殊性，几乎很少有客户默默地买了一大批芯片，而不需要任何回访或支持的。因此即使客户已经使用某种芯片而量产，我们的销售就还是要继续拜访和问候。

4.3 芯片销售的原理和赢得生意的6个阶段

所有B2B业务的销售原则其实都很接近，和销售的是企业软件还是电子芯片关系不大。对于芯片销售的一些原理，可以按照B2B业务的几个发展阶段来讨论：发掘客户，验证机会，回到产品线，赢得设计（又分为调查、策划和执行3个步骤），保持客户，失败以后。

这里需要先预设几个前提：我们已经有技术上有竞争力、价格合理、可以生产的芯片；同时销售和FAE可以良好合作；与产品线经理、原厂的应用工程师有良好的沟通。

4.3.1 发掘客户

发掘客户，寻找机会，产生销售线索，是类似的意义。

销售和FAE团队应该先分散撒网，再集中攻击。撒网时应该着重于发掘在区域里所有可能的机会，集中攻击时就是下一步提到的验证机会阶段。

撒网寻找大概有以下一些方法。

- 直接联系。对于任何已接触的客户，总要留意记下所有研发小组的主要负责领域、主要联系人和研发的周期。如果知道对方有尚未接触过的研发，可以请客户代为介绍。
- 做直接广告。如新产品如果发布了新闻稿，就可能有感兴趣的客户主动来接洽。
- 主持和参加行业的展览会。对于芯片厂商，参加Electronica、CES、PCIM、Embedded World这些著名展览，虽然可能所费不菲，然而总能得到很多新客户的线索。
- 线上和线下的技术讲座。现在此类芯片公司对外的免费讲座很多，当然其实质还是为了公司和芯片本身的宣传，然而听众还是能学到很多东西。德州仪器这类的讲座很多，某年我注册了一个当地某产品线的讲座，结果收到回信说"抱歉，恕不开放给竞争对手！"

- 内部数据库。如果公司的某些技术文档需要用户注册后才能下载,有一些IT工具可以用来自动分析用户的IP地址和公司业务,从而估计哪些可能是真实的客户。公司的内部销售就可以来联系这些客户,看是否有具体的项目可以来支持。
- 外部数据库。如果你是某数字芯片相关的销售,而公司与某通用的编程开发工具的供应商有良好的合作关系,那么有没有可能从这家供应商了解到他们所有的客户名单,来推销你的芯片?如果你是电源/模拟厂商的FAE,与某数字芯片公司共同开发了某方案,能否让对方分享他们其他的客户来推销你的电源/模拟芯片?
- 如果对方不愿意分享客户名单,能否请对方在推广时加上你的材料?如果我们主动先分享,也许能得到对方很好的回馈。
- 经由介绍。即使是大公司的销售,如果找到潜在客户的电话或LinkedIn资料就贸然去接触,也未必有好的结果。然而公司内部很可能有其他同事与此潜在客户的工程师相熟,这时经由介绍,当然成功希望较大。
- 通过代理商介绍。这是最普遍的方法。
- 通过客户的采购部门。如果研发联系不上,采购部门一般了解项目的开展情况和时间节点,而且因为降成本的需求,可能会主动帮助介绍研发。
- 行业展览会。参观展览会其实是很好的了解市场、寻找合作方和发掘客户的机会。很多人也许平时比较抗拒陌生人来主动接洽,然而在展览会上因为心理上是准备好与人交谈和交换信息的,会比平时更愿意分享。如以前我们做照明芯片,去广州光亚展一次,几乎能把中国做照明设计的公司一网打尽,虽然展台上很多是销售人员,然而只要后面跟进接触,往往也能代为转到研发。
- 有时去展览会可能有意料未及的发现。有次我去APEC(应用电力电子年会)和某电流传感器厂商聊天很久,我先告诉对方我们对此市场也有兴趣,希望了解一二。对方还是开诚布公,分享了不少市场信息。竞争者往往以后可能成为合作者,适当地分享信息也能带来机会。

总之,销售和FAE实在有非常多的途径,可以把他/她覆盖范围内的客户全部了解到,当然不是所有人都具有所需的责任心和恒心而已。

4.3.2 验证机会

在寻找和接触到客户以后，就要了解哪些客户项目是值得跟进的，需要一点ROI和风险分析的过程。要支持任何客户的项目，产品线需要投入销售成本，免费样品和参考板，以及时间精力。而客户的项目可能早已内定使用竞争者的芯片，或者产量很少，或者提早终止生产，甚至根本未投产都有可能。

验证机会分为两步：第一是销售/FAE必须本身认为此机会是值得跟进的；第二是说服产品线给予一定的价格和技术支持。所以，销售必须把某个客户机会"推销"给产品线，来使后者使用公司资源来帮助获得这个客户。须知有时销售和FAE不只是与其他芯片公司竞争，反而要与公司其他的地域销售来争夺一些产品线的技术资源。如果产品线内部AE的资源很有限，常常必须放弃支持某些回报不高、风险较大，然而对于某销售自身又是很重要的项目。

对客户项目做ROI和风险分析可能包括的内容如下。

- 客户的规模。可以以客户年销售额做衡量。
- 此研发项目的体量和客户所有项目可能的体量。例如，可能某个特别项目是年产约十万台电视机，而客户全部项目是年产一千万台，那么即使十万台的数字较小，也有希望通过打入一个项目来接触到其他的机会，因为电视机的电子设计可能很有共通之处。
- 赢得此设计的可能性。如我方芯片的性能、价格等是否有竞争力，客户是否有意愿切换方案，我方是否是客户已经导入的供应商，等等。
- 竞争对手的情况。有些客户的项目是无法打入的。有一次我很希望深圳的销售尝试接触某著名客户，结果销售告诉我此客户与某供应商的关系是锁死的，因为此关系有一些特殊背景，我了解以后就放弃了进入该客户的打算。
- 此项目是否一定会量产，还是只是研究性项目。
- 客户的开发能力。一般技术实力不行的客户，产量也不会很高，而对价格会要求很严。
- 客户对公司整体的重要性。如是否是其他产品线的重大客户，因此最好从全方位支持。

综合上述内容，销售/FAE可能写信给产品线，要求给予某种程度的支持。一般情况下，对客户情况说明越详细，越能引起产品线的重视。

4.3.3 回到产品线

芯片公司经常投入很多人力物力帮助客户开发方案，结果并未量产，或者收益不如预期。所以，我们需要衡量在支持后，客户的项目会使用我们的芯片量产的可能性。如果客户公司本身已经十分成功，那么至少就会增添一点儿信心；而对于尚未成功的潜在客户，也需要一些识人的眼光。

对于需要公司较多技术支持的客户，验证机会时，产品线可能会询问不限于下面的问题：

- 客户本身的市场策略是怎样的，特别是新产品？

如最近有电动工具的厂商来了解是否有蓝牙芯片的解决方案，我很好奇什么样的电动工具会需要蓝牙芯片，原来是客户希望推出在工地周围可以防丢的电动工具，这样就是比较有趣的未来潜在市场。

- 如果客户在开发新产品，是关于全新市场还是此公司熟悉的市场？如果公司在某行业占据领先地位，沿袭以往优势而开发新产品一般有很好的采购量保证，而如果进入全新市场则有失败的可能。

- 客户规模如何？是初创公司吗？

即使是初创公司，如果技术实力很强，产品很有意义，即使暂时采购额不大，在未来可能很有潜力。几个月前我见了一家做AI芯片的公司，其功耗之庞大，系统之紧凑，甚至电源模块成为AI芯片性能的瓶颈，我在交流中享受了两三个小时的脑力激荡——虽然短期内没有什么生意，然而当我们与其他GPU厂家共同开发新项目时，突然想起来也可以适用于这家AI芯片公司。

- 客户以往与我方是否有业务往来？
- 客户的生意是否在良好运作？（我曾经询问某接触过的客户近况，说已经破产保护了。）
- 客户的竞争对手是否过于强大？
- 预计的采购量？
- 如果得到合理支持，是否有足够信心赢下这个客户？
- 客户是否是真心希望替代现有方案，还是骑驴找马？后者非常常见。
- 对方需要怎样的技术支持条件，是只要送数据手册，还是需要纸面设计，甚至到完整测过的实际电路设计，特定的烧录程序，甚至是定制的芯片？

冷冰冰的数字未必能衡量产品线是否一定会给予支持。即使是小公司，然而技术先进，市场前景好，可能芯片公司还是很愿意合作，因为也许这家公司以后会做大，或者能够从这家客户身上学到东西，或者可以取得经验以后用在和其他大客户合作上面。从某种意义上说，选择支持的客户，类似于一种风险投资。

2011—2012年，特斯拉还是名不见经传的小公司，我司当时做汽车芯片时服务的客户还是丰田、宝马等大厂，然而当时部门副总裁去拜访了特斯拉，回来说认为这家公司非常有前途，半夜还是灯火通明的（在美国不太有公司996），要我们大力支持。我们看特斯拉的设计，虽然是基于AC Propulsion的平台，然而已经大不相同，各项性能和难度大幅上升，是前人尚未做过的，我们觉得与特斯拉合作非常有价值。结果后来合作一年，花费大量资源以后，果然收到成果，2013年特斯拉突然就开始大规模量产，成为当时汽车芯片部门的第一大客户。

4.3.4 赢得设计

赢得设计的阶段又可分为调查、策划和执行三个步骤。

1. 调查阶段

在产品线确认支持以后，在询问具体信息和推广芯片之前，可能需要客户签NDA（Non-disclosure Agreement，保密协议），特别是如果双方都比较正规、颇有规模时。有时对于初创的芯片公司，大客户未必在看到有兴趣的产品前就愿意签NDA，因此可能要考虑可以在NDA前能够给客户分享多少内容。有时大客户爱惜羽毛，不会把一家供应商的秘密转身就告诉另外一家，但是也不是都能做到的。一般来说，可以给客户看一两页产品简介的PPT，如客户有兴趣需要口头报价，可以要求签NDA后，分享数据手册等更多细节。

比较方便的是如果客户端有自己的NDA，特别是双向的，可以拿来给芯片公司的法务部门审阅和批准，就可以进行全方位的接触；对欧美大型芯片公司，经常要求客户也签芯片公司自己的NDA，就会多一层麻烦，然而有时实在也是必不可少。

签好NDA之后，还有一些具体的调查工作需要做：
- 应用的具体要求。
- 客户的试验、试产和量产时间表。

- 价格需求。
- 竞争者的产品、价格、客户关系和目前验证情况/量产情况等。
- 客户的公司信息。

并不是所有客户都乐意分享很多细节，也不是所有销售/FAE都能问出这些细节，所以雇用合适的人在芯片销售上实在非常重要。另外一个诀窍是可以先从客户资历较浅的工程师开始接触——往往有较多空余时间也较愿意分享，了解了一些基本资料以后可以再去联系资历深、能做决定的工程师。

FAE应该需要去了解具体应用对不同芯片的要求——对于MCU、内存、模拟和电源芯片等需要问的问题各有不同。如果FAE对此类芯片未必熟悉，还需要产品市场人员在开始推广某芯片时，就列好常见的推广问题和常见客户会发问的问题。

销售应该了解到客户项目的时间节点，有一系列的细分问题，如什么时候会确定所用芯片？什么时候开始系统设计？什么时候系统设计截止？什么时候开始搭原型？什么时候开始试产？什么时候开始量产？

即使客户已经在前期选择了我们的芯片开始搭原型，然而客户在量产前一般需要至少有两三轮的测试验证和设计检查轮。如果在其中任何一轮中客户对我方方案有所不满，打算换用竞争对手的芯片，客户完全是不需要告诉我们的！如果销售和FAE不能及早发现客户这样的打算，等到客户已经切换成竞争者的芯片后，那么已经没法再让客户再回到老路了——客户心理学的又一条是：客户像大多数人一样，如无必要，总是不愿否定自己，更加不愿否定两次。

询问价格需求时，这时沟通的客户对象一般为采购负责人，有时客户会直接告知目标价格，而有些客户的习惯是从不提供目标价格。而这时是询问对方年产量的好时机，因为客户基本都了解芯片价格会随着采购量而发生大幅的变化。

了解竞争对手的主推芯片也十分重要——对手是主推上一代的芯片还是全新尚未公开的芯片？是否有产品特色或参数我方尚未达到？客户对其是否足够重视？与对方的验证进度如何？这些都是可以了解的地方。

另外，了解了竞争对手以后，应该询问产品线之前在其他国家其他客户处，是否有遇到类似的竞争，而产品线是否能给出好的建议？有时运气好时，产品线早已经做过竞争对手分析，然后用某种优势在其他客户处打败了竞争对手。

此外，销售/FAE如有可能，也应该尽量了解一些客户公司的公开信息或市场趋势,如果见客户时早已了解到客户的业务模型、产品和竞争对手、公司历史和未来挑战,相信客户一定会印象非常深刻。另外,值得收集的信息例如客户的组织架构图、重要人物和其间的好恶关系,可能不经意间对我们的生意造成严重影响。有时在大型公司,找到真正能拍板做决定的少数几个人,并且使他们建立起对我们产品的信心,打消其他人对我方的怀疑,可能比研发芯片所需的时间还要长。

最后客户可能还会有特殊要求,如某些工业类的客户会看重10~20年内不能停止供货,需要提供某工作情况下的芯片预期寿命,等等,都以提早了解为好。

2. 策划阶段

对于重点客户、重点项目,要赢得设计需要经过一定的策划阶段。这里销售和FAE应该在初次访问、找到市场机会时,写好访问报告和相应的"新机会"表格,然后邀请相应的人员出席销售战略会议,来谋划应该采取什么样的措施来赢得此项目。

哪些人员应该出席此会议?大客户可能全球范围都有运营,可能在某国家设计硬件,在另一国家设计软件,而在第三国家采购和具体生产,因此为后期配合,可能需要其他国家相关的销售和FAE也参与讨论。此外,产品线的代表,如产品市场经理应该出席来获知需求。原厂的AE、代理商的销售和FAE也可能按需要出席。

此销售战略会议一般的开头是由销售或FAE介绍客户的基本情况、产品应用和其新项目的系统框图,然后由产品市场经理在了解规格要求后提出比较适合该客户的产品选项。赢得设计总不会是一帆风顺的,往往都会有很多困难,因此在销售会议上可以借由头脑风暴来讨论对策。举例如下。

A公司和B公司都是32位MCU的生产商,A公司因为产品价格较高而将要输掉某客户了,但是A公司的销售意识到公司最近将要推出成本更低的MCU,会比B公司价格更低。但是销售能不能让客户先用上现有的价格更高的MCU(假设型号是A01),然后等待价格低的MCU(假设型号是B01)正式量产后再无缝连接上呢?

MCU的引脚很多是多功能的,可以通过软件来调整,通过分析A01和B01的引脚配置,FAE发现对于该特定客户,需要实现的功能只需要在特定一部分引脚上实现,而A01和B01可以配置成引脚完全兼容。其次,B01虽然比A01尺寸更小,然而只要在电路板上略作调整,同一块板子可以适用于焊接两种MCU。再次,虽然A01比起B01有更多的指令集,然而对此客户,经分析后发现程序也可以同时适用于两颗MCU。

解决了技术的兼容性后，现在要讨论价格的问题。客户预计的量产时间可能正好和低价B01 MCU的正式市场发布时间差不多，因此这时销售报价是用了B01的价格，而且对客户做出保证，如果B01出于任何原因推迟了发布，那么客户可以用B01的价格来购买更贵的A01，而且保证有现货。

最后可能是心理上的问题。客户为什么要考虑这么复杂的步骤，而干脆不直接选用B公司的产品呢？首先，A公司的两颗芯片可能都具有某方面的性能优点（不然也不会开始被考虑）；其次，因为A公司同时给客户提供了两种选项而不需要任何设计改动，那么如果以后有交期、质量问题，甚至客户自己有可能因产量调整而希望退货，都相对更容易调整。这些情况客户都可以认真考虑。

总而言之，大量的手段都可以用在这里的策划阶段。

3. 执行阶段

执行阶段时，需要阶段性的销售战术会议。如我们对某些销售大区会有每个月的客户机会回顾会议，记录如图4.2所示。包括记录与会人员，日期，会议纪要，会后需要采取的行动，行动的负责人，截止时间和目前状态。这样可以同时有效地对所有该特定区域的重要客户作出响应。

会议	时间	准备者
月度客户机会回顾		

参与者	
产品线	
销售/FAE	

会议总结

会后行动			
	项目	负责人	截止日	状态
1				
2				
3				

图4.2 客户机会回顾会议表

执行时，需要更多的高质量战术行动，这些行动都值得在表格中记录下来。例如：

- 客户的任何问题都需要公司在最短时间内回答或采取行动。
- 如果竞争对手只给了数据手册，我方能否提供纸面参考设计？如果竞争对手给了纸面设计，我方能否提供真实参考板？如果竞争对手已经在客户处生产，能否请客户给我们一块量产的电路板，然后用我方的芯片使得整体元器件减到最少，而性能调试到更好？
- 告诉客户以往在类似应用和客户的成功案例，如果已经在华为采用了，中兴很有兴趣会沿用类似的设计。或者客户公司在其他分支的应用案例，如果诺基亚芬兰已经用了，那么诺基亚南京也很可能沿用。
- 不要等到客户说"不"再采取行动，要永远保持客户的兴趣直到最后说"是"，如果感觉到客户可能要说不，要在这以前就采取行动。如果客户已经说了不，那么挽回的可能性已经微乎其微。
- 及早提供一切客户所需材料：样品，参考板，资料，仿真模型，特色和优势的说明。不要只丢数据手册过去。
- 如果客户机会很好，考虑邀请更高级别的领导去共同拜访客户，哪怕只是来握手打个招呼。绝对不能单独依靠代理商来处理重要客户——客户会感觉到我这里生意这么大，为什么你们原厂的高层还不能"屈尊"来见一下面？
- 如果客户已经在用公司其他的芯片，是否用捆绑式销售来增强吸引力？
- 有没有系统解决方案全部或大部分采用了公司开发的各种芯片，可以帮助客户缩短开发流程和减少风险？
- 如果认识了客户做主要决定的人员——研发或采购总监，能否邀请他们到公司总部来视察？假设总部在风景比较可观的地方，这样完全合规。
- 对于引领行业的客户，往往可以引起很多跟风的厂商（尤其在国内）。能否先用低价战略获得此客户，然后等到业界其他客户开始照抄此方案时，再报出较高价格？

执行的行动必须严密切合客户的时间点。如如果客户在测试设计产品原型，就必须在那之前把工程样片和相关材料准备好；而如果客户预计在半年后量产，则务必要保证在那之前芯片也应该在量产状态。之前我们有颗芯片在国际上排名前茅的水泵公司客户试用，客户希望我们把芯片上内置的某种功能去掉，然而要求我们必须在三个月之内交货以满足试产日期，不然只能沿用以前竞争对手的方案。于是我们在整个流程上和晶圆厂、封装厂一路支付加急费用，最后赶上了客户的时间要求。

综上所述，把通过调查、策划、执行而赢得设计的整个过程，整理为图4.3。

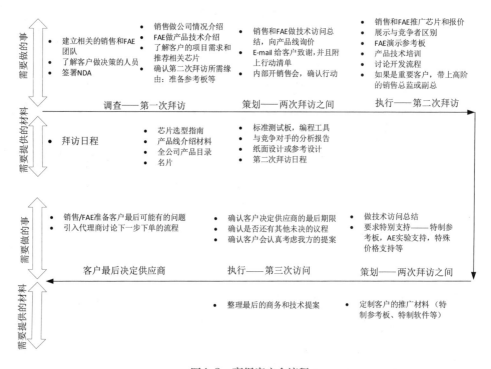

图4.3 赢得客户全流程

4.3.5 保持客户

在某个时间点，客户会通知我方已经赢得了某合同，接下去就是评估后续的预估销售量（方便晶圆厂排期生产）和引入代理商做后续备货等常规商务流程。

赢得大客户时往往大家会庆祝一番，然而很容易忽视了后期保持这些客户的工作。保持客户既不像找到新客户那样容易计入奖金，丢失时也往往能找到很多借口，因此销售和FAE不太愿意倾注很多心力。而实际上，赢得新客户的设计比起保持已有的客户要花几倍多的资源，而且客户如果对我方有任何不满，往往是悄悄地去找了其他的供应商，所以我们至少应该经常关注和保持老客户，不能轻易丢失任何一个。芯片销售是绝非经常一帆风顺的，事实上，如果之前赢得很顺利的项目,往往丢得更加容易,因为客户既然没有在试用这颗芯片上花足够多的时间精力,可想而知用其他家的芯片来取代也没有什么心理障碍。

在芯片产业要保持客户,必须在赢得设计以后仍然保持访问客户的频率,询问是否有新的设计方案或者生产中任何的问题,同时也可以沟通一些产品线的新进展。任何场合下忽视了客户动态或者很久没有拜访的话,就留给了竞争对手突破的空间。我们应该时刻警醒自己竞争者始终在那里打算取代我们的方案,竞争者的芯片可能性能更加出色,或者使用任何我们自己也会使用的战术。

有些公司在赢得设计后就主要靠代理商来跟进了,但要记住的是代理商对原厂是没有、也不应该有任何忠诚度可言的。在商言商,代理商能帮助我们打进某些客户,同样也可以帮助其他原厂取代我们的生意。有可能竞争者允诺给代理商的返利更高,有可能竞争者的支持力度更大,有可能代理商与我们竞争者有其他方面的合作,有可能客户也希望有多个备案,种种原因,使得代理商只能是我们不太牢靠的盟友,要赢得设计和保持设计还是只能靠我们自己。

下面有几条保持客户的建议。

(1)继续客户服务和答疑,是很自然的。

(2)对于品牌较大、对某代理商是比较重要的原厂,可以对代理商说不希望他们把竞争对手引入到现有的客户,这样对双方的合作可能会是不利的因素。此外,至少给代理商的毛利也要足够吸引人。

(3)保持和客户始终近距离接触,不要让客户离开视线。每隔一个月左右,必须要和客户联系或者拜访,询问是否有生产上的问题和故障。记住客户经常是因为比较小的原因(如略便宜的价格),就会静悄悄地开始替换供应商,而只要我们联系够勤,其实类似的问题完全可以避免。

(4)发货必须尽可能满足客户预期,尽可能减少交货时间。对于已经在量产的芯片,在性能或价格满足需求的情况下,最有可能导致生意丢失的就是无法及时发货了。

特别对于Fabless的设计公司,如果品牌不大,在晶圆代工厂处没有话语权,很有可能在晶圆厂产能紧张的时候被安排非常晚的交期,或者直接拒绝生意,因此对于自身能拿到的有限产能如何好好规划,就成为设计公司很重要的议题。

（5）了解客户未来技术的走向，并且在新产品定义中紧跟客户的步伐。如下一代英特尔处理器的供电方案等。

4.3.6 失败以后

在很多情况下，我们无法赢得某客户的项目。可能客户目标价格已经低于我们的最低毛利标准，可能竞争者的产品特性确实更加适合而我们无法在短期内满足，可能我们的新产品赶不上客户的量产日期……但是我们要了解的是：我们接触的客户越多，失败的次数也会越多，但是客户的新项目和新客户总是会再出来的。即使在失败以后，我们仍然能做以下几方面工作。

1. 保留下次再来的火种

如果销售和FAE的访问、服务和支持的效果非常好，只是因为其他客观原因而丢掉了设计案，客户会记住的，而且可能有一点点歉疚的心情，下次再有机会还可能会主动来联系。我们不能因为一个设计方案丢掉而放弃某重要客户，还是应该有空请他们出来吃吃饭，聊聊天，关心一下。其实在芯片产业，有时性能差一点点，价格差一点点，对芯片的选择往往不如人情来得更重要，不管是在哪个国家。

2. 从失败中学习

究竟失败的原因是技术方面的，生意方面的，关系方面的，还是客户不愿分享的？有什么是我们当初可以做得更好的？要了解自己失败的原因。就像4.2节开始的例子，当某德国公司率先给客户试用仍然有瑕疵的芯片，但是以此占得了先机，我以后就学习到产品推往市场的时间（Time to Market）实在是比等到芯片全部测试好更为重要。

3. 考虑改变

如果产品线持续在同类应用的客户上丢失生意，那么就要考虑下是否需要做出较大的改变——是否支持的销售和FAE能力不足，是否芯片定义的侧重点有问题（如我们是否集成了太多功能而导致成本过高），是否竞争对手所拥有我们之前忽略的优势是客户真正看中的？是否平均市场价已经太低而我们应该转战其他市场？

销售蒸蒸日上的芯片公司，其销售部门基本都能在赢得生意的六个阶段中良好地贯彻执行。反之，销售下滑的公司，往往未必是产品不行，而是销售部门各种缺乏责任心和缺乏规章制度所造成的，甚至还有纯靠代理商跑客户而原厂的销售只是坐办公室打打电话的公司。芯片产业现在已经很少有靠性能或成本可以包打天下的公司了，只有端正心态，努力服务和支持客户的公司才有望获得未来的发展。

4.4 芯片公司如何选择目标客户

4.3节提到了芯片销售的流程，包括详细调查、策划和执行。读者或有疑问：如果我们面对的客户成百上千，有很多客户的体量都不小（即使我们只做家电类芯片，光在中国的上市家电类企业就不止六七十家，并未上市而有一定销售量的估计有数百家）。对如此多的客户，肯定没有办法都开战略销售会议和邀请高层访问，甚至无法满足每个客户都有季度性的拜访或者特别技术支持，那么除了在4.3节提到要验证客户以外，我们如何来更好地选择目标客户呢？

大概没有任何公司是会宣称客户需求不是第一位的。但是这里"客户"的定义又有些含糊，我们的客户究竟是研发工程师、采购、代理商，还是甚至是公司内部销售？

以我的定义："客户"是我们投入最多资源，而期望直接或间接创造最大回报的对象。如果是付款给我们的客户，不妨定义为"直接客户"；而间接创造价值的对象，可称为"战略客户"。

在不少行业的领军公司，并不是对直接客户投入核心资源的。如默克这样的制药业巨无霸，其最重要的客户并不是服药的病人或者开药方的医生（那可能是仿制药公司的核心客户），而是全球的科研机构和大学院校所培养的科研人员。其业务模型也建立在依靠挖掘更多科学家做基础研究，为了发现更多划时代的科研成果而最终为市场和销售团队开发成为商业化的产品——后续的制药和售药只是水到渠成的事情。

战略性地选择目标客户，定义了我们的整盘生意和商业模型。举雅虎和谷歌的例子来讲，开始都做搜索，然而雅虎开始涉及自营内容，包括财经、电影、体育等，甚至还涉足社交网络和媒体，最后不由自主减弱了对搜索的投入，这样的结果就是目标客户已经非常发散，而网站的体验变得非常糟糕。而谷歌的核心投入始终在技术人员和工程师上，通过在各种未必盈利的应用方面发展和创新来锁定全世界的关注，进而用这些关注来反哺其核心的广告、搜索、地图、安卓等业务。两家公司的现状我们都很熟悉了。

在芯片产业，也许销售团队更关注于卖芯片给研发工程师和采购经理（直接客户），而产品线经理的目标客户，则可能在整个价值链上所有的合作伙伴（战略客户）。而不同的芯片公司，完全可能根据自身的基因而选择不同的客户类别。下面从几个步骤来分析芯片公司成功的商业模型：选择最佳的目标客户；发掘目标客户所重视的价值；分配资源；与客户的互动过程。

4.4.1 选择最佳的目标客户

芯片公司的目标客户类别可能包括而不限于以下几种，注意我们对客户的定义是直接或间接创造最大的价值。

- 电子公司的研发工程师，可以具体选择需要的芯片（直接客户）。
- 电子公司的采购工程师，在芯片类似的情况下，有一定的选择权（直接客户）。
- 电子公司的高层，对引入的供应商有决策权（直接客户）。
- 代理商（战略客户）。
- 公司内部销售和FAE（战略客户）。
- 公司的供应链——晶圆厂、封测厂等（战略客户）。
- 行业的标准委员会（战略客户）。
- 为行业内其他著名公司做配套芯片和服务（战略客户）。

如果是芯片公司的高管，应该如何选择这些投入的方向呢？可以考虑的方面有公司的愿景、能力和盈利的潜力。

公司的愿景主要是关于公司目前和未来的战略发展方向。

- 如果公司以小而美的模式为主，希望基于某行业标准开发产品服务，或者与某大型公司做配套，那么应该倾尽所有资源尽快成为足以影响行业标准的公司（技术研发、发表论文、做讲演、与参与标准的公司尽快合作），或者成为某公司的唯一指定合作厂商。如最新的Wi-Fi6协议和电动车直流快充的标准，就有不少虽然小而有可观技术的公司参与。又如汽车芯片质量标准的AECQ协议，协议起草的成员公司里就有几家实验室参与，这样如果需要AECQ认证的公司，就比较容易找到这些实验室来帮助认证。
- 如果公司做较为普适性、适合广泛客户群、竞争者多而价格压力大的芯片，那么就更需要降低成本、扩大销售面。这里就可以把供应链合作方和代理商看作核心客户。如在供应链上开发自己的工艺，有合适的机会时投资与合作方可以实现更低的成本。如果客户群非常广泛，无法完全用自己的销售团队覆盖，更应该与大型代理商洽谈战略合作。

- 如果公司以核心的大客户为主，如做数据中心相关的芯片，可能国内和国际上就只需要着眼于5～10个大型客户，这里就应该把一切资源倾向这些客户。不少芯片公司把数据中心方面的研发团队放在硅谷或者得克萨斯州的奥斯汀，就是因为这些大客户如戴尔、惠普、AMD、超微、谷歌等都在这里。

公司的能力指的是每个公司都有其得以成功的特色——或者至少是着力的方向。以芯片代理商而论，有的擅长于电子商务，有的擅长于广泛的市场关系，有的擅长于系统集成和设计。如擅长电子商务的代理商，其核心的客户应该是芯片原厂，以取得原厂的技术资料支持，数据库共享和物流支持。擅长系统集成和设计的代理商可能同时需要打通原厂和直接客户两条线。

盈利潜力指的是潜在的各种客户对盈利带来的提升。如家电、电表中的DC-DC电源芯片或者LED照明里的AC-DC芯片，客户可以轻易地从各种供应商里找到差不多的芯片，而供应商基本只能打价格战；反之，如果能够打入华为的供应链，电信行业的芯片一般盈利的潜力要高许多。

4.4.2 发掘目标客户所重视的价值

当决定了主要的目标客户后，下一步就是决定目标客户更珍视什么样的产品和服务。即使同样是直接客户或战略客户，其关注点也可能完全不同。

如国内某家首屈一指的电源厂商，如果说出来肯定是无人不知，其CTO在业界的资历极深，而且愿意提纲挈领地指出原厂应该走的产品路线。每次我到深圳来，都希望能约上此CTO聊一次，而且每次总是拉上公司一批人来听，每次听完都觉得受益匪浅。作为CTO，并不在乎我们某些芯片是否能用在具体项目中，也不可能为某芯片的价格而纠结，他的关注点是他的建议可以为原厂的新产品带来本质的改变，进而为客户创造真正的价值。他给另外某美国友商先前指出的道路，几乎达到使其起死回生的地步。如果是其他只能够打价格战，而无法在技术上引领同行的厂商，势必不能引起他的兴趣。

2.2节中提到了发掘芯片客户需求的三重境界，第一重是客户切换方案的需求，第二重是挖掘出客户自己未必意识到的需求，而第三重是让客户觉得自己对芯片有某功能/性能上的需求（而实际上未必如此）。不再赘述。

4.4.3 分配资源来实现这些价值

如前所述，决定了核心客户和确定了我方可以提供的价值，余下的就是如何组织和分配资源来实现这些价值。

1. 低价格

如果市场价格越来越低，而客户最关注的也是价格问题，那么应该尽量改善运营的工作以降低成本。我曾经听万国半导体的总裁讲座，提到了在重庆合作的12英寸晶圆厂，有望把功率MOSFET的成本降低一半，其兴奋之情溢于言表。

2. 为其他公司做配套

如我有朋友是做电动车的逆变器出身，开始打算靠自己初创公司的品牌去销售逆变器，然而发现很难得到车厂的认可。于是转变目标客户，靠为某些芯片大厂做打入电动车行业而配套的参考设计，终于建立起自己的品牌。

又如某些公司为特别的FPGA、CPU、GPU等大型芯片做专属周边的芯片，类似PMIC等芯片，其核心客户就是这些大型芯片厂商，只要能与这些供应商共同推广，得到对方的背书，自己甚至不用很大的销售团队都可以成功。

3. 提升供应链的竞争力

许多大型电子公司对于供应商里纯Fabless而知名度不够的芯片设计公司有一些疑虑，认为难以保证质量和供应。因此为了打入这些战略客户的客户体系，某些纯设计公司提出了Fab-lite的模式：通过拥有自己的工艺而在不同晶圆厂应用这些同样的工艺，同时又在不同封装厂做相同的封装，可以确保供应上不会因某个别厂的产能限制或事故而一时中断。最后又建立自己的测试中心，确保最后一道质量监管牢牢把握在自己手上。这样的供应链管理虽然繁复，然而固定成本远小于拥有自己工厂的公司，而质量和供应的完善度也足以说服最严苛的客户。

4.4.4 与客户的互动过程

对不少公司，尽管今天的商业模式已经得到验证，也未必是长久之计。客户的市场会变化，需求也在变化，新技术会取代旧技术，竞争对手也从未停止脚步，电子产品的技术标准也在日新月异。对于可能影响到客户的重要变化，我们需要提早做出预判和响应。在面临巨大的市场变化时，甚至要切换核心的客户群。以计算机的巨头戴尔来讲，从前主要的商业模式是以快捷低价的物流做直通消费者的销售模式，此时的核心客户都是直接的消费者；后来因为种种市场变化，转型到大企业的数据和IT服务，此时就需要整合软硬件和服务，核心客户就发生了巨大的变化。

芯片产品线管理应该能够时时作出对市场的响应：如果市场的变化足以影响到目前的产品战略，该信息能否达到公司最高层？这样的市场信息能否贯彻到各个层次的经理？是否能够制定相应的行动方案？如核心客户的盈利潜力发生了变化，是否需要调整这些客户，能否做出创新来帮助这些核心客户？

如LED照明的电源芯片，因为其技术门槛较低，诸多国产芯片厂通过互相抄袭，已经把市场价格杀到非常低，而国外厂商几乎早已全部退出该市场。这时如果我们还拥有这样的产品线，究竟是退出市场重新寻找核心客户；还是继续技术研发，直到帮助客户建立起更高的技术和市场壁垒；甚至于着力于影响行业标准，使功耗等指标上升到只有我方可以满足的地步，这些都是可以考虑与客户互动而决定的措施。

4.4.5 什么样的客户可以算是好客户

对于销售部门，好客户的特质有：
- 现存和潜在的销售量极大。
- 公司的产品比较适合该客户。
- 关系非常好。
- 竞争对手的威胁不大。

对于产品线经理，这些特质当然也可以算是好客户的一部分表象，然而并不一定是我们每到此地，必然指名希望去拜访的客户，大客户并不一定是好客户。这是因为有些大客户可能只需要维持，并不一定需要持续采用最新型的芯片以保持竞争力；有些大客户对性能不在乎，而对价格的要求已经到了难以容忍的地步；而甚至有的客户体量庞大到越接触越痛苦。

如苹果虽然是世界上最大的芯片采购方，然而"客大也能欺店"，并算不上是"好客户"。首先，苹果的保密工作严格到开会时几乎只有单向的交流，开会时对方是不愿意直接做出判断和评价的，如果对方的工作经常在黑箱之中，就很难有好的互动。以我的经验，在很多情况下，苹果早已有了其想用的方案，只是为了让庞大的团队有事可做，才找来许多供应商让其疲于奔命，而结果往往未必理想。此外，对于上市的芯片公司，与苹果绑得很紧等于是上了不归路，为了苹果的生意往往需要专门的支持团队，虽然第一次与苹果合作也许对股价有好处，然而苹果一旦把生意取消了，对股价的影响是非常大的，几乎能左右中小公司的生死。

对产品线经理来说，好客户的两个额外特点如下。

1. 有引领新行业的能力和愿景

对于芯片公司，如果有一两家初创的客户公司能够做前人所未做，有希望引领新产业的项目，那么不光在前期配合上能够学到很多的新知识，而且如果客户公司最终成功的话，对于芯片公司的市场形象实在大有好处。

如前述做AI芯片的公司，用整张晶圆做并联式的计算设计，大幅减小了做AI大数据计算的服务器尺寸。本来我的打算是去推荐服务器的电源解决方案，后来发现对方对传统的多相方案毫无兴趣，因为整张晶圆构成的系统计算功率太大，即使是用传统上已经高密度的电源模块堆叠在晶圆之上，仍然无法支持理论上的最大算力。因此开会时我与对方的CTO搞了一两个小时的头脑风暴，最后只能试着从某些方向来走走看。能够帮助客户提高这些最关注的性能的话，价格不是考虑的根本因素。

在特斯拉还没有名气时，IR成功把IGBT做进了他们前所未有的由单管IGBT构成的大功率、高密度逆变器系统，英飞凌在2013年花30亿美元收购IR时，IR在特斯拉的项目对于收购的溢价是很有贡献的，后来随着特斯拉的发展，光IGBT的生意就达到一年几千万美元。

最近，我又开始与英伟达合作在新一代GPU平台上发展电源方案。

2. 愿意主动提供信息和指引新方向的客户

深圳的另一家做高端服务器电源的公司，产品直接对标美国的高端电源品牌Artesyn，其水平远在国内其他同行之上。我每次去深圳都希望能约上他们主管技术的副总聊聊，其人非常开朗，往往告诉我们的信息多于我们能推广的信息，评价也十分中肯犀利。其团队水平又高，我们曾经推广的芯片较为复杂，设计又未臻完善，而其团队在外围设计系统时把我们芯片带来的问题一一从系统上解决，让人叹为观止。

又如英国的著名电子品牌戴森，我与其新加坡的团队（见图4.4）聊下来，感觉对方充满奇思妙想，思路非常开阔。之前我有一颗定义的芯片，某功能可能业界从所未见，戴森的工程师思考良久，希望与我们开会把此功能整合到新芯片中去，我很期待这场会议。

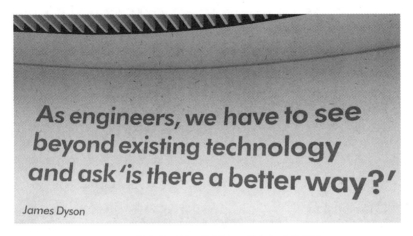

图4.4 戴森公司门口的标识，戴森自己的语录

注：图4.4的中文翻译为"作为工程师，我们必须看到现存技术以外，然后问：还有更好的方法吗？"

4.5 打造高效客户访问

本节讲述的是从战术层面如何一步步检查自己的工作，从而提高客户访问的效果。

1. 需要访问哪些客户

通过业界各种资源和背景调查，可以找到一些前面所述的目标客户。

如果是公司管理层，应该拜访公司已经建立起良好商务联系，在业界最顶尖的客户的相应管理层，主要为达成战略合作。

如果是产品线经理和销售总监，应该拜访客户具体项目的决策人和相关团队，来做总体介绍和寻找战略商机和具体项目的突破口。

如果是代理商销售和原厂较初级的销售，应该从接触客户较初级的研发开始，来寻找具体的决策人，寻找一些战术性的机会。

2. 构思访问需要达到的目的

对于客户访问，最核心的问题是：会议结束时应该达到什么目的？这是Stephen Covey在《成功人士的7种习惯里》提到的。究竟是要客户做哪种允诺？

会后是否需要安排双方高层交流？是否止于介绍产品？谈判出最终价格？还是其他的方面？根据不同的拜访目的，需要事先约到不同的人才有效果。如果客户的业务非常多样化而基于不同的地点，要了解到我们需要达到的目的是否适合约见的客户。

3. 会前的沟通

如了解到拜访人的职位、目前负责的项目和进程，简单提及本次来访的目的。如果产品线是第一次拜访，打算推广所有可能适合该客户的芯片，那么沟通时应该先向客户联系人简单介绍一两颗对方可能感兴趣的芯片，这样可能约见到更多重要的研发。如果只是提到某某公司来人推广，而不能提前引起对方的兴趣，往往只能约到比较初级的工程师，甚至是完全约不到人。

4. 带合适的人去拜访

如果约到的人是采购，不要只带纯技术的应用工程师去拜访。如果约到的是研发，需要带FAE去拜访。如果对方的研发团队可能来的人较多，本方也不要出现一对多的情况。是否要约上代理商？谈商务问题不妨带上，然而如果要介绍产品，特别是未来的发展，考虑到代理商也为其他原厂服务，为了保密则不如不带。

5. 与客户会议前的准备

事先准备好会议流程、展示的内容、与会者的职位、所需时间等，用E-mail发给客户，起一个比较吸引人的题目（如：X公司业界性能最佳的32位车用MCU介绍），流程里对客户有用的内容可以加黑加粗，询问客户是否有其他希望介绍的内容。

与重要客户面谈前，内部要沟通一下，确定主讲人、对方的参与者、会议流程、需要达到的目的，特别是一些比较重要的事项，需要事先讨论好内部的目标和底线。

会议前，这里提供一个备忘清单。

- 名片要带足，永远不知道是不是临时会多十个人来参加。如果开会到一半时对方总经理突然来了，不要让他成为最后没收到名片的那个人。
- 需要展示的PPT、数据手册等，确保存放在计算机中最容易找到的地方。如果临时花时间找，往往会造成一定时间的冷场。另外带个优盘存好所需资料，避免计算机临时故障。
- 买一根兼容各种显示制式HDMI、VGA、USB等的转接线，销售最好可以自己买一个便携投影仪。我见过很多突发事件：客户投影仪灯泡坏了，会议室临时没空，投影仪的线与计算机不匹配等，不要让极小的事件影响客户心情。激光笔、充电宝和万有转接头也很有用。

- 手写笔记本——我宁愿手写而不是用手机或计算机记笔记。不用计算机的原因是听客户说话时可能计算机上还在放PPT，不用手机的原因是客户或许以为我不在听他说话。另外，如果陪客户吃饭，用个小笔记本也比较方便。
- 不妨带一些芯片的样片和参考板以加强客观感受。
- 会前一晚最好看一遍客户的网站，搜索一下最近的新闻，会议中如果主动提到，客户会知道我们做了功课。
- 如果有可能需要具体工程师回答某些问题而他无法前来，事先准备好电话，可能要当场联系。
- 在欧美国家常用的一招是安排一个"午餐讲座"，然后带一堆三明治去，可以约到很多研发人员边吃边听。这样的气氛比较放松，而且客户的研发人员不太容易说没时间。在国内比较难这么操作（中餐外卖味道太大了）。
- 我的一个销售老朋友曾经过年前将某客户所有工程师约到一起吃火锅，边吃边聊项目细节，能做到这样的程度很难不成功。

6. 带着问题去拜访

如上所述，对产品市场人员，拜访客户除了发掘商机以外，很重要的是从客户处学到东西。如其对产品的看法，对市场的调研，等等。这里有以下几点建议。

- 从简单的问题开始，过渡到比较棘手的问题。
- 问短问题，最好是10个字以内。
- 不要说"一般来说"这样的话，要具体。如："我上个月拜访了另外一家和您做类似应用的美国客户，他们的评价是……"
- 如果客户说"我觉得……"，如"我觉得你们芯片价钱有点儿高""我觉得你们的芯片效率有点儿低"，那么可能他没有确切的好恶，不妨问问对他来说有什么更为重要的地方。
- 不要问"是与非"的问题（您是这么做还是那么做）或者有引导性的问题（您喜欢这个功能吗？）。要尽量问开放式的问题，如"请问您在设计中是怎样实现某某功能的？"就比"您觉得这颗芯片的某某功能有用吗？"要好很多。
- 留给客户一点儿时间来思考。

7. 会议中的注意事项

- 观察对方的大堂——可以观看对方展示出来的产品，其合作方，最近的新闻，甚至展示柜里的电路板上可能有竞争对手的芯片！
- 观察对方的工作环境，是死气沉沉还是积极向上？看公司的好坏，正如看餐馆一样，如果卫生间非常干净的公司，其业务多半做得不错，精气神就不一样。
- 如果是初次到访，拿到对方名片，总是关注一下别人的名字和职位，可能的话建立一些联系。例如有次我到深圳，见到对方姓查，我就请问一下他的家族是否和金庸有关系，结果果然有。虽然不一定能拉近多少距离，但是至少给人留下一点儿印象。
- 务必先做自我介绍，如果和代理商一起去要让客户了解谁是谁。只要客户来人不是特别多或者时间特别紧，也应该让客户先全都自我介绍一下，不要冷落了任何一个，也许角落里不起眼的某个硬件工程师却是最后做决定的人。
- 有多人前往的话，商定一人专门做会议记录整理。
- 发言或展示产品时应该注意观察对方的动作语言，如果有客户的研发欲言又止或者开始交头接耳，就应该请他发言，这时往往是客户的意见与我方的想法不同，反而能得到一些关键信息。
- 要善于问问题。我们演示产品到一定程度，需要暂停下来问客户，是否有什么问题？有没有需要重复的地方？是否目前正在用类似的芯片？此芯片有什么缺点是您不喜欢的？如果我们展示的芯片已经在量产了，需要怎样的支持来替代您目前的方案？如果目前用不到，将来在什么项目上可能会用到，或者您公司的哪个分支会用到？甚至——您的同行对手有没有可能用到？（我确实遇到过客户帮忙介绍其他客户。）
- 正常人关注于PPT演示的时间一般只有5~10分钟，后面就开始分心了。每次问问题都能重置这5分钟。特别是如果注意到某工程师开始刷手机了，就要开始问问题，把他们从手机上拉回来。
- 如果客户开始提到自己感兴趣的内容和现有的项目，应该让对方尽情发挥。如果感到客户对某部分不太感兴趣，要赶快跳过。总之，不要以自己为中心。
- 对销售来说，可以留下几处以后再联系的伏笔，如分批次介绍不同的产品，下次再来洽谈价格，需要回原厂寻求技术支持，等等。
- 会议接近结束时与对方沟通今天会议的结果和会后行动事项。
- 如有必要，结束时安排下次会议时间。并且会后马上给所有与会者写总结邮件，并重复讨论过的内容和会后的行动事项。

对于芯片销售来说，我们首先向客户销售的是我们自己的资历，然后是公司的资质，最后才是产品的特质。下面是几点可以帮到我们介绍公司的部分。
- 如果是初创公司，可以强调公司可以迅速行动，服务支持精准到位。
- 如果公司够大，强调公司很稳定，合作无风险，质量交货等有保证，如需要的话全球都有网点可以支援。
- 如果公司历史悠久，可以说做某种芯片已经有数十年经验，未来应该仍然会继续做，是客户公司长期合作的理想伙伴。
- 展示公司每年的研发投入、专利授予等可以证明创新实力的材料。
- 如果公司专精于某产品线，则强调公司专业、专注。
- 反之，如果公司产品线众多，则指出公司可以提供系统级全部芯片的解决方案和一站式服务。另外包括捆绑出售的芯片而节约客户成本，又减少了客户管理多个供应商的运营风险。
- 介绍参考设计和客户支持团队，暗示可为客户提供定制化的技术服务。
- 介绍公司的晶圆厂、封装厂合作伙伴和可利用的产能。
- 介绍产品质量、历年的故障率（如果够好的话）。
- 使客户感觉到自己被特别对待，如"我们对电信市场非常看重，贵司在此市场是我们最为希望合作的厂商，如果您可以考虑我们的方案，可以得到原厂特别的支持和价格"。

图4.5是一个比较成功的客户拜访流程。

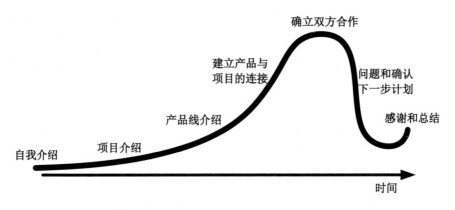

图4.5 客户拜访流程

4.6 乔布斯演讲的艺术如何用于介绍芯片

要做好产品和市场经理,需要对高层讲演商业计划书,需要与销售和FAE做产品培训,需要对客户做公司介绍和产品推广……几乎很难得有哪个工作日不是在改写或者讲演PPT的。市面上或许早有一些关于PPT制作和讲演的书籍和教程,但是估计还没有专门为芯片产业打造的内容。

这里推荐一本书:Carmine Gallo写的《乔布斯的演讲秘密》(*The presentation secrets of Steve Jobs —how to be insanely great in front of any audience*)。如果读者能结合观看一些乔布斯演讲的视频,就能收获更多。

为什么要学习乔布斯?乔布斯可能是科技界做过最多成功演讲和具有最强演说技巧的人,甚至没有人能够接近,而国内互联网行业的后起之秀几乎没有人不在学习乔布斯。我认识的一位上市公司CEO,和我提到本来并不想去看乔布斯,觉得前人的成功经验后人很难照搬,后来他读了一些材料,觉得非常有启发。

乔布斯的演讲主要是面向普罗大众来宣传消费电子产品,而我们在芯片产业的工作主要是面向较专业的研发工程师,因而未必他的演讲艺术都能适合芯片产业,这里我把Gallo这本书适用于芯片产业的部分加以浓缩,结合自己的经验,改写成短短的一节。或许我们的客户不如某些熬夜排队的果粉那么狂热,然而不少客户是要花几百万美元买我们芯片的,从某种意义上来说,应该让他们能够热爱我们的芯片。

4.6.1 回答那个最关键的问题

在我们准备演讲时,要牢记演讲不是关于自己想讲什么,而是关于观众可以获取什么。在所有演讲的场合,不论听众是什么人,也许是客户,也许是公司高管,也许是投资人,其实有个最基本的潜在问题"你要讲的东西和我有什么关系?"从演讲开始就来回答这个问题,才能抓住听众的兴趣。

没有人关心你的产品,听众只在乎他们自己。但很少有人意识到这一点,我有时去一些科技峰会之类的场合,演讲者的题目往往是:某某公司某某类产品介绍。说真的,谁在乎?

如果一家芯片公司的CEO在投资人面前说:"我们的公司提供先进的半导体解决方案,能够加速复杂的芯片上系统(system-on-chip)开发的过程,并且减少风险",这个说明大概是很难让人发生兴趣的。如果考虑到投资人可能心里想问"你要讲的东西和我有什么关系",然后改写一下,就成了"我们公司创造的软件,可以用来设计各位手机里的芯片。当这些芯片变得更小和更便宜,各位的手机也会变得更小,能放时间更久的音乐和电影,都要感谢手机后台所运行的我们的技术",这样就把产品和听众直接建立起了联系。

在介绍任何技术以前,乔布斯总是先解释此技术可以怎样提高听众在使用计算机、音乐播放器或者手机上的体验,然后听众才有兴趣去了解造就这些良好体验的原因。因此我们在介绍芯片特色的时候,不妨把这些特色所导致的优点一并说明。举例,如我曾经做的某芯片产品特色的列表如图4.6所示,这样可以更加直接地让客户把芯片的特点和他们的具体需求建立起联系。不要让听众要动脑筋才能理解,因此即使是专业客户,我们也需要提醒他们这些特色可以带来怎样的便利。

××芯片的特色	优点
用户图形界面可通过I²C来配置	设计灵活,不需要编程
EEPROM 内存可保存配置	不用更改硬件也可以实现最后一分钟的设计变化
专利的控制方式	在全负载范围内的高效率
现场监控的各项性能	更容易地检查和优化设计
每个客户的特殊配置料号	客户的独有智慧财产保护

图4.6 举例:我曾负责某芯片的特色和对应的优点

不仅是在PPT上，我们在所有市场宣传的材料——网站、新闻稿上，都应该关注这个问题"读这些内容的人干嘛要在乎呢？"。

例如，在芯片产业，有时我们看到新闻说"X芯片公司今日宣布与Y公司成功签署代理协议，此协议完善了X与Y的全球合作关系，增加了全球合作伙伴"。可是，除了这两家公司的销售人员，世界上还有其他人会在乎吗？

"X公司宣布成功打入Y公司的供应链，并且已经开始供货。"这类新闻是属于"爸爸快来看，我考了一百分"的类型——除了我的家人外应该没有其他人会在意。如果X公司成为供应商并非因为性能提升，只是因为卖得够便宜的情况下更加毫无意义。如果Y公司的代表宣布因为达成与X公司的合作，以后每台手机的性能会如何改善，那么对读者才有意义。

乔布斯的发布会并不是纯粹为了带货而卖产品，那样就不会有这么多果粉来享受现场的体验了。乔布斯是描绘了对用户更美好的未来。CNBC的记者问乔布斯"为什么iPhone对苹果如此重要"——这个问题的本身显然不一定能让听众多有兴趣。乔布斯没有回答iPhone对于苹果的股东权益或者市场份额的影响，反之讲的是"我认为iPhone可能改变整个电话产业，给我们带来远比打电话和保存联系方式更强有力的功能。我们已经集成了最好的iPod，然后在你的口袋里现在有网络浏览器、E-mail、地图，iPhone把所有这些功能都集成到你的口袋里，而且比其他产品要好用十倍"。乔布斯已经在销售一个梦想，而不是有型的产品。

4.6.2　演讲标题

我们应该给听众的一句话总结，产品是什么？乔布斯在介绍iPhone时，说的是"今天苹果重新发明了电话！"，还有"世界上最薄的笔记本电脑！"。如果乔布斯当年说的是"我们发明了一种新的MP3，有5GB内存"，而不是"你口袋里现在可以放一千首歌"，可以想象效果会差得多。

而且，乔布斯注意的是一旦确定了某标题，便不再更改，而且以后在不同的讲演、采访、新闻稿里，不断地以各种方式重复来加深印象。

很多演讲者没法一句话说清楚自己的公司、产品或者服务。

起演讲的标题前还应该思考一下我们能否提升一下产品的形象。思科公司的前任CEO——John Chambers在介绍思科时，不会提到自己卖路由器和网关，而提到的是思科销售的是人与人的链接方式。或许我们代表的公司不如思科的规模，但还是不要起类似"XX公司XX产品线介绍"这样的题目，至少也要讲"XX公司助力5G通信的整体高性能系统解决方案"——如果确实恰如其分的话。

我负责过一块工业模拟和电源芯片的业务，原来产品线的名字是Industrial Analog & Power。后来我把两边换一换，变成Industrial Power & Analog，简称IPA，和一类精酿啤酒的名称一样。从此，客户、代理商、销售等，看到PPT上印有我们特质的酒标，就知道轮到我们来宣传了。

4.6.3　对产品的热情

演讲人需要真正相信自己的产品可以给客户带来效益，这种自信和热情是会溢于言表的。如果演讲的人认为自己的产品别无特色，只是愿意贱卖，这种负面想法也会感染到其他人。乔布斯自始至终都认为自己在扮演改变世界、使世界变得更好的角色。乔布斯的演讲，永远充满热情和能量。

乔布斯以前招募百事可乐的主席John Sculley来做苹果的CEO时，用很特别的神情说："你是想下半辈子继续卖糖水，还是想得到一个改变世界的机会呢？"

有句话说"你要找到你如此喜欢做的事，以至于等不到天亮就想重新再做一遍。"

我以前也是个水平不错的研发工程师，然而多年后感觉逐渐丢失了一些对纯技术的热情，以至于后来搞懂了一些疑难后，也没有年少时的喜悦。后来做芯片市场，每天早起面对一大堆邮件和会议，可能有无数突发状况，而且常常好坏消息参半。但很多年做下来，热情并未衰减。

4.6.4　三条核心信息

2007年1月9日，乔布斯宣布这天要发布三种革命性的产品：第一是宽屏且附加触控的iPod，带来一些掌声；第二是革命性的手机，观众有一些喝彩；第三是首创的互联网通信工具，观众开始等待进一步的说明。最后乔布斯说，你们猜到了吗，这不是三种设备，而是一种，我们把它称作iPhone。这时观众兴奋到疯狂了。

乔布斯喜欢用"三"——就像许多电影、演出、著作都有三部曲一样，步步深入，足以让人印象深刻。而且乔布斯描述产品特色也喜欢用"三"。 2005年初次发布iPod时，乔布斯介绍产品特色：第一是便于携带（口袋里藏着一千首歌），第二是快速下载的Firewire工具（一张CD花十秒钟即可下载完成），第三是充足的电池寿命（十小时连续音乐播放时间）。

以我的体验，如果是产品线经理自己讲演的话，一颗芯片其实最多列举三条特征就够了。我们一次向客户展示的芯片往往不止一颗，而人的短期记忆最多只能记住三四条内容，所以展示的内容越多，往往达到使客户大脑疲劳的反效果。在芯片产业，客户往往最后会要求讲演完再传一份PPT，这时我们再提供详细的版本不迟。所以我自己讲演的PPT都尽量简洁，如果客户对某些细节有疑问，数据手册就包括所有细节，那么何必在PPT上再重复呢？

我见过很多同事的PPT，强调芯片的特色唯恐不多，所用颜色也有五六种，不用等他来讲演，我一眼看过去就已经眼花了。最高效的推广芯片的方式，展示在PPT上很简洁，但是内容都在心里，客户问什么问题都有答案。低效的人会放很多内容，是因为他心里记不住。

4.6.5 寻找需要解决的问题

投资界很有名的"电梯游说"需要创业者在很短的时间里讲清楚四个问题：我做的是什么事？我解决了什么问题？为什么我的做法不同？为什么你作为投资人需要在意？

投资人不希望创业者提供了所谓的解决方案，却没能提出需要解决的问题。就像烧了一壶咖啡，却没有杯子可以用。而芯片的客户，也不希望我们提出了芯片方案，却抓不住出现的问题。

乔布斯很明确地了解这一点，所以经常提出对手产品的问题和苹果的解决方案。如很著名地强调了传统手机输入界面的问题，每个具体应用其实都需要有些不同的应用界面，而不需要时刻都有个完整的键盘在那里，因此iPhone就去除了所有的按钮而保留了一块大屏。

4.6.6 让观众能够关注

像PowerPoint之类的软件开始就给一堆标题、目录、副目录的模板，然而认知方面的研究揭示了列目录是最低效的传达重要信息的方法。大脑是运作非常有效率的器官，不喜欢浪费自己的能量，而这些PPT的模板让大脑突然接受过多信息而马上开始疲倦。列标题和副标题其实约等于逼客户看一本书，而我们的客户往往是午后做实验中稍有时间来听我们推广一下芯片，如果这时逼他们看书,实在很难让他们集中注意力。乔布斯的演讲类似于电影、歌剧这样的艺术,这样的艺术形式不会让人看提纲或者记笔记,但是让人印象深刻。

另外,我认为在任何时候,不要只是读PPT显示的内容。像乔布斯一样,PPT应该尽量简洁,而让观众的注意力可以放在演讲者本身。而更糟糕的是,如果我们说的少,而PPT上内容过多甚至与说出来的内容不完全一致,观众更加无法关注,不知道用听的还是用看的。

大道至简,达·芬奇说过"终极的复杂归为简洁"。

乔布斯在Macworld 2008年的演讲里,讲了如图4.7所示的一段话,然而PPT上显示的只有"2007"。很多其他的演讲者估计要把这些成绩都写成目录形式了。但是乔布斯只显示了2007,因而观众就能注意乔布斯想说的信息本身。

乔布斯说的话:	乔布斯的 PPT:
"我希望花一点点时间来回顾整个 2007 年。2007 年是对苹果非常特别的一年。这一年有一些很了不起的新产品:最新的 iMac,最了不起的全新 iPod,当然有革命性的 iPhone。更有像 Leonard 之类很棒的软件也在 2007 年开始运行。	2007

图4.7 乔布斯的PPT

4.6.7 少用纯文字,使用其他媒体

准备演讲时,我们也可以考虑结合各种工具来说故事和介绍产品。不同的观众会对不同的媒介敏感,许多是用看的,有些喜欢用听的,还有一些喜欢触摸和感知。乔布斯认为应该照顾到所有三种人的需求,乔布斯还非常喜欢在演讲里加上新产品各个视角的照片,而不是罗列各种技术细节(乔布斯希望观众去苹果网站自己搜寻细节)。

我在推荐适用于家电应用的芯片时,没有一一罗列各类家电,那样就太无趣了,于是在应用那页我就放了如图4.8所示图片,说明该芯片适用于以下所有场合。

除了图片和照片,还有其他形式可以让听众印象深刻。如当我去推荐电源模块时,总是会带上一堆样品,然后每提到一块模块,就拿在手里介绍一下再分发一下样品,让客户可以更直观地看到我们能在多小的空间里承载多大的能量。

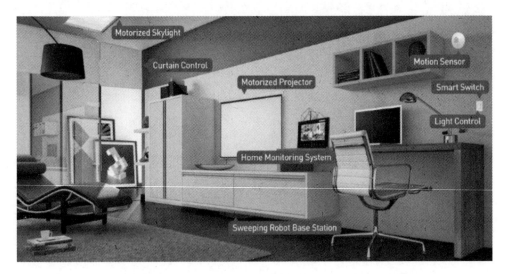

图4.8 芯片适用场合

很少有PPT的演讲会插入一些视频片段。乔布斯很喜欢在演说时展示苹果最近的电视广告，几乎从1984年以后的每次大型产品发布会都会放一些视频。在2008年发布iPhone 3G时，乔布斯展示了一段广告，宣传语是"终于到了，第一支能打败iPhone的电话"。当30秒视频结束时，乔布斯说"不是很好吗？想不想再看一遍？我们再看一遍吧，我爱这支广告。"

我想到自己看爵士女星Ella Fitzgerald和吉他大师Joe Pass在1975年合奏的录像。Ella唱一支歌 *Nature Boy*，唱了一遍，也是意犹未尽，说"我们再唱一遍好吗？你们没想到吧？我自己也没有。"这个片段我印象最深。

我们在PPT里完全可以嵌入一些产品的实际视频来加深客户印象。我现在公司也有电机控制的产品线，同事在做产品讲演时，如果不能把一套无刷直流电机带到现场让其转起来，也一定会播放一段电机实际启停运转的录像，给观众的印象很深。

乔布斯用过，但是芯片产业还没能经常用到的做法是：能否让某关系好的客户亲身录一小段视频，说明我们的芯片是如何帮助他们提升了系统性能。也许对于某些非保密、应用非常广泛的芯片，这样做是有可能实现的。另外一个可能性是，如果是华为投资的芯片公司，在宣传会上如果请华为的高层来背书，效果不言而喻。

4.6.8 让数字变得更有趣

听众经常对数字没什么感觉,直到这个数字能与他们已经熟悉的事物联想起来(甚至对专业听众也是这样)。乔布斯没有说iPod有5GB内存,而说的是"口袋里可以放一千首歌"。乔布斯是玩转数字的大师。2003年时曾经有记者采访乔布斯说:"请问你对苹果目前市占率停留在5%不动有何看法?"乔布斯的回答是:"我们的市占率比起奔驰或宝马在汽车业的市占率还要高,但是没人认为奔驰或宝马会消失,或者他们的地位不高。"也许普通读者会认为5%市占率并不多,但是乔布斯用汽车业来作比方,马上改变了读者的认知。

发布iPhone 3时,数据传输的速度比起初版iPhone要快2.8倍。而乔布斯没有只列这个数字,而是演示了两台手机分别登录国家地理网站的动图,直到iPhone 3完全登录上去时,初版还需要多花几十秒钟。观众一下就变得印象非常深刻。

数字还可以变得很形象。内存芯片大厂SanDisk的高层曾经在2008年CES大会上展示一块全新12GB的microSD卡。对于观众来说,12GB很难代表什么具体含义,而当时SanDisk的宣言是:这块内存卡有500亿个晶体管,如果每个晶体管是一只蚂蚁,把它们头尾相连,可以围绕地球整整两圈。对你的意义是:每块内存卡可以存放6小时的电影,或者如果用来存歌曲,可以让你一直听歌听到月球上,再打个来回。

4.6.9 分享舞台

乔布斯不仅请过麦当娜来发布会(2005年宣布所有麦当娜的专辑登录iTunes),也请过Intel、Fox、Sony的CEO共同参加各种苹果的宣传活动。

虽然我们在客户端宣传芯片大概不太容易请到大牌歌星来站台,但是我们完全可以引用合作方的共同参考设计来为我们的芯片做背书(如果合作方比我方公司有名就更好了),或者引用来自合作方的评论——例如,我曾经引用过某公司的评论"这是我们见过效率最高的驱动芯片"。在芯片产业,我们也可以列举过往客户的成功案例。对很多大客户,如果是初次接触我们的芯片,总不免心怀疑虑,希望我们提供一些该芯片曾经成功应用的实例。如果是一些非常流行的芯片,诸如MPS用于USB快速充电器同步整流应用的某芯片,已经在业界有良好口碑,那么自然容易推广。又如,如果某芯片已经在华为成功应用,那么要推广到中兴、大唐乃至诺基亚、爱立信,总是相对更简单一些。更加巧妙的做法是，如果可以安排让客户自己发现华为用了我们的芯片，而不是通过我们告诉他，这样客户会更加有兴趣。

4.7　芯片定价的艺术

芯片的定价和成本有一定关系，但是并不是想象中成比例的关系，这样的定价不是不存在，然而产品市场人员如果多动脑筋，多观察竞争者的做法，就会了解到很多定价的技巧。

芯片定价的模式一般视公司战略不同而有几种根本的分别。

（1）存活模式：定价与成本非常接近。这种模式一般适合于以下几种类型的公司。

- 自有晶圆厂的公司，有时产能填不满，为了尽量覆盖固定支出，用低价格来填满自身产能。
- 为了占领市场的公司，如部分初创公司用这样的招数，长期不异于饮鸩止渴。
- 为了进入某些大客户的引进价格。
- 为了保留市场份额的战略价格，希望未来还能改善成本。

（2）正常模式：有一定最小毛利的标准，而最大化收益。

（3）高毛利模式：有很多公司希望保持小而美、高毛利的运营模式，以最小化经营成本和最大化净利润，这样的公司往往非常成功。如Vicor和以前的凌力尔特。

对于很多其他商品的定价——总是按照物以稀为贵，以优为贵，其价值往往是在于有多少客户愿意买和愿意付出的代价。供和求的总量决定了大致的市场价格区间，然后由销售和客户的谈判来具体决定最终采购的价格。然而，芯片的市场主要是原厂与客户一对一的交流，因此就芯片本身的定价还有很多特殊性。按照商学院的B2B商务报价理论，报价的方法大致可分为如图4.9所示的四个类别，下面就芯片产业的实际情况而试分析之。

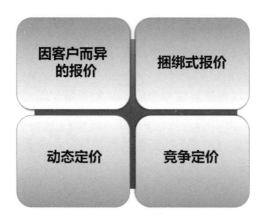

图4.9 定价的几个方面

4.7.1 因客户而异的定价

1. 根据地理而区分

例如，对于同样的某些芯片，在欧洲市场的价格一般总是比东南亚要高，有时个别芯片在上海的市场价格都可能比深圳要高。又例如，在中国台湾地区，因为地域狭窄，从业人员一般都互相认识，因此一般芯片的市场价格非常公开。

有一次我看到是欧洲客户就报价较高，后来发现对方是全球采购，而目标价格和亚洲市场价一致，这时就有点儿尴尬了。客户如果觉得在价格上被占了便宜，往往可以有非常长久的记性。

2. 根据客户的重要性而区分

如果是品牌响亮，对原厂在业界的知名度提升大有好处的客户公司，自然价格有所不同。如ST卖给特斯拉Model 3逆变器上的碳化硅芯片，据我所知就是给了一个非常好的战略价格。

3. 根据客户的认知和需求度而区分

此芯片对系统设计是否带来足够的利益？或者是否节约了更多成本？例如，我曾经定义一颗芯片，为需要实现某些功能的客户节约了大约三元人民币的终端产品成本，因此，这颗芯片如果比竞争对手贵一两元人民币，客户是非常愿意接受的。然而，有些客户并不需要此功能，因此价格就有区别。

4. 根据竞争者而区分

取决于是否市场上需求者极多而提供者很少。例如，普通的LDO（线性稳压器）芯片可能价格很低，毛利在3成甚至以下；然而部分特殊的LDO只有少数公司可以提供而需求极高，这样的LDO甚至在客户采购量较大的情况下也可以卖出9成以上的毛利。

另外，对于某些较为偏僻或知名度不高的厂商，其能够接触到的原厂或代理商数量有限，因此对市场价也可能没有较好的比较和掌握。

对于市面上有不少类似产品的芯片，定价往往不是根据我们自己的成本，而是根据竞争者的大致成本和其毛利的目标。用内部的成本来计算价格，只能得到自己希望销售的价格，而往往不是客户愿意支付的价格。另外，如果想用某颗芯片来服务太多的细分市场和客户群，往往导致平均售价的削弱。

4.7.2 捆绑式定价

对于有多条产品线的原厂，当然应该尝试在终端应用上销售捆绑式的芯片解决方案。特别对于已经卖了较贵的芯片，如CPU、GPU、FPGA、MCU等，再搭配一些周边的芯片，就十分合情合理。我的直接老板形容起来就是："好比快餐店点了汉堡以后，营业员问：要不要再加一份薯条？此时即使这家店的薯条没有隔壁家好吃，大概也不太有客户会特意再去隔壁买薯条的。"

特别是如果客户不会轻易换较贵的那颗芯片，更加会坚持要买一起买的方针。

英特尔在几十年前甚至有电源业务，是搭配着板载计算机产品一起销售的。因为设计制造电源不是其强项，因此英特尔选择的是采购电源然后重新贴牌销售，因为还要加上英特尔自身和代理商的毛利，这样的电源价格比市场价要高很多，然而还是有很多量不大的客户为了方便起见，仍然采用贴英特尔牌的电源产品。

4.7.3 动态定价

动态定价有两种因素：一是随销售量变化，二是随产品周期的变化。

原厂一般在网上会列一个基于很少量的"锚"价格，如1000颗芯片的价格是5美元每颗。大多数真实客户的购买量远高于1000颗，因此我们对"锚"价格不妨设得比较高，因为这些客户肯定在后续谈判中会把价格往下去谈。芯片公司的客户一般是了解这些"锚"价格只是谈判前的价格，因此对很少数量芯片的相对高价不会有太多抵触情绪。

在此简单给出几个随销量变化的动态定价示例，如图4.10所示。

举例- 参考价格	成本	1000颗	1万颗	10万颗	50万颗	100万颗
A芯片	$0.10	$0.80	$0.55	$0.35	$0.25	$0.18
B芯片	$1.00	$7.00	$5.00	$3.50	$2.80	$2.50
C芯片	$2.00	$25.00	$18.00	$13.00	$11.00	$10.00

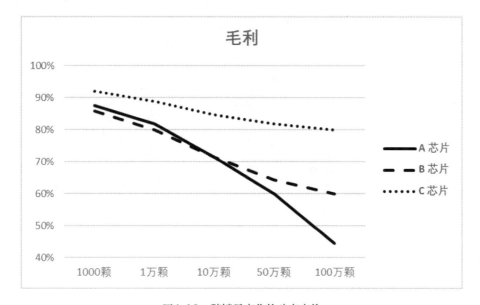

图4.10　随销量变化的动态定价

- A芯片可能是较普通的模拟或电源芯片，成本较低，约10美分，因为竞争者众多，因此在量大到100万颗时，我们必须给出足够的价格优惠，此时产品毛利可能低于50%。而在量较小时，仍然可以维持一个相对较高的毛利。其因素是如果单笔销售量太低时，公司附加的成本（如包装、物流、人力）等仍然相对很高，因此必须高毛利才能覆盖此成本。然而对潜在销售量比较大的客户，一般的做法是直接免费送一些样片，一般不超过100颗，不会为了一点点利润使客户体验变差。
- B芯片可能是数字芯片、RF、无线、传感器等，成本相对已经较高，因竞争者可能较少，随销售量的提高，毛利相对下滑略小。
- C芯片可能是高端DSP、FPGA等芯片，客户使用主要是看重性能，竞争者很少，客户黏性也较好，因此此类芯片一般毛利极高，随销售量的波动有限。

此外，芯片售价总是在前期引入和增长阶段较高，后来都会逐渐因竞争者的因素而跌落。图4.11是基于图2.9的另一侧面，表示的是在销售萎缩阶段，仍然可以通过向下动态调整售价而在短期内使销售量不致下滑太快，甚或衍生出额外的销售额。

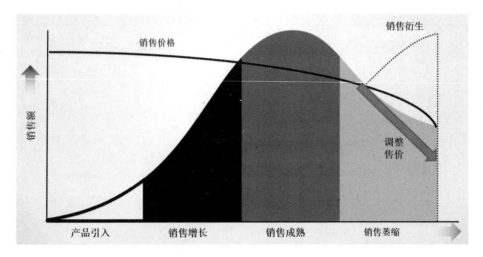

图4.11　在萎缩期通过降低售价而暂时维持销售量

4.7.4　竞争定价

1. 市场本身的竞争性

如在电源管理芯片方向，同样是反激控制芯片，可能采用两种反馈控制模式：主边控制和副边控制。主边控制的缺点是动态响应较差，输出电压的精确度也不理想，然而可以节约一颗约一两角人民币的光耦器件。可想而知，如果客户偏好主边控制的芯片，势必是对产品性能要求不高，而对成本要求极苛刻。市场价格就不问可知是非常低的。

2. 特殊的市场

在某些特定的芯片市场如军工和宇航芯片，因为研发成本的高昂、竞争者的稀缺和客户极少的订货量，一般售价都定得很高来覆盖研发成本（和某些目标患者很少的特殊药物的定价很像），经常毛利可能达到99.9%以上。

3. 客户切换的成本

我们经常遇到的情况，客户有正在稳定量产的产品，而短期内没有开发新产品的打算。在这样的情况下，销售第一时间考虑的是能否推广我们的替代方案来切换客户项目中任一芯片,可能给出的竞争优势是更低的价格、更简单的BOM设计、更优越的性能等。然而,客户如果要切换成我们的芯片,可能有以下几种情形。

(1)我们的芯片完全脚对脚,BOM对BOM可以完全取代,有一定的价格优势,而方案切换相对最为简单。这时我们的主攻对象应该是客户公司的采购部门,因为工程部门基本是无可无不可的态度。但是采购可能因为更低的总体成本而更容易完成KPI,因此更可能去推动工程部门完成替代验证。

(2)我们的芯片脚对脚,但BOM有一定区别。此时除了价格以外,也应该在性能、特色上有较强的竞争力。此时我们的主攻对象应该是客户的研发工程部门,说服他们采用此较好的方案来提高产品性能,因为研发的KPI首先还是提高产品本身的竞争力。这类方案因为在UL等认证机构重新检测的项目较少,对客户切换成本还比较容易接受。

(3)我们的芯片完全不兼容现有方案,客户必须重新设计整体方案。此时,特别是对于重要客户,我们应该有专门的市场和工程方案来向客户公司的高层和工程项目管理者来说明切换成我们的方案的必要性。例如,贸易战环境下切换美系芯片的方案;从模拟设计改成数字设计的优越性能,等等。

多数情况下,客户都有其他芯片供应商类似产品的报价,因此对市场价格有一定了解。而且有经验的客户甚至大致可以推理出某些芯片的成本。在这些情况下,竞争对手的价格和我们芯片的性能等因素,会综合决定我们的报价。在我最初开始做市场的时候,有次和某重要客户开电话会,他们问某最新芯片的裸片尺寸是多少,当时我的老板马上电话静音然后告诉我绝对不能告诉客户裸片的尺寸,因为此客户基本就能推算出这颗新芯片的成本。

此外,很多大客户出于供应链安全、质量等原因会更愿意采购更有信誉公司的芯片,客户的信任度非常重要。2012年时特斯拉还是岌岌无名的小客户,然而当时我就职的IR公司的副总裁曾经拜访特斯拉的马斯克,对其印象非常深刻,让我们全力支持对方。于是我们花了一整年与他们共同开发Model S的逆变器系统,最后在2013年成功量产。后来得知在特斯拉量产后有些竞争对手用低价希望取代我们的芯片供应,然而特斯拉早年耗费了大量精力与我们共同开发,在此过程中培养了彼此的信任感,又有很多共同的Know-how,这样互相建立起来的供求合作,很难被一时打破。

4.7.5 在缺货时的定价

近来因为国内的投资人大力投资芯片设计行业，而相关芯片生产能力无法短期提高，加上因为疫情，很多国际上的晶圆厂和芯片公司不能100%正常生产，加上一些预测上的误判，造成几乎全球范围内的各类芯片缺货。

当芯片工业开始普遍缺货时，灰色市场马上应运而生，在遇到某些高端芯片极端缺货时，灰色市场甚至能炒作到原厂出厂价10倍以上的价格，而有些芯片公司客户也会故意提高采购额，而把自己用不掉的芯片拿到灰色市场上去销售。自然而然，有些芯片公司也在市场缺货的时候眼红，希望通过涨价来提高销售额。

然而实际遇到的问题是，即使短期内我们趁机涨价，最终会引来客户的敌意和丢掉客户。因为客户如果被对待不当——特别是关于价格的时候，会保持很长久的记忆力，并不会因为任何客户人员的离职而带来变化，我方公司很可能就被列上对方永久的黑名单。当市场行情一旦缓和以后，这些公司首先就会取消后续订单，而且马上开始验证其他供应商的方案。

在这种现货交易的灰色市场，几乎也只有类似深圳华强北的贸易商或中间商可以得益。因为他们可以迅速进入或退出某个市场，不用担心长期声誉，而电子公司的采购对其的期望也只是快速找到现货而已，在有时因为缺货导致停产的损失可能非常大时，会让贸易商获利极丰。

但是芯片公司本身必须有长期的眼光，如果要保持住客户，必须给出合理的定价。不能占了客户的便宜，还希望保持住他们的忠诚度。要知道客户的规模大小都会发生变化，而客户工程师也会互相跳槽，苹果、华为固然得罪不起，极小的客户也得同样以诚相待。

我只能想到有一种比较合理，在销售后还可以要求涨价的情形，那就是产品更新换代的时候。经常上一代芯片成本较高，销量也不好，同时供应链可能也发生问题（供应商不愿意支持太小的数量）；而同时已经量产的新一代产品成本更低，性能更好，供应链完善而且客户比较容易切换（如脚对脚）。这样的情况下有些产品线可能直接对老产品给出EoL（End of Life，生产终止）通知，逼迫客户在一年内切换方案，而相对柔和一些的处理方式是对老产品涨价，同时推荐客户使用新产品。这样的处理方式，当然也要十分小心。许多规模大的工业客户，一般都有希望十年内没有供应问题的承诺。

综合以上各种定价的考虑因素，不论出于何种情况，都不应该单纯从芯片成本出发来决定售价。

有句话说得很对:"因为价格进去,也会因为价格出来"。在真正做大的技术公司,如电源界的台达、航嘉等大型集团,绝不是因为他们的电源产品比对手便宜,而是真正的优秀设计、卓越性能和可靠质量才能赢得最大的客户。对芯片其实也是一样,如果我们的芯片性能优秀,给客户带来实在的利益,就应该追求更高的销售额和毛利。而对于某些对性能没有特别要求的场合,除了价格,我们还可以打客户服务、产品质量、客户关系、系统方案等的牌。最好的珠宝店绝不是因为他家的钻石单价最便宜而做大的,品牌的保障才是关键。芯片也是一样。

产品定价是一门艺术,再长的篇幅也很难概括所有的影响因素,这里只是抛砖引玉。如William Davidow说的"靠产品对客户的价值来设价格,(但是)最后卖市场能接受的价格"大概是比较好的总结。

注:以上内容是在2020年年底截稿前写就,在2021年年初以来,市场又发生了行业内都始料未及、翻天覆地的变化。疫情导致大量芯片厂商临时关停了部分工厂,因为假设经济不好又调低了生产预期,而实际上疫情下催生了许多如呼吸机、安防、传感器等新的应用,全球很多地区的消费者因为政府的经济刺激手段也有了更多可支配的资金,因而消费和工业类电子市场反而有大规模的增长。这样此消彼长,造成半导体行业从原材料到各级厂商的产能供不应求,部分老牌欧美公司从拿到订单,要拖到一年以后才预计可以交货。在这样前所未有的情况下,大量厂商只能选择主动和被动地涨价,我的产品线也未能例外。这样的涨价和缺货潮更增加了部分客户和代理商的恐慌心理,进而下更多的订单,造成进一步的缺货而恶性循环。值得注意的是:发布芯片涨价通知的,几乎都不是各芯片细分领域的龙头企业。如TI和ADI在模拟芯片领域是占据第一、第二位的,据我了解是因为芯片产能紧张,交期拉长,但是并未涨价和造成真正的缺货。而中小企业无法承受上游供应链的涨价和产能限制,只好跟随一起涨价。半导体行业未来几年的发展,是很值得期待的。

4.8 客户谈判的艺术

芯片销售总免不了包括价格和其他细节的谈判,芯片价格和性能是客户取舍的两个重要侧面,销售和FAE总是需要了解影响定价的一些基本因素。

考虑到本书读者可能具有不同的立场，这里分别介绍一下价格谈判的一些必备知识和误区，以及从销售和客户的不同角度，如何说服产品线提供较低的报价，最后是销售和FAE能否说服客户接受较高的价格，这些立场虽然看似全然相反，然而实际案例中又都能成立。

近来因为国内不健康的资本市场，不少国产芯片公司喜欢以不赚钱甚至亏钱的低价格抢占市场，其主要目标并非是创造有意义的产品，而是搞房地产或包装上市，我认为这种商业模式不值得效仿，我们还是出于最根本的商业目的：靠累计高价值的销售合同来赚得最大的利润。

在讨论价格谈判之前，必须先对芯片产业各种类型的价格加以定义。

- 平均售价（Average Selling Price，ASP）。
- 预算价格（Budgetary Price）。
- 固定价格（Firm/Fixed Price）。
- 代理商拿货价（Disti Booking Price，DBC）。
- 代理商成本（Disti Cost）。
- 代理商转售价（Resale Price）。
- 阶梯价格（Stepped Price）。
- 战略价格（Strategic Price）。
- 引进价格（Cost of Entry）。
- 目标价格（Target Price）。
- 预计未来价格（Projection Price）。

此外，还有一些涉及不同国家进出口外贸的离岸价、增值税、运费、保险等其他价格的因素，本书不多谈涉及贸易的因素。

ASP，顾名思义，是一颗芯片在某局部市场的大致价格区间。

预算价格是销售与某客户前期接触时可以给的大致价格，用来推动后续的芯片验证。例如，如果销售A问我某客户的量大约是一年100万颗，大概的价格是多少，就可以先给出预算价格，客户基本认可的话再进行下一步的工作。

固定价格是某些公司在电商平台上的固定报价。

代理商拿货价：代理商先依照较高的拿货价支付给原厂取得芯片（一般接近于1000颗的价格），然后在与客户签订销售协议以后，按协议上的代理商成本价向原厂获得差价的返还。

代理商成本：代理商基于某固定客户向原厂采购的价格，根据客户的不同，采购量的不同，此成本可能有较大的差异。代理商成本一般是产品线经理最为关注的点，因为直接联系到产品线的销售额和毛利率。

代理商转售价：代理商销售给客户的终端价格（不含税），一般情况下需要得到原厂的首肯，以免扰乱市场价格或者代理商渔利过多。但也有对于大宗市场，原厂会让代理商一次性买下较大数量的一批货而不控制转售价格的情况。如某客户需要采购10万颗某芯片，此芯片成本0.1美元一颗，拿货价是1美元一颗，代理商成本价是0.5美元一颗，协定的转售价是0.6美元一颗。那么代理商需要预付10万美元给芯片公司，后续得到芯片公司的5万美元差价返还，而客户又支付给代理商6万美元，1万美元就是代理商从此销售单中得到的利润。

阶梯价格：芯片产业（或者任何行业）的惯例，是价格随客户采购量的变化可能上下变化很大，如成本1美元的芯片，可能客户买1000颗的价格是20美元一颗，而买100万颗的价格是2美元一颗。制订针对所有客户和对特定客户的不同阶梯价格也是产品市场人员的日常工作之一。

战略价格：原厂经常对部分核心客户会给出较低的单颗芯片价格，或对所有芯片整体较低的毛利率，称为战略价格。

引进价格：有时原厂希望被引入某客户的许可供应商体系，而故意报一个较低价格，希望在成为供应商以后可以得到销售其他芯片的机会。称为引进价格，与战略价格的意义类似。

目标价格：客户以现有方案为基础而指出的目标价格。考虑到客户切换方案的成本，一般即使新推荐的芯片性能要更加出色，客户的目标价格总是还比现有方案要低。

预计未来的价格：摩尔定律的另一侧面，就是芯片的市场价格总是在不断走低的。部分客户在引入新芯片时，要求每年保证一定百分比的降价，因此第一年的报价，就必须考虑未来的价格。

4.8.1 价格谈判的一些常见误区

1. 避免太早开始讨论价格

在太多的情况下，特别是在亚洲的很多市场应用，容易陷入很多价格竞争。特别是初次推广某芯片时，客户往往会询问某芯片的价格，这时销售需要一方面让客户知道自己可以申请价格，另一方面是尽量迂回，请客户先测试验证一下芯片性能，到后期再讨论价格——价格谈判时切记不能脱离实际芯片性能和市场大环境等非价格因素，而纯粹谈论价格本身。

2. 如何判断客户的真心

有时客户是真心希望用我们的芯片，而同时希望得到一个较低的价格；而有时客户只是想沿用现成的方案，而希望我们报低价来倒逼现有供应商降价，或者客户只是用价格作为借口而拒绝进一步合作。这种情况下最简单的判别法，就是客户在我们的芯片上花了多少时间。

3. 报价的一致性

不要开始虚报高价，然后因为竞争对手的引入和其他因素而大幅降低价格，这样只会让客户认为我们之前在"打劫"他们。当然，最早的报价也要留有一定余地。

举例来说，欧洲芯片的采购价一般是平均高于亚洲的，因此曾经我对某家欧洲家电客户也报了略高的价格。后来销售告知，此客户在中国也有研发中心，而可以拿到基于亚洲的市场价，因此客户的心理价位比我报的价格低了20%～30%。如果事先可以了解，就能够避免这样的情况。

4.8.2 销售如何说服产品线提供较低的报价

- 寻求报价时总是不要按照当前客户的采购量来报。如果假设客户是在成长的，那么让产品线提供一个基于更高量的阶梯报价，总能得到一个更低的价格。当然不能太离谱，如果产品线经理把这个客户作为一件功劳上报上去，而实际远没有这么大的潜力，就比较尴尬了。

- 遇到新客户时，说服产品线需要一个前述的"引进价格"。

- 捆绑销售法。如一颗性能较好、很独特卖高毛利的芯片，加上另一颗普通而廉价的芯片一起销售。

- 报价经常是基于每年的采购量，而可以用客户产品整体生命周期内的总量来询问低价。许多工业产品的周期长达10～20年，全生命周期内对芯片公司的销售额非常可观。

- 用竞争者的报价来给产品线一定压力。某些产品线经理可能对一些区域的市场价格不甚了解，这时就应该想办法沟通竞争者报低价的客观现状和可能的幕后原因（在某些局域市场如中国台湾地区，很多芯片的市场价格是非常透明的）。

- 询问产品线的最低毛利要求。一般情况下，产品线不应该把芯片成本和毛利要求告诉销售，然而在关系较好、较为信任的前提下，产品线还是不介意透露自己的底线的。
- 了解客户是否可能有调整供应商的计划，了解任何未来可能导致采购量增加的原因。
- 有时可能需要先报低价来打入和锁住某客户，然后在短期内创造成本较低的芯片来取代之。
- 如果某芯片是来自原厂自己的晶圆厂，而产能未满，询问产品线是否愿意报低价给采购量极大的客户来填满自己的产能。
- 是否能够让代理商主动降低毛利来获得生意，而希望产品线同时略微让利。
- 如果是较有名的客户，能否在得到低价的前提下，让客户许诺和原厂产品线共同官宣一个合作的新闻稿。

这些策略不只是销售可以用来获得更低的价格，而客户也同样可以主动应用类似的策略。

4.8.3 销售和FAE如何说服客户接受较高的价格

做芯片销售久了以后，会发现世界上生意最好、水平最好的客户，虽然对价格非常重视，但是价格甚至不是前三重要的因素，诸如苹果、华为、特斯拉，其采购的芯片往往并没有压到最低价。

惠普曾经发明的供应商验证体系TQRDC，一直在硅谷的公司中或正式或非正式地沿袭。TQRDC的含义是Technology，Quality，Responsiveness，Delivery，Cost（技术、质量、责任心、交货、价格）。我们后面会继续解释TQRDC的细节，先讲客户可能接受较高价格的一些前提。

1. 单一供应商

如果某重要芯片别无分家可以提供，当然有权利要求更高的价格。英特尔、台积电、高通、英伟达、联发科等，都有很多这种例子。

2. 性能上的提升

任何有助于客户的终端产品提升性能和卖点、解决客户重大问题的芯片，也当然有权利要求更高的价格。

3. 我们的芯片是否节约了客户其他的系统成本

如节约了客户一个变压器绕组或者两三颗电阻，了解此绕组和电阻可能的成本，如果我们把一个略小的数字加到新的报价上去，客户仍然得到了实惠。

4. 质量和性能的一致性

国内现在有很多一两个芯片设计师开办的芯片设计公司，然而即使出价再低也很难打入正规大公司的供应链，因为即使芯片性能不错，然而没有品质管理，没有良率改进，没有自主的测试管理，很有可能在未来的某个批次就出现严重的质量问题。客户不可能因小失大。

5. 供应链和交货的可靠性

很多芯片设计公司如果本身的产品较低端，很难得到代工厂产能的保证。因为代工厂能从上游供应商得到的晶圆数量是有限的，更倾向于做层数多、毛利高的较高端芯片，而低端芯片往往只是用来填满代工厂的产能，因此对于很多做低端芯片的小型设计公司，其供应链保障是相当有疑问的。

曾经有位销售量已经很大的国产公司CEO告诉我，因为代工厂产能一度紧张，不得不和部分重要客户签署了供给的保证协议，而需要舍弃其他中小客户。当然，对于不想被舍弃的客户，宁愿多花一点儿成本来向供给比较有保障的公司采购。

6. 成功先例

在许多消费电子行业，"借鉴"著名公司的产品非常流行。如台达、群光、光宝等适配器供应商，每次新设计都可能引来不少中小品牌沿用同样的芯片方案。而芯片公司可能给这些较著名的客户一些战略报价，而等到中小品牌来询价时，再给较高的价格。一来中小品牌本来销量就偏小，二来也需要保护大客户的生意不致受到太多来自"借鉴者"的冲击。

7. 购买的服务

对于一些有销售渠道而缺乏技术实力的公司，希望有IDH公司给他们提供合适方案。此时IDH公司会为他们做全套产品设计，并因为此服务的增值，与原厂一起卖一个较高的价格。IDH公司为避免客户以后找其他代理商，需要向原厂注册此客户，同时也给予客户持续的技术支持。

8. 参考设计等支持

芯片销售经常受到人情因素影响。如果价格差距不太大，研发受采购和市场部门的压力不大的情况下，肯定比较偏爱给予更多技术支持、关系较熟的厂商，即使价格略贵。

9. 备案需要

许多客户的采购量巨大，为了保障供应链完整性，甚至要求研发在设计时要保证每颗芯片都至少有两三家的供应商，而且给每家供应商都有一定的市场份额。这里有时作为第二优先的供应商，靠单纯降价也无法拿到更多的份额，反而可以要求更高的价格。

关于芯片产业的各种商务谈判，可以出一本专门的书，这里也只能以点概面。更广义的谈判，还包括公司内部如何向管理层争取资源，与其他部门谈判各种工作流程的改善，等等。篇幅所限，不再具体展开。

4.8.4　附属话题：TQRDC的供应商选择体系

对于质量性能最高的电子产品生产商，其选择供应商也自有体系。如在示波器行业占据最高地位的安捷伦（Agilent）就沿用惠普的TQRDC体系。TQRDC的目的是选择更少而更优质的供应商，以最高的责任心、最佳的供货管理、最高超的技术，来提供高质量和低成本的材料。

其关键是建立起规范的供应商表现标准，给予评价、反馈、纠正、改进，然后随时间进展，给最优质的供应商以更多的新机会。

T的技术方面，需要先进的技术，同时先进技术必须满足预计量产的日期。供应商能够与厂商在工程方面协作，给予设计和应用的支持。评价的标准为研发对供应商的表现评价，供应商制造流程的审计，研发项目投入的核实。

Q的质量方面，需要供应商有流程的管理体系，包括持续的各批次精度的改进，芯片的出厂测试验证，提供可靠性报告，及时的产品变更通知（PCN）。评价的标准包括失效率、工序能力指数（Cpk）、ISO认证、流程管理审计等。

R的责任心方面，需要供应商对客户要求变化的快速响应，对潜在问题的及时处理，保证持续的供应，对安捷伦全球运作的支持，全电子化的文档管理。

D的交货方面，需要供应商100%及时交货。安捷伦可保证市场有稳定的需求，然而需要供应商也能逐步减少生产周转时间、合同处理时间，合理包装、后备的交货途径。

最后才是C的价格方面。供应商如无适当理由不能提出加价，应通过持续的流程改进以逐步降低价格。

对于不同供应商的验证结果，客户可能有优先供应商（Preferred Vendor）和已批准的供应商（Approved Vendor）这样的区别。

4.9 客户支持的迷思

大概每家芯片公司都会说，我们是客户优先，支持客户最重要。有些公司在全球各区域都有专门的客户支持专员（Customer Service Representative，CSR），也有专门的客户支持工程师（Customer Support Engineer，CSE），用于处理任何突发或者正常的客户报价、催货、物流、检查设计、定制设计、故障排除，等等。

然而，经常还是听到销售或者客户抱怨说支持不力。在芯片业界，支持客户有如下这样的几点迷思和教训。

1. 只有服务好客户的态度是不能保证好的服务的

哪怕销售和FAE的工作态度再积极，如果总部仓库不能及时送样品，量产交货有延迟，物流有差错……那么态度再好，与客户关系再深也没有意义。

当芯片公司在技术上领先或落后时，特别对于上市公司，是很明显的事情。然而公司在服务上落后时，除了销售和客户，很少有人能够意识到，甚至很难传达到公司的上层。

有时客户在没有第二选择时，只能默默地忍受（然而也会默默地去找替代方案）。我们经常看到不少公司会为了一时光鲜，来投资芯片技术，投资生产能力，而听不到实地的抱怨，不愿意投资客户服务，然而很多时候公司生意越来越萎缩，反而是因为简单的客户服务问题。

我有次开会时说：我们辛苦定义设计产品，销售FAE去努力推广，最后连寄送样片都不到位的话，那么我们花上千万的美元来做研发还有什么意义呢？

当公司服务落后时，要赶上是很难的。当新产品推向市场时，一部分现有资源一定被挪去支持新项目，那么已经存在的问题只会更难以解决。

对于芯片公司，看不见的仓储、物流、报价系统、销售机会追踪系统……这些细节，如果重视不够，可能成为木桶上的那块短板。而对于运作良好、系统自动执行各项任务的公司，如IT系统有良好支持，可以轻松下样片订单，可以得到最及时的样片（而不用专门发信去催），价格可以很快被批复，芯片质量被严加管控，整个生产过程没有瓶颈，可以作出快速机动响应，等等。最优秀的系统和服务，是让人不需要去操心的。

我们了解消费类电子的市场可能波动很快，如iPhone 12发布以后，每月的销量甚至可能有百万部级别的浮动，那么对芯片公司的需求就是可以快速机动出货，这对于光是晶圆流片就需要两三个月的芯片行业，实在不是容易计划的事，然而有的公司就是可以做到很好的计划。

2. 最坏的服务花钱，而最好的服务赚钱

优秀的客户服务是从推广开始，有充足和详细的技术推广资料，递交样片及时，给客户发送特制的参考板，需要技术支持可以很快答复，需要价格很快批复，从小规模量产到大规模量产都发货及时，销售和FAE定期走访，芯片公司高层适时来拜访……润物细无声的服务，才是长期合作的保障，这些当然都是靠花钱来维持的。然而芯片业务的存在就是要服务客户，而客户会愿意花更多投入来保持好的供应商。

真正成功的芯片公司，其原因可能一半属于产品，一半属于服务。但是在投资人报告中，大概说自己服务客户比较到位，并不是很好的说辞。就我的见闻，凡是快速成长的芯片公司，即使产品再先进，也没有支持客户不到位的；而那些苟延残喘的公司，并不是其产品先被市场淘汰，而是先跟不上客户的服务诉求。

当然提供良好的服务很难，另外，要说服客户我们能够提供良好服务，也非常困难。

3. 产品服务需要集成到产品的整体设计中去

产品质量是和产品应用有关的，如果我们发愿要做永不损坏的芯片，那么既不可能，客户也付不起价格（甚至宇航类芯片都是有工作年限的），所以问题就是我们需要做符合目标需要的产品，如对于做1000元白色家电的企业，就需要在客户愿意支付1000元的限制下，能够提供最佳的质量和满意度，同时还有利可图的产品。

产品设计时，没有设计到足够的质量，就会对服务造成影响。如家电企业应该预料到有一定比例的产品在安装后质保日期内会出现故障，例如压缩机问题，因此需要有一定的修理人员。然而，假如故障比例比预料的高了十倍，并不只是修理工人员要增加十倍，而且得加十倍接电话的客服人员，需要十倍备份的压缩机材料，甚至工厂都得扩建才能满足额外的机器需求。

从芯片业来讲，很经典的案例就是对于某些数字芯片，不同客户需要芯片公司烧录的程序不一样，然而烧录机器的容量有限，工程师能够支持客户的数量有限，项目经理能够支持的项目也有限，仓储和料号管理也有限。如何具体服务客户，就成为芯片项目规划设计中需要考虑的重点因素。有的产品线经理会对销售说：如果客户小于某个规模，那么我们就不支持了，然而这往往发生在产品已经被推广，客户已经发生了兴趣，甚至已经开始设计自己的终端产品以后。这样对公司的形象有非常坏的影响。比较可行的办法是在推广时，就限定于在某些应用，甚至在可以共享某些程序设定的场合。

4. 80/20法则不适用于客户服务

在销售中我们经常听到所谓80/20法则：80%的销售额来自20%的产品，80%的业务来自20%的客户，80%的销售额来自20%的销售人员……在芯片行业，好像也可以如此应用。

然而对于客户服务，并不是20%的大客户就需要80%的客户服务了，大客户并非需要更多的服务，而可能需要完全不同的一类服务。

电子业的大客户与芯片厂有一种共生的关系，需要非常紧密的合作。如苹果的订单，需要芯片厂完全的产能配合，因此芯片厂不惜牺牲掉一些中小客户，也要保证苹果的紧急产能需求不受影响。

综合以上几点，客户服务是进入市场的一道关口。在能够提供良好服务前，最好能提供高质量的产品，也需要良好运作的公司系统。公司管理层必须愿意为了提供良好的服务，不惜牺牲一些其他的公司目标。在规模较大的公司里，研发新的芯片或者打入新的客户总是比建立更有效率的后台系统更容易引人注目，然而我认为，如果后台系统弊病太多，那么研发和销售都是属于在建空中楼阁。

第 5 章
放眼看世界

目前，国产的芯片公司能够到西方国家建立研发分部和销售分部的非常少，我印象中可能只有矽力杰等极少数设计公司，以及华虹、SMIC等规模较大的晶圆代工厂有海外的分支，然而也以销售为主，研发的情形很少。这样的步伐与国产的电子公司和汽车公司相比实属比较落后，像华为、小米等公司，Anker等消费电子品牌早已在海外威名远扬，而许多新兴电动车公司也都在海外有研发团队，福耀玻璃这样的传统制造商甚至已经为了美国的汽车客户在美国开厂。

长远来说，国产的芯片公司，不管是设计，晶圆代工或者封装厂，都可以与其他企业一样有走向世界的那天。只有在产业链上与其他国家紧密相连，才没有持续脱钩的风险，而海外的市场非常广阔，以国人的努力程度，一定能在不远的未来抢到很大的市场份额，我很期待看到这样的趋势。中国市场当然非常大，然而具体到某细分应用、细分市场，可能是非常红海的残酷战争，而何妨跳出三界外，到海外来拓展新战场呢？不论读者现在在什么规模的芯片公司，从事什么样的工作，总可以抱有心怀天下的理想然后为之而努力。本章旨在介绍一些全世界的芯片市场，以及交流一些我对于中美贸易摩擦的大背景下，中国对于发展芯片产业的挑战和机遇所在（我也属于是身在曹营心在汉）。

5.1 海外的芯片地域市场概览

在全球性的芯片公司里，产品线经理往往也要覆盖全球的市场，而由旗下区域性的商务拓展和市场经理来负责当地的市场发展和产品推广，我们已经在第2.6节中详细谈过市场团队的建设。这节主要介绍的是全球各主要局域市场的概览和细分的特点。

因为全球芯片市场达到数千亿美元的规模，至少有数万种芯片，谈一遍整个电子工业的芯片市场需求一是无法突出重点，二是确实也在我的能力之外（也许台积电或德州仪器的CEO来介绍比较适合）。我的个人背景主要是在电源、模拟芯片、功率器件这些方面对于全球市场的经验颇有一些，加上一些MCU和数字芯片市场的基本认识，构成本节的内容。本节介绍的是中国以外的其他国际区域市场，至于市场最大，而又是最复杂深奥的中国市场，一来我感觉谈得再多也是管中窥豹，二来我只是每年回来出差两三次，对国内市场的认识或者远不及很多读者，因此只是在5.2节中，通过个人的一些经历与读者分享一些浮光掠影的印象。

5.1.1 美洲市场

美国大部分毛利较低的传统制造业在过去的二十年转移到其他国家，本土的电子工业主要是集中于毛利较高的细分应用，可以支持其较高的研发和营销费用，主要着重于打造更富创新和品牌效应的产品。美国市场比较集中于某些大客户，如家电业可能就两三家巨头，此外如仪表类、电动工具类、工控类……莫不如此。而中国光是家电类上市公司就有六七十家，没上市的可能有数百家，造就了一个远比美国更复杂和有挑战的芯片市场环境。

美国公司多数倾向于与芯片供应商达成长期的战略合作关系（见第5章最后提到的供应商选择体系），需要供应商也同时有长期的投入和路线图计划，在选定个别供应商以后，不太容易因为个别价格问题而轻易切换供应商，这也意味着打入目标客户前期的准备工作会极其繁难。

在电源、模拟等芯片市场，某些美国公司倾向于将具体设计和生产外包给其他海外公司，而自己控制供应商方案的选择，因此为打入这些美国公司，需要同时在海外和美国当地都有团队，一方面在海外做技术方案，另一方面为成为优先供应商而做整体公司层面上的努力。中国每年进口芯片3000亿美元，占到世界芯片产值的近2/3，其中不少采购的决定，其实是通过欧美的总公司做出，而在中国的生产部门做具体采购。

美国的芯片市场基本可分为西部、中部和东部三块大区。

西部又可分为西北区（华盛顿州，俄勒冈州和加拿大西部）——代表性的芯片大用户如微软、英特尔、美光；旧金山湾区——代表性的大用户例如苹果、赛灵思、思科、谷歌、英伟达、特斯拉，等等；西南区（洛杉矶，圣地亚哥）——芯片大用户如西部数据和不少军工、医疗方面的厂商。

中部可分为大湖区（伊利诺伊、密歇根、印第安纳、威斯康星州等）和中南部，密歇根是美国汽车业最重要的聚集地，除了特斯拉在加州以外，绝大部分汽车芯片都卖给这里的通用、福特等大厂和周边的各种汽车电子配套厂家；而其他州有大量零散的工业客户，总体数量相当可观。大湖区的客户一般距离非常遥远，业务开展不易。如工程机械全球龙头的卡特彼勒和约翰迪尔，家电业的惠而浦，汽车电子业的德尔福等，都是在位置相当偏僻的小镇上，每家的雇员都要占到小镇居民的一半。中国目前所做的西部大开发，其实也应该鼓励一些大型企业到偏远的地区去协助开发当地的经济。美国虽然有很多农业州，但是总体来说发展还算比较平衡，没有特别需要联邦补贴的地方，其教育资源和大公司的分布较为均衡可能功不可没。

中南部主要是得克萨斯州，也有个别知名客户，如戴尔就是电源芯片公司做到一定规模时不得不拜访的客户之一。

东部和中部的情形类似，有一些零散的大型电子厂商，销售区域划分一般为东北部（波士顿周边和纽约州客户较多）和东南部（北卡，佛罗里达等）。比较知名的芯片用户像IBM、GE、Arris、希捷、施耐德、西门子，还有一些照明、军工方面的用户等。

对于在美国发展芯片业务的公司，除非特别针对汽车市场，不然就应该把主要的销售精力放在西部，特别是旧金山湾区。因为此地的芯片用户既最多，非常集中，市场又最大，西部的客户以消费类和计算类居多，其随着终端市场变化而调整新设计的动作也比较快。中西部和东部的客户以工业类为主导，周期比较漫长，很难在短期内看到销售的绩效。

对电源和模拟芯片厂家，美国最大的市场应该是在服务器和数据中心方面，此类应用的大客户估计有数十家之多，如英特尔、AMD、微软、

Facebook、美光、谷歌、戴尔、惠普、苹果、博通、英伟达、超微、思科、Juniper、Arista……都有大量的电源和模拟芯片的需求。我没有准确的市场数字，但估计只是电源和模拟芯片的市场整体就能达到百亿美元以上。服务器和数据中心所要求的电源模拟芯片种类繁多，需求规格不一，而某些芯片的ASP和市场潜力远较其他芯片更高，如多相同步buck控制器加DrMOS，平均售价和市场总量就远高于一般的PoL芯片。而在这些市场的竞争也极其激烈，基本上只有产品性能位居全球前三的公司才会有一定的市场份额，单纯靠价格是难以生存的。在人工智能和互联网大数据的业务推动之下，自上而下，服务器和数据中心的市场，只会在将来继续茁壮成长。

加拿大虽然也是工业强国，但是芯片生意似乎不多，至少我所了解的芯片公司都没有专门跑加拿大的销售，而由美国东北和西北的销售兼顾。加拿大印象深刻的公司有AMD的显卡分部，汽车零部件大厂美格纳，飞机制造商庞巴迪等。在温哥华、多伦多和渥太华附近都有一些电子公司。

墨西哥可能成为有一定国际竞争力的工业国。

我曾经去那里见过一些客户。虽然本土品牌不多，然而有些跨国公司在当地有开发符合本土需求产品的分部，家电、工控等客户都有一些，也有不少芯片的代理商和原厂的销售。以前我服务的IR在墨西哥有一家封装厂，技术上非常领先，可能现在国内做功率器件封装的水平，或者还没能达到当时IR那家封装厂的程度。

可能是各种媒体把墨西哥渲染成民不聊生的毒品大国，而在美国的墨西哥非法移民又都是苦哈哈的样子，因此大家对墨西哥的印象不太好。然而我见到的墨西哥，有一点儿中国20世纪80年代的感觉，民风相对淳朴，也有衣冠鬓影、见识高远的人物，在墨西哥城郊区的老城镇附近吃饭，周围不少拉丁美女和气质大叔，感觉颇为良好。我以为墨西哥是离美国太近了，尽管人民比较勤劳，然而长期被插管吸血，以补贴美国为生，没能建立起自己成熟的工业体系。其实墨西哥有大片平原，交通便利，也有诸多良好港口，发展工业的客观条件其实是完全足够的。其边境城市提华纳离美国的圣地亚哥车程不到一小时，然而发展上距离可能有几十年的差距，也只能感叹一下。

除了墨西哥以外，巴西也有一些家电、工业方面的客户，和墨西哥一样，有一些西方品牌基于当地需求建立的研发基地。另外，据说因为当地电压普遍不稳，有不少UPS的厂商（印度也是这样），希望有机会可以去实地观察。

5.1.2 欧洲市场

欧洲的芯片客户与美国的类似,主要是自有品牌,自己销售,而不一定自己生产。集中在几个老牌工业强国:德国、法国、英国、意大利。除了东欧市场比较一般以外,其他国家如西班牙、波兰、芬兰等也都有不少芯片生意。

欧洲因为人工缺乏(并不是因为贵),每年又都有休暑假的习惯,因此对于更新快、低毛利、种类繁多的消费电子设计不太擅长,而以周期长、靠积累的工业和汽车电子最为发达。德国的工业和汽车类的芯片客户可能是世界上最为集中的,读者可能非常熟悉的博世、戴姆勒、宝马、西门子、施耐德、大众、大陆集团……还有大量各种工业细分领域的隐形世界冠军。瑞萨电子在德国支持工业和汽车客户的工程师就有几百人。

欧洲虽然普遍接受英文作为工作语言,然而在不同国家发展业务,基本还需要雇佣会说当地语言的销售和FAE,特别是法国、德国和意大利,基本不太可能从其他国家找销售来拓展当地业务。即使是其他小国家,也需要由当地的代理商引进才比较有效。

做模拟和电源芯片的公司,如需拓展欧洲业务,每年必去的展览会是Electronica和PCIM。PCIM专注于电力电子行业,没有学术的成分,以商业展览、业界论坛、产品发布等为主,几十年来一直固定在德国纽伦堡,基本所有电源和模拟芯片大厂和其他供应商都会去参展,每年也至少有几千人来参加。而Electronica就是耳熟能详的世界上可能最大的电子展,覆盖了几乎所有的电子业应用,2018年的数字是3000多展览商家,来自100个国家的8万多参观者。每年都固定在德国慕尼黑举办。可以想象德国在欧洲电子业的核心地位。

在欧洲参加展览的好处是可以同时约到很多客户、代理商和合作方,强度很高地开几天会。欧洲因为地理限制的关系,见任何一个客户可能都要坐飞机,不太可能像在深圳一样一天见到三四家客户,因此在欧洲参展实在非常重要,可能生意上的联系人全都齐聚一方了。因为疫情的关系,欧洲的展览现在都改在网上举办,不知道会不会是新的常态。

欧洲做芯片业务的另一难点是必然得以大客户为主,然而欧洲的大客户经常有各个分支星罗棋布在各个国家的许多小城,经常一颗芯片从定义到量产走完一个周期,可能还没有找到某客户具体决定能否用这颗芯片的人。当然,对竞争对手也是一样的难度。在欧洲,敲开客户的门,成为供应商可能要花前期大量的功夫，然而一旦做进去了，客户也相对比较忠诚。

欧洲人很会享受生活，每年要放一两个月以上的暑假，在此期间是绝对找不到人的。而工作时会非常认真，2011年时我在IR工作，因为我们芯片在宝马生产时出了一些系统问题，宝马派了一个七八人的技术代表团飞到IR来，自付差旅费，说问题一天不解决就一天不回去，天天开会。当时我加班加点研究问题所在，后来居然发现IGBT有一个设计者都不知道的应用缺陷，做出一系列量产测试更新后，才将此代表团送走。

与欧洲人玩时玩，忙时忙相比，在中国做事业，一个缺点是国内经常工作生活不分家，常常要靠应酬才能谈事情，容易搞得身心俱疲。

欧洲传统上主要有三大芯片公司：荷兰的恩智浦（NXP）、德国的英飞凌（Infineon），以及意大利和法国合资的意法半导体（STMicroelectronics）。这几家公司在汽车应用、微处理器和电源模拟芯片的竞争力都很强，也有各自更细分的擅长领域，这里不作细表。另外，像ADI和Dialog这样的公司，其实际运营的团队主要都是在美国。

5.1.3　日本市场

日本出于各种因素，一直都是致力于建立完全独立自主的工业体系，因此从整个半导体业界非常基础的晶圆厂所用的工艺材料，到设备制造，到芯片设计，整个供应链非常完整，也诞生了像瑞萨、东芝、索尼、罗姆、三菱等一些知名的芯片公司。而本土的电子工业和消费能力也足够支持这些芯片产业，像东芝、索尼、三菱等，本身又都是芯片的大客户，加上丰田、本田基本是瑞萨的自留地，日本本国构成了世界上也是很罕见的一个电子工业的闭环。

日本从前消费类电子和家用电器非常发达，然而日本人市场行动较慢，做大宗OEM的竞争力也不强，因此逐渐退出了这些市场。然而工业和汽车业仍然十分擅长。虽然日本自己的芯片工业比较发达，然而也逐渐意识到自己的专长所在而需要放弃一些部分，所以索尼就专精做图像传感器，在世界上排名第一，而三菱就专注做工业类芯片，松下则干脆退出了芯片产业。因此其他国家的芯片公司，在日本市场都有机会，日本客户也在逐渐开放。

如果有比较独特的技术，日本人比较喜欢买来核心IP然后再自行研发。我曾经与丰田负责人交流时，对方问了很多客户不该问的详细制造细节，估计就是这样的原因。

对其他国家的芯片公司，基本都要严重依赖日本当地的销售和FAE来寻找和支持客户。任何非日本背景的产品线经理，来日本访问都比较徒劳，因为日本客户是很少主动表明自己的需求和评价任何芯片的，只会背后默默地研究，而产品线经理也基本无法与客户建立任何直接的个人联系。虽然日本工程师基本都能讲一些英语，然而都宁愿不说，相反中国人不少英文虽然不怎么样，但是很愿意讲。美国和欧洲的芯片公司，几乎没有听说在日本有研发分部的，难以交流可能是很大的因素。

我现在的产品线也有日本分部的芯片设计工程师，因为对方几乎从不说话，所以我挺不放心，过了一阵流片了，一版就成功，几乎是完美无瑕。相反另外某夸夸其谈的美国设计师，做了两版还问题一堆。也许只是个例。

另外，我的个人感觉是以日本人之细心和精心，比较适合做十年磨一剑的复杂工程，如丰田Prius，其系统之复杂和设计之完美程度，到推出二十多年以后世界上还没有在混合动力上能与之匹敌的产品，只好做技术简单得多的纯电动车。我以前读发动机专业，德国人发明的转子发动机今天在世界上已经只有日本马自达一家在做了，而马自达认准了转子发动机一途，经过六十年苦心孤诣的研发，做了不知多少版本，至今仍然在不断改进。日本现在汽车业主推氢动力方案，不知道要花多少年能让世人见到成果。日本人比较固执，认定一条道路就不管怎样也要继续到底，这样的性格是双刃剑，时时让人感觉可悲而可敬。日本要应对快速迭代的消费类电子市场，和相应需要快速采取行动的某些芯片领域，就力不从心了。

某天有人来找我，说日本瑞萨总部有个研发部门设计了某传感器的原型，但是不知道哪里有客户，也不知道怎么量产，也不知道哪里封装测试，因此来找我问问看能不能将其商业化，我看了他们做的东西，比较吃惊，因为这颗可能是世界上唯一用与主流产品完全不同的物理效应来做的传感器。但是日本这么做其实很正常，也许失败了很多次，就能搞出来个世界第一，看看人家得了多少诺贝尔奖。

有时中国人太聪明，也太想快点儿赚到钱了，但是做芯片产业，还得加些日本人这种"愚"的精神。

5.1.4 韩国市场

韩国的芯片市场基本就是三星和LG，以及生态圈里超过两万家的中小供应商，设计、代工、制造、封装、测试、运输等每一个环节都有非常细致的企业分工。例如，三星的半导体部门有自己的12英寸晶圆厂，晶圆厂有配套的封测厂，封测厂的供应商有专门做封测设备的公司，这些设备公司采购的芯片总额颇为惊人。读者当然可以想象三星手机里面的芯片采购量多么巨大，然而，做芯片市场也往往需要挖掘看不到的背后。

韩国的客户当然也需要当地销售和FAE的支持，然而对于不会说韩语的产品市场人员，拜访韩国的客户比日本还是要顺遂不少，主要是韩国的环境较日本更为开放，客户也愿意主动交流。

三星和LG覆盖的消费类电子领域实在太广，如手机、电视、平板、笔电、家电、存储，等等，让韩国成为所有电源和模拟芯片厂家都趋之若鹜的市场。另外，很多的工业市场也需要电源和模拟芯片的配合，像SK海力士的存储产品就需要大量周边的电源配套芯片。

韩国的汽车电子行业也非常发达，如三星、LG、现代Mobis等，都是汽车认证芯片的大客户。

韩国虽然是消费电子的生产大国，但是因为一些传统因素，韩国采购芯片的市场价格是要高于中国的，电子产品的总体生产成本也更高。因此韩国的厂商很难在低价位的大众消费类产品上竞争，要做类似小米手机是没有竞争力的，韩国也很难做各种电子产品的代工。因此对国产的芯片公司，如果能在韩国建立销售组织的话，在价格方面肯定会对客户有吸引力。

韩国在20世纪60年代以前还是有大量劳动密集型的重工业，后来受到第二次石油危机的影响，制定长期的战略来发展高附加值、低能耗、高科技的新兴制造业。韩国以举国之力来发展半导体，特别是存储芯片，现在全世界半导体公司的销售额前五名里一定会有韩国的三星和SK海力士。韩国的电子产业，原来几乎没有基础，在时刻面临战争的阴影下，靠两三代人就拼搏到今天的地位，让人敬佩。

5.1.5 新加坡和印度市场

新加坡在世界电子工业中的地位相当之高，其GDP有三成之多是来自电子工业。很多欧美电子业老牌大厂，在几十年前开始拓展亚洲业务时，考虑诸多地缘因素，首选不是新加坡就是中国香港，而中国香港基本只能做贸易销售，如果要在亚洲开展研发和生产，当时只有新加坡有较好的条件。后来虽然很多生产搬到了亚洲其他地区，新加坡的亚太总部却一直保留了下来，如飞利浦、伟创力、戴森等，这些公司都有研发内容，也都是芯片公司的目标客户。

不少半导体公司，例如意法、英飞凌、安华高、大型代理商安富利等的亚太总部都在新加坡。新加坡本土的芯片公司也很多，代工厂有SSMC、UMC、格罗方德等，在芯片业界有一定地位，封测厂也有UTAC等品牌。然而虽然以前有领导地位，随着中国近一二十年在高科技领域的迅猛发展，新加坡毕竟从人口和市场方面都是远远不及的，以后其在电子业的发展还有待观察。

芯片公司在东南亚的销售拓展，一般都以新加坡为地区销售分部，辐射印度、泰国、马来西亚等地。我去新加坡拜访客户的时候，对这里印象很好，各方面来说都非常宜居。不管是当地的销售还是客户，风格都十分开朗，交流起来毫无阻碍。

印度理论上的市场很大，特别是仪表、小家电、电动车等市场，各种简单的芯片都是动辄几千万颗的销量。印度虽然语言交流无障碍，然而可能因为环境问题，西方国家半导体公司的产品线经理一般没人敢去跑（包括我在内），而印度的本土电子公司几乎没有能力销售到海外，一般其他国家的人对其品牌也不甚了解，所以只能靠当地的销售和代理商去覆盖。印度市场出于我不太能理解的原因，其并没有任何本土的芯片设计公司来打价格战，而很多芯片的市场价格却甚至低于中国。

5.2　访问中国芯片客户的故事

我想要通过芯片的推广和销售来谈一下中国的电子工业，然而感觉不易着手，牵涉的方面实在太多，芯片种类和整体电子市场属于浩瀚无涯，而我见识又极有限，苦于无从着手。读者如果需要了解一些中国电子工业和芯片行业发展的历史，可以参考文章《中国芯酸往事》和陈少民先生2018年所著《战略高地——全球竞争与创新》一书。但是，我可以串联起几个自己亲身阅读和经历到的场景，简单谈谈体会。

场景之一：

某年回国见客户时，上海的销售希望带我去江苏天长市的一家客户。因为每次回国都时间有限，所以平时见的多是上海和深圳附近的大客户，很好奇为什么要去天长市这个地方，销售说其实很有意义，去过就知道了，于是就去了。

几经辗转到客户那里，典型三线村镇的格局，前面一栋楼办公，后面一栋楼生产，客户公司的老板亲自来接待，和我们谈他们的起家史。

这家老板原来做过各种生意，直到多年前感觉到电动自行车生意有潜力，通过在镇上开充电铺子赚到一点儿钱，这时开始动脑筋能不能做充电器。当时他手下人最高学历只有高中，但是从拆开来复制一个现成的充电器开始，居然就做成了较为粗糙、效率不高，但是可以工作的充电器开始卖。后来镇上的人看充电器生意不错，开始与他配合做各类加工厂，如变压器、线材、电路板等，到后来除了需用的芯片自己不能做以外，其他所有供应链都已经在镇上就能完全供应，久而久之，生意就越做越大，开始覆盖全国。

这样的案例，神州大地所在多有。我见过的还有舞台灯集群、LED路灯集群，适配器集群……

场景之二：

在长三角和珠三角我见过各式各样的客户，如果是走给客户代工的路线，不管是电视、家电、主板、照明、电源……很多技术水平其实不错，销售量也相当大，甚至是上市公司，然而给人的感觉就是传统制造业，其工位狭小，员工士气也不太高，交流起来是先发烟后喝茶的传统风格，卫生间味道一般都非常让人难忍。

而我一直印象很深刻的是深圳的安克创新，数次拜访都感觉对方是非常有硅谷风格的公司。其创始人和高管都是美国谷歌和前谷歌中国的员工，其早期主打的是充电器，高管团队当时并没有任何电源的背景，看到美国电商市场的用户可能需要除了原厂充电器以外的选择，从这样细分的领域开始调研市场，开发产品，严控质量，逐渐做到亚马逊上的第一品牌。就其质量而言，与苹果等原厂的产品无二，而给客户多种多样的充电器、充电线、蓝牙音箱等选择，就填补了很多原厂无力覆盖的配件市场。

安克的技术实力真的比竞争对手强吗？完全未必。高水准的电源和配件厂商在深圳比比皆是，然而能有自主品牌的寥寥无几，只好给别人做代工。这些厂商的眼光和能力，即使多年来销售额做上去了，或者还没有脱离他们出身的环境，这些厂商，很可能和场景一的客户有其共通之处。

安克的代表团曾经有一次到美国供应商来验厂，都能用英文侃侃而谈，我当时也有去接待。之前之后都从没见过任何中国的客户会到美国来验厂，甚至华为、中兴也没有听说过。可见其国际化程度之深。

场景之三：

我以前每次去深圳时，都希望销售带我去见某高端服务器电源公司的副总裁，其产品直接对标这个细分行业龙头的美国公司，把对方在中国的市场打得七零八落。这种产品开发难度非常大，涉及很多硬件、软件和系统设计，又要与客户相协调在系统中整合，远非一般的电源适配器可比。但是这家公司有国内最早做通信电源的公司——华为安圣电气的血统，实力强大，就能做这样的产品。其副总裁见识既深，说话又透彻，每次我们去拜访，与其说是推广芯片，不如说是被上课。他的公司试用我们芯片以后，往往能找出不少非常微观的细节瑕疵，让我们不得不非常重视他们。

某次又去拜访他时，该副总裁很激动地和我讲："我们产品性能很好，原来卖得很贵的，你也了解。但是后来又出来一群人抄我们的板子，而且他们就算抄也看不懂，我飞了根线他们都去抄（电子产品量产以后如果要改设计但是又不想大动作就可能从电路板上飞一根线）。我后来烦死了，官司也没法打，就把毛利降到最低，他们看到无利可图也就不抄了，你说怎么办呢？"

我的几点感受：

- 因为访问过不少全球的电子厂商，个人的感觉是只有中国大地才有像场景一这样，拥有大批出身非常普通甚至贫寒的人，仍然对改善自己的生活充满无限向往，认为没有什么不可能做的事，而且付诸实际行动。在很多国家即使所谓"民主"，然而有很多隐形的阶层存在，其出身低微的人要跨越阶层，难度出乎想象。就凭这一点，中国的电子产业就有无限前途。

- 我2005年前在上海大众的发动机电控部门工作，当时要做些自主研发的障碍是非常大的，后来2008年在美国做无线充电、LED调光等，当时中国还没有这方面产业，然而只是数年以后（可能要一部分归功于互联网），我看到的是博世、大陆、德尔福等世界先进的汽车电子公司，认为中方的团队已经远超过做修修补补的能力，而放心地将适合全球销售的产品设计都放在中国。

- 以中国制造业规模之大，要能完全罚没所有抄袭他人设计的公司，基本也是不可能的。但是中国的专利法，不能总是板子举起，轻轻落下，要像有些国家一样，真能对恶劣的侵权者罚到倾家荡产，才有警示作用。国内如果某大公司开始和小公司打专利官司，经常听到评论说："当被告了？这家小公司挺成功的嘛？"养成这样的风气，只会打击真正吃苦耐劳做研发的公司。

- 在民用电子工业的应用层面，中国依靠庞大的工程师数量优势，在技术方面的整体基本已经站在世界之巅，虽然仍然有缺陷，然而比起大多数国家已经全面得多了。如果在这个界限内的某种应用中国尚未占到领先位置（如医疗仪器、高端示波器、高精度数控机床等），主要还是经济上投入产出比例不划算，或者市场风险太大，并非是技术方面遥不可及。如果不以盈利为目的来攻关的话，应该是可以打造出来的。当然要管控质量，打造品牌，还有很长的一段路要走，技术实力强的公司，不能总是帮他国贴牌。

- 在机械和电子工业的供应底层方面，诸如晶圆厂的设备、材料、各种工程设计和仿真软件，等等。国外的公司摸索了几十甚至上百年，走了无数的弯路，积累了很多的know-how。但现在至少很多路怎么走已经了解了，剩下来的就是是否需要坚决去走通，如果是不以盈利和市场为目的，只为了解决"有"的问题，那假以时日是可以做好的。之所以从前国内很少有投入芯片制造设备如光刻机之类的公司，是因为做出来初代的，别人已经做了四五代，在市场上没有竞争力，但是技术的发展并不是无限的，可能到七八代，已经到了物理的极限，那么只要等得起，就可以和国外的设备一起最后接近物理极限。然后，或许通过基础科学的发展，有一个根本的飞跃。

- 中国的电子制造业体量极大，但是有极大的比例是做出口的生意。我没有直接的数据，但是走访了不少中国南部的电子厂，很多厂有九成以上都是出口欧美，国内根本消化不了他们每家厂年产的一亿个LED灯或者适配器，这些厂都还是走代工路线，自己是没有品牌的（谁会留意宜家卖的LED灯是来自哪家厂），因此毛利都极低。

但是这些都是以前中国制造的印象了，未来应该是属于类似华为、安克创新这样的品牌，全部国产而能行销全球，毛利都留在中国，才能摆脱大而不富的现状。

不过我担心的另一点是，各种代工厂从业人数太大，将来能否走好内循环之路，还需要当局者好好谋划。

- 电子制造业和芯片工业的未来，仍然会是在中国。即使只在十几年前，欧美半导体公司很难看到产品线经理的角色会由中国大陆地区来的人担任，基本都是白人男性，少数会用印度人。但是这些年已经有不少我这样的背景可以担当管理层角色，这其实是因为中国的市场和客户，对于任何芯片公司都非常重要，因此需要有这样文化背景的人来作为平衡。因为客户、晶圆厂、封测厂、设计者都可以在中国，那么欧美公司的领先地位，只会越来越被蚕食。

中国台湾地区在电子代工领域鼎鼎有名，台积电自然不用提，全世界纯芯片代工的工厂，技术实力上还没有可以与之比肩的，联电、力晶等也占世界前十。而更强大的应该是在计算机、笔电和手机的代工业务上，鸿海、和硕、仁宝、广达，2018年时都是世界500强，台湾地区电子业的产值占了全岛GDP的三分之一，实属其命脉所在。

虽然是代工业，然而基本上中国台湾地区的电子厂已经完全掌握了计算机和笔电等的系统设计，因此戴尔、惠普、微软、谷歌等西方公司，主要经营自己比较擅长的软件、系统和生态，而将硬件的部分非常放心地交由台湾地区的代工厂来做，最多自己对芯片供应商的资质和整体方案把把关，最后要制定详细的验证和测试方案，但是设计细节的部分可以不太管。要打入台湾地区公司的芯片供应链，比较重要的是先要在这些代工厂的客户方得到认可。

中国台湾地区地方狭小而电子业同质化颇为严重，一个大客户的采购可能有好几家类似的代工厂可以选择，所以一是在产品性能上要精益求精，二是价格上也要杀到最低才使其最终报价对客户有吸引力。台湾地区的电子从业者几乎都来自几家大学和几家大厂，几乎没有什么行业秘密可言，一颗芯片在某家公司的报价多少，或者一家打算采用某颗新的芯片，很快整个台湾地区的同行就都知道了。

在电源方面，台湾地区的几个大厂——台达、群光、光宝、明纬等，在国际上非常知名。很多欧美大厂如苹果、微软等，在主机以外的电源适配器上自己不做任何研发，只要去台湾地区下单采购即可，然而单纯做电源的大公司，也类似是代工的角色，角逐的是比较低毛利的市场。

代工业竞争的激烈也影响到芯片的销售，台湾地区的芯片销售和FAE基本压力都非常大，各家芯片公司都认识所有的客户，客户关系都很好，生意的体量和销售流程也是很明确的，客户本身的盈利压力也非常大。所以芯片销售案常常要竞争到电路板上最后半分钱的成本，最后一个电阻的BOM，才能赢过竞争对手。芯片公司在台湾地区分部的FAE，被客户关禁闭在实验室，问题不调好不许出门这样的事情，不算是新鲜事。以前的那些FAE同事，就因为这些客户的压力，被锻炼得技术实力非常强。

代工业并不是能让员工日子过得很舒服的生意。因为很简单的道理，如果代工业要求的毛利高了，可能客户就拿到其他国家去做或者干脆自己做了（同理，低技术的晶圆代工和封测行业毛利也都很低）。之前我去过台湾地区的某PC代工大厂拜访，年销售额百亿台币以上，但是年终净利润大概才数千万台币，基本在亏损的边缘。其他代工厂几乎莫不如此，尽管工作非常艰苦，然而比较世界上做电子行业的同行，只能最多达到一个温饱的程度，代工模式的不利之处：因为毛利过低，成本控制很严格，如果做过多研发，会严重降低利润而回报又有风险，因此很难有大的发展。而这些代工企业在硅谷的客户群，依靠品牌的溢价，不用做过多研发，毛利就非常高，日子过得非常舒服。

然而可能只在十年以前，台湾地区还是有很多自主品牌进入世界500强甚至占细分行业主导地位的，当时最著名的如威盛、华硕、HTC、Acer等，然而出于各种原因，这些公司如HTC等都是昙花一现，现在已经深陷泥潭，苦苦挣扎。这些公司衰落的原因可能又是一篇大文章，总体来说，美国不太能容忍东亚任何地域有自己的品牌溢价，来蚕食美国本土的市场，最好东亚永远给美国打工。我可以合理想象，HTC当年一定是经受了西方国家的手机公司没有经受过的折磨。

不过近年来，台湾地区自己的芯片设计业因为台积电和其他代工厂的加持，成长非常迅速。举个细分市场的例子，在USB快充市场上，伟诠虽然是个芯片小品牌，然而因为提前布局，市场和产品策略明晰，动作也够快，前期占据了世界上非常大的份额。然而台湾地区的不利因素是本土的芯片原厂品牌能力还没有强到能在国际上销售，而本土消费芯片的市场很受局限。

5.3 国产芯片突围的一些想法

华为公司、中兴公司受芯片限制的掣肘，近年来让国人体会到虽然中国可称为科技强国，然而还有来自底层建筑的严重落伍。根据IC Insights 2018年全世界芯片公司按公司总部所在地的市场份额数据：其中，中国台湾地区占世界总产值约6%，其他中国地区占3%，与美国、韩国、日本等地的芯片产业，还有非常大的差距。而全中国的芯片公司又更多局限于芯片设计公司（占比13%），而在有自己芯片制造厂和终端芯片品牌的IDM公司方面，其占比更是小于1%（代工厂不算有自己的芯片品牌）。中国每年进口国外的芯片多达三千多亿美元，毋庸置疑，要扶持中国本土的芯片产业，肯定不能只扶持华为的供应链，必须从全方位计划，在各种应用、各种产品分类、各种芯片的生态环境，都要有一定的规划，才能齐头并进。

对于非芯片业内人士，认为华为受限制不能采购手机芯片，就是中国芯的痛点，因此要大力砸研发费用来技术攻关。实质来说，华为受限的主要是手机主控的中央处理器和通信基站上所用的部分芯片，虽然可以自行设计，然而没有办法用台积电以外的芯片加工厂生产（国际上能生产的就是英特尔、三星、台积电三家，唯一不是自用的只有台积电）。其余可能九成以上所用的芯片，对制造工艺要求没有中央处理器那么高，华为都是可以自己设计，用海内外其他第三方代工厂生产的。虽然美国可以继续从设计软件和芯片加工设备的层面上来禁止，但实质上也不可能完全禁得过来。至于军工、宇航类芯片，其实从设计角度难度要小得多，因为此类芯片重视的是可靠性，对性能要求不高，因此中国的芯片工业尽管竞争力不强，然而远远达不到影响国家安全的地步。

读者或许不了解的是，包括华为在内的国产电信厂商如果自己做大多数自用的芯片，考虑到商业回报和风险，是完全不合算的。如每年用一颗价值一美元的芯片一万颗，就没有必要花上几百万美元的开发费来做，而只需要向供应商采购即可。华为这样复杂的系统生态，估计至少用到数千到上万种用于各种用途的芯片，而现在既来不及，不需要，也没有可能完全扶持国产的供应链来将华为所用的芯片全部取代掉，甚至于美国也没有可能以一国之芯片体系来完全供应华为，必须加上其他日韩和欧洲公司的各类芯片。

任何大型电子公司，所用芯片种类都极其繁多，而其核心的几颗芯片比起周边无数搭配的小芯片可能价格差几十到几百倍，因而没有意义来自行设计所有自用的芯片，从开发成本，风险，人力资源到供应链维护……这笔账没有办法算。像苹果和三星本身有很强大的芯片开发能力，也只是注重开发几颗核心器件而已。而国内电子厂商很多也在走类似的路线，以功率器件来说，比亚迪就做用于自己电动车的IGBT，因为自己的需求够大，可以支撑一个开发项目。有些家电厂即使技术实力不足，也会买一些IGBT晶圆来，自己做封装以节约成本。

当然，如芯片加工设备、加工材料和芯片设计软件，中国是比较落后的，然而，其他国家也很垂涎这些设备和软件的生意，而可能并不受美国限制。因此国产芯片的困局，主要还是因为芯片的生态还没有完全建立起来，而压力来自群狼环伺，欧美日韩早已在芯片供应链上将中国的电子厂商牢牢包围，因为其20世纪60年代以来的先发优势，已经积累了几万甚至十几万种的芯片，从性能指标，到质量管控，到完整的产品目录，都是国内厂商还无法比肩的。而国内电子公司的客户，也不可能牺牲自己产品的性能、质量和成本来专门扶持国产厂商，否则就是自掘坟墓。因此虽然现在各地都在砸钱，没有好的整体规划，可能还是会造成大量的浪费。

我想读者可能有一些投资人士或者政府人士，下面的一些想法可能对读者之中希望助力中国芯片发展的人士有用。至于对芯片没有兴趣而只对割韭菜有兴趣的，可能就不是同道中人了。

1. 芯片设计和生产与互联网行业完全不同之处

芯片产业本质上是制造业，从定义、设计、流片、封装、测试到销售走一个循环，最短的几个月，长则需要几年，其中还有因为各种原因而失败的项目，因此每个项目，必须最大地实现盈利，对于毛利率和销售额都必须同样重视，公司才能逐渐成长，这是国际上所有成功的芯片公司必经之路，只能一步步走，没有快捷方式。

国内现在不好的趋势是许多投资人从互联网行业尝到了甜头，也希望通过不赚钱的价格来打市场，再去证券市场收割韭菜，或者去政府要补贴的模式来得到回报。这样的做法，曾经毁了一些很有希望的行业和公司。经济有其规律，很难拔苗助长。

芯片产业当然值得投资，而且芯片公司除了一定启动资金以外，只要是按照市场价格销售，是绝对不需要补贴的，其本质应该是高科技、高毛利的好生意。国外一些成功的芯片公司，甚至从创始到被收购都从未融资过（如Micrel）。对于某些国产芯片公司，持续亏损，售价近似甚至低于成本的芯片公司，其已经在破坏市场秩序，需要有更多上市的监管程序。否则，扶持几家这样的公司上市，等于毁坏整个行业。

2. 切忌胡乱投资引资

我看到一份朋友传来的材料，是某化工行业上市企业已经投资的一家芯片公司。其材料惨不忍睹，完全罔顾市场，列了几个耸人听闻的标题，用一些人尽皆知的极低端芯片作为发展目标，就拿到几千万元，后来做了一颗卖不掉的芯片以后就再继续索取更多投资（这时此上市企业开始担心了，委托朋友把此材料发给我看），这个还算是能做一点点事的，虽然做这点儿事实际上只需要几十分之一的价钱。

还有其他所谓芯片公司，连芯片设计都不能做，做的是贴牌的生意，其醉翁之意是政府的土地和补贴，我了解个别这种事。

长三角和珠三角的政府部门，见识很广，已经没有那么容易被骗，所以我看到骗子们已经转战东北和西部。解决的办法是：①政府或投资人必须对申请人的背景详加调查，确保真有实力；②必须引入多方没有利益相关的评审来综合评价，其实很多骗局，甚至拿到某些专业的微信群里都能一问即知；③要避免极个别人就能做出重大决策而没有监管和追责的体制。

话说回来，未必很多项目都是纯粹的骗局，有时创业者也可能是想真正做好事情，然而人有很多认知误差，可能无意间都会自吹自己的能力，不可不察。

3. 保护技术人才

承接前一条的反面，是我所认识到的某些投资方和政府方，可能以前有过一些不愉快的经历，对创业者十分怀疑，百般掣肘，甚至动不动付诸公堂。有技术方面真才实学的人，不一定在公司运营甚至技术研发的所有环节都擅长，而且因为各种客观环节的限制，未必马上就能有成效，管得很严但是又不能在除了资金以外的其他方面予以支持，就可能预示着失败。我有位前同事确实是海外非常擅长某器件工艺的专家，回国发展以后自己开公司，后来与当地政府闹得非常不愉快，只好再度离开。虽然不了解所有的内情，但仅以他的技术能力来说，其实是国内非常缺乏的。

这一条看起来和第二条切忌胡乱投资引资有一点儿不一致。但实际上，投资的公司和人是否靠谱，是否确实有真才实力做好一个项目，只要是凭着公正心去衡量，在项目前期引进第三方评估，并不难判断。确实投资了以后，如果是本着为创业者服务而不是监管的心态，成功的机会也就高了很多。

4. 清醒认识公司的定位

有些看起来很好的项目其实也不尽然，至少很可能是无法支撑起所需的估值的。有些财团收购了国外的某些芯片产品线，然后重组包装到中国来继续资产运作，牛皮吹得非常大。其实投资者应该认识到：国外公司首先为什么要剥离这些芯片项目？很可能是因为市场已经萎缩，毛利已经很低，运营成本过高，影响上市公司的业绩，因此才打算出售，其技术完全有可能国内早已掌握，根本支撑不起这样的估值。

不过我了解两三个这种收购项目，出钱的甚至都不是收购方自己。最终，高估值可能由政府或者韭菜来最终接盘，很多银行坏账也由此而来。

5. 小心一切号称"新一代""革命性"的项目

芯片产业在海内外发展了几代人，实际上到今天，除了少数产品还在突飞猛进以外，欧美日韩所有的公司大部分都在微创新阶段：设计一颗具有新功能或者改善一些参数的产品，改善一些工艺的良率，降低一些整体制造成本，诸如此类。已经很难有革命性的变化和发现新的空白领域，即使有新材料、新制造，也要耕耘几年或十几年以上才有商业上的成功。所以遇到如果没有客户和生意的加持，就号称做"新一代"半导体的公司，就要小心了。即使技术上是可实现的，创业者也总会有意无意地夸大市场的前景和商业成功所需的时间。

我曾经问某位资深同事：如果你去创业，会先想做什么芯片？他想了半天，说可能还是先从最简单的做起。这个回答很实在，我很认同的。

对于号称做"第三代"半导体的，其实要先问他第二代会不会做。能力不会空降而来，国外凡是做氮化镓、碳化硅的公司，无一不是建立在已经十分强大和成熟的硅技术上的。做芯片事业，没有弯道超车的办法。

6. 对技术的来源详加考察

如果某人只是在海外某企业做了几年，资历还没有到一定程度，就回国号称要填补国内空白的，那么要小心其技术的来源，可能并非是来自于他的头脑。这些情报并非没有价值，事实上有些国内公司在前些年最早开始时也有这样的原罪，以后希望国内市场总会逐步正规化。

我现在的老板说过："我们希望拥有你的经验，而不是你对前公司的了解。"我们对于引进的技术和公司，也应该抱有同样的期许，如果今天对方可以出卖前公司的商务和技术情报，明天我们自己的情报也藏不住。

在中国经常听说某公司某一块业务的负责人感觉这生意自己也能做，然后就带一个团队离开和老东家做完全一模一样的事情。而欧美国家分离出去的公司很普遍的情况是某人希望做某方面的新改进或新产品，而公司出于各种原因无法支持，因而出去单干，这样成功的机会其实非常高（如Arista Networks 与思科的往事)。在美国很多半导体公司都有仙童或者TI的血统,但是这些人离开时一般都是意识到市场有新的需求,因而很少与老东家的产品直接竞争而去做其他产品,因此欧美的电子行业枝繁叶茂,覆盖了全行业从最基础的材料、设备到终端的应用;而国内目前在手机、家电等消费类应用过度竞争,导致了很多资源的浪费,而最基础、最关键的一些工业端却没有投入。

7. 保护知识产权

承接上条。保护知识产权,看似是老生常谈,其实做得远远不够。在中国申请专利,门槛比欧美低很多,这是不争的事实。美国任何专利的审批都要两三年起甚至更久,而中国的公司成立没几年就已经上百个专利了。我在美国申请了几个专利,每次都被评审的人问细节问得很透,在细微处如果和前人有哪怕类似的地方,都会被否决掉。专利律师在美国年收入很高,是可以做到老的工作,很多华人工程师会去读法学院来转行做专利律师。

在中国很难用手上持有的专利来打赢官司,如果有公司窃取了专利而大卖,很容易得到地方的保护,几乎原告方是很难得到合理赔偿的。希望这些情况逐渐能有改善,虽然具体做起来很难。

至少,希望不要让帮助客户做反向工程,间接偷窃原创方智慧财产的某些公司能轻易获得融资甚至公开上市,这种中国特色不要也罢。

8. 不要只限于简单替换,要与客户共同保护供应链

目前比较流行的芯片创业金句是"国产替换",而且甚至有公司把脚对脚替换做成公司文化衫穿在身上。这样的创业起头比较简单,通过各种途径了解到某客户采用某国外芯片并且量较大,就用各种办法来做反向(不说抄袭吧),做一块非常类似的芯片,用极低的毛利来抢这个生意。

这样的创业当然也可以做,有些在业内较有名的公司,其开始也是做脚对脚替换。如今有科创板就更加激励了这样的模式,科创板个人是不大赞同的,最终很可能把芯片产业做成一个烂大街,一群破产公司的行业,芯片产业有其制造业特殊性,把芯片当成互联网来运营就错了。

用低价来换市场,除非通过资本运作,否则长此以往公司就很难维系,做的芯片多了,管理和销售成本就直线上升。国外的芯片公司一般很少融资,因为都是高毛利的企业。现在靠互联网模式运作起来的芯片公司,不是为了赚取客户的钱,而是为了割韭菜,这是很破坏行业健康的。

芯片公司更好的路线是与客户共同保护供应链,不一定要低价,但是给

客户第二套、第三套整体系统的备用方案，或者做国产替代而性能更优越的方案，这样才是给客户提供最大的价值。

9. 寻找和发掘蓝海，避免深陷于红海的争斗

承接前条。如果是同行公司都能发掘到的客户方案，都来做脚对脚竞争，那么最后很容易滑落到每个销售都会用的武器——价格，最后变成谁都没有饭吃的红海。

然而，如果能多思考，利用一些产品定义法则，可能把红海变为新的蓝海。因为芯片是电子产品的根本，因而芯片定义和设计上的重大革新，可能重新定义此电子产品的市场。

10. 公开信息，防止掮客

国内的掮客非常之多，我在房地产行业做高管的好朋友说："中国最大的生意就是介绍生意"，这话反映了一定的现实。我不止一次遇到有人说"我来帮你找个项目，找到投资/地/补贴后给我一定比例的回扣"。如果中国能够规范化此类招商引资，信息公开，用第三方的评审，就可以使培植这些掮客的土壤不再那么肥沃，然而前途漫漫。美国不是没有这样的人，不过法律严格，因而比较低调。

11. 联合可联合的势力

中国每年进口芯片达到3000亿美元之巨，我没有具体按照国别分类的数据，但是相当大的比例是来自欧洲和日韩的。中国市场既然极之广大，美国也没有可能完全禁止其他国家向中国出口芯片（最近英飞凌提出可向中国出口100%不依靠美国技术的芯片，不少公司也都在提出重新出口华为的申请）。

中美贸易摩擦以来，不少国产电子厂商开始意识到了保护供应链完整、多套方案的重要性，因此增加了很多这方面的工作。实在地讲，国产电子厂商应该团结更多国际上的供应商伙伴，扩大圈子，不必强行要求全国产的解决方案，这样既无竞争力也没有供应链的保障（现在已有矫枉过正的趋势，很多应用其实还没有成熟的全国产解决方案）。

即便是美国也无法在大多数电子产品上保证全美国芯片而且有竞争力，否则特斯拉的车肯定要比现在慢得多了（其电控的主要功率器件用德国英飞凌和意大利的ST）。

12. 放眼海外，扩大国际影响

国产的芯片设计厂商，部分像矽力杰等，已经完全具备了在国际上竞争

的能力，因此也在硅谷设立了销售办公室，而尚待其他厂商有这样的眼光和实力，能够像华为、福耀玻璃等其他制造企业一样直接到海外来竞争。代工厂如华虹，SMIC在硅谷也有销售点。

美国对中国使用芯片的电子企业种种限制，部分原因也是由于国内的芯片设计企业在国际上几无存在感，如果任何美国的电子大厂有一定比例的重要应用使用了中国的32位MCU、FPGA等较重要的芯片，那么也会有一点儿投鼠忌器。

在国际上竞争未必一定要在当地建芯片的设计团队（除非当地有某方面的优势），但是高质量的销售、FAE和一些AE团队可能还是必要的。此外，对于专注汽车芯片方面的公司，在美国或者德国建测试中心也是能够建立质量品牌的选择。

额外提一句，展会的宣传其实是扩大海外影响的很好选择。虽然现在有很多互联网营销工具，但有时还是比不上实际感触到的产品。如果感觉到英文交流有一些困难，则有很多第三方的营销公司可以协助。另外，同样是参展，占据核心位置的大展台虽然成本可能是偏僻角落小展台的十倍以上，但是我的看法是大展台吸引的人流量，可能是小展台的几十倍以上，要么不做，要做就要非常吸引眼球。纯粹把参展当成政治任务就没有意义了。

13. 做些实事，少收割韭菜

我曾经与某业界大佬聊天，谈到可能错失的某些财务自由的机会，该大佬很风淡云清地说：其实我们退休时资本都会足够的，只要能享受这个到退休前的旅程就可以了。

从这个角度来说，中国现在芯片从业人士面临很好的市场机遇，但是总应该有些志向，在自己有限的职业生涯里争取使中国乃至世界的芯片工业有一点点进步。如果我们退休以后，孩子问起我们一辈子的工作，说是照抄了几块国外或者国内的芯片，好像也是有点儿浪费资源，可能我还是天真了。

14. 努力奋斗

Samuel Goldwyn 有句名言：热爱工作的人是没什么对生活要感到担心的。

（No person who is enthusiastic about his work has anything to fear from life.）

下面用一篇自己在公众号原创的文章来结束此节。

芯片公司无法量化的成功之道

我从M公司离职以后，有时收到投行的咨询电话，一个常问的问题是M公司的股价在8年中翻了10倍不止，在半导体芯片产业大概只有AMD可以比肩，那么M公司成功的关键，是否如公司在股东会上所说是因为特殊的工艺？

我后来在想怎么回答这个问题。芯片公司的成功之道——可以说有工艺、产品定义、产品设计、市场响应等种种因素，不过在我看来，M公司的最大成功之道是无法量化的：员工比较敬业。但是股东会上怎么告诉华尔街的各投行我们的人就是比欧美的同行们工作更努力呢？大概是不太容易让人买账的。

在M公司时，有位管技术团队的经理刚刚从美国开会回中国，正好美国某著名手机客户突然通知我们希望马上开技术研讨会，而且要对某芯片特别熟悉的人。我自觉在这颗芯片上的了解不如这位经理，而且知道这家客户一定会问得很细，于是问他有没有可能再来一次美国。然后他二话不说，在一周内到美国来了两次（如果我们不是因为比较了解，我估计都不会问）。

还有一次，某国内的客户用M公司的芯片开始量产，终端产品一直出事。客户先把电路板寄来分析，M公司检查下来觉得没有问题，但是返修的情况还在出现。于是M公司负责客户支持的经理决定自己去客户那跑一趟。然后在客户的工厂住了近一周，每天去分析故障。最后发现是客户电路板上某个小三极管末端有时没剪掉，而有些概率和金属外壳短路，当然和我们的芯片没有关系，而出这样的问题，只把电路板寄来分析是完全检查不出来的。当支持客户到这样的程度，那么我想这家客户以后遇到什么新项目，一定会先考虑M公司的方案。

在M公司时我常常回国见客户，有时销售会拉我去很偏僻的乡镇企业，这些客户都很开心有美国公司的代表过来，经常还要请我们吃饭。而很多欧美日本的芯片大厂，是不会有原厂的销售和FAE下沉到这样的乡镇企业去的（即使是他们的中方团队）。当芯片公司做到一定程度，大家都想去敲开华为、苹果、谷歌这些公司的门，其实难度常常并不大。但是原厂能不能同时既服务好华为、苹果，还能同时照顾到安徽天长市、山东淄博市的客户呢？至少我知道绝大多数的原厂是做不到的，只有代理商才愿意去跑偏僻的地方，但是10个偏僻地方的客户就可能抵得上华为一个项目的采购量，100个偏僻地方的客户就可能抵得上华为所能给的采购量，而且所需的支持加起来可能还少很多。芯片销售的成败，其实是事在人为。

那是M的公司文化更容易催人向上吗？我看也未见得，主要还是和M公司的主力都放在亚洲有关，特别是东亚文化都有努力使生活变好的内在驱动力。但是TI、ST总不能把额头上的名字抹掉，把总部搬到亚洲来，所以被亚洲的同行们赶上可能只是时间的问题。我拜访过我现在公司在佛罗里达的分部，那里同事的房子都大到可以有个专门的房间养鳄鱼，还不止一条，但是整栋屋子只要上海半套三居室的价钱。那么要调动他们的主观能动性，可想而知不太容易。

5.4 国产芯片公司的出海之思考

随着近年来国内各种投资机构对芯片行业的青睐有加，国产芯片公司的数量已经有了飞速的发展，其中某些体量较大或者针对特殊细分市场的国产芯片公司已经开始或者正在打算走向海外，并将未来"国产芯片全球化"作为长远发展目标，有一些朋友已经向我询问在美国的某些芯片市场。不过，在当前复杂多变的国际贸易环境下，国产芯片的公司是否有其走出国门的必要性，其时机是否已经成熟？走出国门可以通过哪些方式？面临哪些管理与营销方面的机遇和挑战？在销售方面可作为目标的国际市场是哪些？我有一些浅显的想法。

5.4.1 为何需要出海

1. 国内市场竞争激烈，拓展海外市场是避开竞争的有效途径之一

2019年，国内有一千七百多家芯片设计企业，仅2020年上半年就新增了两万多家芯片相关的工商注册企业。然而数量虽多，98%以上的企业都还处于融资和烧钱的阶段，进入盈利阶段的企业实属罕见。在企业前期的融资阶段，投资机构当然需要关注企业的目标细分市场和具体产品路线图规划。可想而知，必然是某细分市场越热，越好融资，适用于5G通信的芯片一定比适用机械化工设备的芯片更能得到青睐。因此我所知的多数初创公司，往往都挤在某几个细分应用里，仿照TI的某些流行料号而同质化严重的产品。即使这些公司的创始人水平经验很高，然而受限于自己需要融资，因此很难追求具体产品的差异化。

我熟悉的某国产芯片上市公司的CEO在其微信朋友圈感叹：国产竞争者能

不能去抄国外厂商的芯片，不要老是盯着国产的去抄？这是因为更低端的国产芯片厂商，抄某些较先进的国外芯片没有能力，而可以从多方挖掘到国产某芯片的供应链信息和其工程团队，因而抄国产的芯片就相对简单。所以在很多量大的应用，可以看到几家国产公司以甚至低于成本的价格在拼命斗争。

对于稍有规模的国产芯片公司，出海销售无疑是避开很多国产同质化竞争的有效手段。在国外的竞争对手一般是TI、英飞凌、ST、瑞萨等老牌大型公司，从响应速度、客户支持、毛利率等角度，经常与国产芯片难以竞争。在欧美要进入一些大客户的供应链较有困难，但是仍然可以先从东南亚、印度、日本等市场开始切入。

2. 某些芯片在海外的市场要大于国内市场

中国虽然芯片市场很大，在模拟和电源类芯片几乎占到全世界年消耗量的1/3，在其他芯片种类也往往有相当高的比例，然而在部分特定市场，如数据中心、汽车电子、医疗仪器等，在美国、日本、欧洲的市场应该还是要显著高于国内。因此主攻这些细分市场的公司，就更有主动出海的需求。当然，对于这些特殊的市场，往往也有高于寻常的进入标准，对于汽车和医疗市场，要想进入客户的供应链，芯片公司要在设计、质量、流程等方面都达到国际化的标准，同时整个供应链也要能够满足客户的认证需求。对于大部分的纯设计公司，背靠的晶圆厂和封测厂等供应链本来可能是先天不足的，要想进入这些市场就比较困难。现在像上海的季丰电子等帮助客户质量管控、做系统级测试方案、可靠性认证的专业公司就可能成为得力的帮手，最近他们还完成了AECQ车规级芯片的客户认证。

3. 客户的供应链

对于有雄心的芯片厂商，其所面对的许多国际性的大客户有国内的研发分支，但是其供应链体系却往往与全球总部相挂钩，只有成为总部批准的供应商，才有可能对这些重点客户销售产品。我访问过的这些国内的分支包括诺基亚、爱立信、思科、苹果、三星，等等，即使国产的芯片在某些方面性能比较优越，但是要成为其总部批准的供应商，还有一段路要走。对芯片公司来说最为方便的办法是在这些客户的国际总部所在地有自己的销售和支持基地，通过直接在客户总部进行销售活动来争取成为供应商。如矽力杰虽然是总部在杭州的国产芯片公司，然而在美国硅谷已经建立了自己的销售和应用中心。还有一些其他国产芯片公司会在日本、东南亚、俄罗斯等地设置销售点。

如果能在国外的知名品牌处获得Design Win的好处显而易见——能够提升品牌知名度，有效地打开细分市场，可复制的成功案例能使效益倍增。

出口到海外的中国芯片和元器件可能是主打熟悉的消费电子市场更容易有突破，如小家电、厨用产品、家用打印机、便携式医疗电子产品之类，芯片类型并无太多的限制，如MCU、存储、阻容、电源管理IC、二三极管等。虽然如小家电之类设计难度较低的产品可能在华南等地的供应商已经非常多了，但是欧美、南美、东南亚等地还有不少当地的品牌，其采购和研发完全出自本地。

4. 生产的供应链

多数国产的芯片设计公司因为自身在交流、经验上的种种限制，都使用国内的晶圆厂和封测厂，然而国内的设计公司虽有井喷之势，晶圆厂和封测厂却仍然较少，而且基本上都是满负荷运营，在短期内都不会有所改善。资源的有限性让芯片创业企业很难找到合适的供应链，导致芯片企业的研发和生产都很被动。而且许多不同的设计公司因为使用相同的晶圆厂，做类似规格的芯片，导致性能上无法有差异性。因此另外一条出海的刚性需求，可能是寻找国外合适的晶圆厂，然后在当地建立研发和相对应的运营团队，这样生产上的供应链至少多了其他选择，而且可能做性能更加优越的产品。如果使用新加坡、德国等地的先进晶圆厂，在打入国际性的客户时，也更有可能成功。

5. 在国外建立团队能够更有效地支持当地的应用环境

中国作为制造业大国，电子产品有极高的比例是用于出口，所谓"Made in China"。我没有具体的统计数字，然而在华南出差时，看到不少电子厂商体量极大，例如可年产一亿只LED灯泡或一亿只充电器，而有九成以上的产品是出口到世界各国。对于需要切入这些客户的芯片公司，如果在这些客户的主要出口地有当地的销售支持和应用团队，那么如果其终端客户有任何问题，都可以通过这些团队来得到更高效地解决。

6. 国外的市场可能领先于国内市场

硅谷虽然人力资源成本很高，然而至今仍然是很多应用创新的摇篮，很多企业在这里设立分部，有时其主要目的是希望尽早接触到可能发生变化的市场前沿。如特斯拉从2013年开始Model S的大规模量产，到现在蔚来和小鹏这些公司的兴起，中间还是有好几年的差距。而更早年的游戏机、智能手机、可穿戴等的新兴市场，也往往先在海外流行，然后才传到国内而迅速抹平技术上的差距，因此国内有些电子厂商就在市场动态最前沿的硅谷、以色列、新加坡等地设立能够影响企业战略的办事处。

7. 更有利可图

我多年来一直审批来自全世界的报价信息，一般说来，全世界的芯片平均市场价格是欧洲≥美国≥日本≈韩国≥中国≥印度和东南亚，当然和很多因素有关，如竞争对手的多寡，具体细分市场是否对价格敏感，具体某应用更换供应商的难易程度等。总之，我对欧洲客户的报价，总是可以报得比亚洲市场高一些。不过近年来，越来越多的欧美大客户拥有全球采购的能力，而使市场价格有趋同的变化。因此要出海销售的话，宜早不宜晚。

8. 合作和收购兼并的需求

欧美在许多高精尖的技术领域，仍然有领先国内一两代人的技术积累，为了更快抹平这样的差距，在海外发展自己的研发团队，与当地的产学研技术力量合作，甚至兼并收购，当然是很有意义的途径。华为就是在全球布置销售队伍的同时，也在欧洲等地大量设立基于当地的研发团队。在芯片行业，著名的案例是前几年株洲中车时代电气用极少的金额收购了英国Dynex公司，马上填补了国内缺失大功率机车用IGBT芯片的空白，从此动车组之类的列车都能用上国产品牌而不再受他国掣肘，这样的收购在中美贸易摩擦的环境下几乎是很难再实现的。我在某年的APEC电力电子展会看到中车/南车展示的基于Dynex公司技术的大功率IGBT模块，内心还是比较激动的。

5.4.2 出海销售之思考

对于国产芯片厂商，开拓海外市场一般常采取的有这样几条途径：一是芯片原厂自己建立海外销售团队，开拓客户并树立品牌；二是寻找海外当地的代理商合作；三是通过有海外销售经验和资源的国内代理商合作；四是通过一些国际展会直接寻找相关客户。以我的浅见，通过代理商来寻求海外的销售，虽然运营成本较低，但是非常难以成功。

如3.6节所述，代理商最感兴趣的是能使其赚最多、最快的钱，又容易卖的芯片，如果是国产芯片厂商，天生在打入国际客户的供应链时，可能就有品牌的劣势，那么让代理商来推广，即使允诺给对方再高的毛利点，代理商也未必真能投入资源来推广。因此我认为即使困难重重，花费再高，也仍然值得原厂自己建立海外的销售团队。

不少欧美的芯片公司曾经都有庞大的代理商分销体系，然而后来逐渐意识到靠内部FAE做Design In要比依靠代理商更为专业和有效，考虑到代理商做Design In一般还要额外的抽点，加起来也是可观的金额，不如培养自己内部的销售和代理商。TI近年来大力砍伐代理商，就是对其这样有庞大现金流和储备，加上专业而数量可观的销售和FAE的巨头公司，已经感受不到多少代理商的价值。虽然出海的国产芯片公司未必体量足够大，但是对于较复杂的芯片，完全依靠代理商来推广是类似于缘木求鱼的。

例外情况是：如果国产方提供的是没有特别Design In困难的普通和大宗元器件（如电阻电容、三极管、普通MOSFET，或部分市场上都是脚对脚兼容的模拟芯片），那么可以单纯靠代理商来推广而不必建立自己的海外销售团队，因为不必耗费太多资源。如不少国产的电解电容和其他电容厂商，就已经占据了不少从前主要是日系为多的海外市场。

无论是通过自有团队、代理商/方案商或者国际展会来寻找国际客户，挑战在于争取大客户的过程较国内可能更不透明，寻找到做决定的人可能更加旷日持久，而小客户的机会也可能不够明确，也许抢占了应该分给国内客户的部分资源。

国产芯片或元器件大量卖向海外虽有不少先例，当然也有很多困难。打开海外市场至少有三个前提：一是产品性能过关，满足客户需求，价格有竞争力；二是产品供货稳定，提供快速响应的基于当地的技术服务支持，如果后续的客户支持必须回到国内就会难以满足海外的客户；三是可靠的产品品质，符合国际品牌质量认证和标准。

无论如何，近几年国内的芯片晶圆代工，封测厂的工艺技术进步飞快，在很多芯片的制造环节上与国外不相上下，很多欧美芯片厂商已经逐渐将供应链配套都开始放在中国，这对国产芯片质量的提升奠定了基石。在此基础上，中国芯片走向海外市场并逐步提升竞争力，会是必然趋势。

下面举两个较为熟悉的国产芯片公司出海的案例。

（1）全球总部位于杭州的电源和模拟芯片大厂矽力杰。其创始人的基因都源自硅谷，在国内成长，上市之后，又回到美国成立了研发、应用和销售中心。在领英网站可见位于硅谷、南加州、亚利桑那州、北卡州都有芯片设计和研发的办公室，还在一些其他区域有FAE，已经在美国有较全面的布局。此外，之前矽力杰曾经收购了欧洲大厂NXP的LED照明业务和美国大厂美信的电表芯片业务，使其在海外的分支更加庞大。在其投资者关系的报告中说明：矽力杰有全球性的文化融合,在西方不断创新和引领市场潮流,在东方则快速推进和勤奋执行。大概这样的芯片公司就是能够成功出海的典范。

（2）然而不必每家公司都要到矽力杰的规模才可能出海（2019年销售额约3.5亿美元），我最近与坐标国内的某初创公司接触,希望达成某种合作。对方的创始人也是有美国工作经验的华人,2016年在国内创立了这家公司,专注设计用于数据中心的大功率电源芯片。虽然规模尚小,然而芯片性能极好。再加上在美国已经成立了销售办公室,有专门的工程师来支持,那么达成合作,显得十分方便。这家公司的成功,也指日可待。

第 6 章
如何在芯片行业成为合格的产品和市场人员

6.1 给有兴趣在芯片行业做产品管理的朋友们一些建议

芯片公司的CEO和各业务部门的副总裁多数情况下都由产品、市场人员逐步升迁而来，有时也会从销售部门的高层平移而来。虽然技术部门也有升迁到设计、应用、测试总监甚至CTO的上升途径，然而芯片公司因为其科技研发和客户支持的需求，一般技术岗位的工程师人员众多，比起产品、市场和销售人员可能是十几比一甚至更悬殊的比例，其上升瓶颈不可避免地显得更为狭窄。有些朋友觉得自己做工程师的上升潜力有限，因此会和我探讨如果转行到产品市场经理需要什么样的能力，以及需要做什么样的准备。

通过管理一个市场团队，我感受到产品市场的职位其实很难选到合适的人，因为希望进入芯片业界的人，从学业训练和性格上来说，本身并不一定适合产品、市场或销售岗。基本上进入芯片业界的都有工程学位，而有工程学位的毕业生第一份工作多半都是工程师，少数比较外向的可能开始会去做销售，那么什么样的人适合调整自己来做产品和市场岗呢？

在芯片产业做产品和市场，当然首要的是专业领域的知识，不需要特别精深，但是要足够能做出让人信服的判断。除此以外，也需要灵感、个人魅力、人际交往能力和业界经验。

工程分析和市场分析的区别很大，我们做工程师时，往往有既定的线性前进的任务：设计某个电路，测试某些参数，解决某个故障，等等。而市场分析因为涉及很多商业和人的行为分析和预测，就更为复杂、混沌，而且没有固定的目标，因此需要一些从现象看本质，先发散再总结的思考。如我们了解到客户选用了某颗TI的芯片，量比较大，那么我们就需要很多发散的思路：

- 是否有机会切入？客户对TI的价格、性能、服务等是否有不满意的地方。
- 做类似TI的这颗芯片是否符合我们自己的能力和路线图的规划。
- 我们能否提出一些新的思路和特色以改进客户的设计？
- 是否需要全新的工艺和封装？需要研发多久？研发假如需要一年，到时机会是否仍然存在？
- 该市场我们是否有一定名气？客户是否对我们足够信任？如果否的话如何提高？

......

发散思路，问自己的问题越多，了解越多信息，才能归结到最后的结论。

曾经有工程师和我说：某种控制方式就是好，我就和他讲：我们说自己的控制方式就是好，无论对销售、对客户都没有什么价值，只有先发散思路，把各种细节一一做好比较，让客户做出自己的判断，那才有可能算是真的好。

另外一项所需的特质是人际交往的能力。很多工程师一谈到人际交往，就说：哎呀，喝酒我不行，应酬我不行。其实单纯的喝酒应酬，环境吵闹，只能诞生廉价无意义的交往。在职场的交往，主要是善于发问，善于聆听，善于交换信息。此外，也要对朋友有真正的关心，非得在安静的环境里才有可能交心。有朋友说：现在谁还缺顿饭吃？

做市场需要一些创造力，时常我们面临着从战略到战术上的各种挑战。战略上来说，需要时时思考如何提出能够盈利的产品想法，战术上，公司可能有无数的具体问题需要想出解决方法。

举个战略挑战的例子：假如我们正在拜访某大客户，对方认为我们某新产品总体不错，但是某特性较欠缺，如果能在3个月内提高则可以考虑用在某项目中（这是一个我曾经处理过的案例），那么我们如何回复？

举个战术挑战的例子：假如客户使用我们的芯片量产某电子产品，而出于某种原因，对方的产品故障结果导致汽车召回或者地铁停运，对方认为是源自我们的芯片问题，而要求赔偿（这又是一个我曾经处理过的案例），我们应该如何解决？

举一个更加简单的例子：假如最近频繁有销售来抱怨，他们申请的芯片样片花了很久都寄不到客户那里。请问如何应对？

这些问题也是我可能在面试中问的开放问题。这些问题应该如何回答？没有绝对最优解，可以提出的想法多种多样而且可能都是成立的，即使是没有产品市场背景的候选人，也可以有很好的思路，这里考察从思考到最终提出各种建议的创造力，是考察候选人的很重要一环。当然也许入职了以后，可以找到更优化的应对策略，但是思路是否开阔，不需要入职就可以考量，如果遇到问题缺乏创造力的人，以后也较难培养出这样的能力。

这种应对挑战的创造力也与所谓的领导力（或者可称为影响力）捆绑在一起，无论我们应对的提案如何，最后都需要与管理层、销售和工程师们讨论并且说服对方来支持自己，或者讨论出更合适的方案。要能够影响和团结整个团队（即使很多团队成员并没有直接的汇报关系），既是创造力，也是领导力。

产品市场人员还应该对市场和竞争者的变化有足够的好奇心，很多这种好奇心带来了新的合作伙伴和市场信息。虽然看似简单，然而这样的好奇心是要建立在日均一两百封邮件和各种会议的基础上，那么我们是否还能够主动出击去吸取信息，就不容易保证了。

我从工程师转向市场和产品方向可以说是机缘巧合，2010年时IR正好需要懂电动车系统的市场工程师，而我从做电动卡车的经历正好切入，然后多年来逐步向产品和市场管理过渡。而不少希望做产品市场的工程师并没有这样的机缘，因而觉得去读MBA可能是转行的敲门砖。我自己认为读MBA很有帮助，然而一定要早读，最好工作五年之内就去读，这样有了一点儿工业界的积累，MBA的学习有助于认清自己未来的方向，哪怕毕业后重新在新行业开始都不算晚。有些朋友在三十几岁时才去读了MBA，而MBA毕业后的校招项目是一视同仁把所有学生看作没有经验的新鲜毕业生，因此如果这时转行就比较吃亏。很多工程师读了MBA以后，还是留在原来的位置继续做工程师，至少以后面对工程问题时，也能从不同角度来看待问题，也可以待时而动。

6.2节谈一谈从不同的背景转行到芯片产业的一些建议。

6.2 从其他背景转行到芯片产业

6.2.1 从工程师到产品市场经理

几乎没有任何产品市场经理是从毕业就开始做的，常见的转行途径是从各类工程师转行做市场工程师，然后逐步升迁；或者从工程师提拔至工程管理，然后增加了产品管理和商务拓展的职能。然而大概在什么时候，开始觉悟到自己希望转换到管理商务的角色中来？

对我自己，可能是来自于对商务运作的兴趣和对纯工程师工作逐渐产生的疲惫感。感觉很多工程师辛苦的工作，出于错误的商业运作可能完全变成资源的浪费。

如果有未来当上公司CEO或者自己创业的雄心，那么当几年产品线经理其实是很好的选择。因为除了一些支持性质的工种与公司其他团队分享——财务、法务、采购等，做产品线经理几乎与运作一个小公司并无区别，需要完整地掌握从拥有预算，到产品设计，到产生现金流的整个过程。

对于不同的工程师工种，转换到产品/市场的方向可能有多种途径。

1. 从芯片设计师到产品/市场

芯片设计的背景显然很有益于了解设计的流程、难度、所需要的人力和资源的预估、对具体工艺的取舍，这些对于制订商业计划和技术路线图很有帮助。然而，芯片设计师一般没有任何对客户、市场等的接触渠道，经常会在芯片的一个小功能上就花掉大量时间，很难有时间来做战略性的思考。

芯片设计可能在合适的时机可以改作技术市场/系统工程师，来定义某颗芯片的具体功能，做仿真模型，竞争者分析，从具体的某一颗芯片开始接触市场和客户，进而扩大自己的影响范围。

2. 从产品工程师到产品/市场

产品工程师负责的是芯片开始设计到推出市场的流程，对于某颗具体的芯片，基本会参与所有与产品线经理的全程沟通，因而得知客户和市场的详情，并做出任何决定的背后驱动因素。产品工程师有得天独厚的对生产、测试、供应链等信息的了解度。

产品工程师如果能够增加自己的广度，通过支持不同产品线的不同芯片，可以与公司更多团队互动而施加影响力——已经等同于部分产品线经理的工作。通过与客户沟通质量和良率等问题，也可以锻炼到沟通能力。

3. 从应用工程师到产品/市场

另一个适合产品/市场工作的职位是应用工程师（AE）。AE在多数场合下已经是产品线经理团队的一员，了解芯片的工作特性和技术细节，经常与客户就某芯片的实际应用场景予以支持，与产品市场经理较多密切合作，都是转向市场方面的合理优势。

此外，可能一个AE经理下属5～10个AE，虽然AE工资尚属不错，然而上升路径就比较有限，因而不少AE会考虑去读MBA然后转行。

6.2.2 从销售到产品/市场

在某些中小型公司，销售和产品/市场都报告给营销副总裁，而平时销售又经常与产品线沟通，因此销售和市场互相转换也是很可能的。

然而销售和市场的处事方式可能截然相反。销售的任务是比较战术性的，只关心已量产的和未来三个月能送样的新芯片，而对于一两年后的产品路线图只会表示礼貌性的兴趣。而产品线经理的第一天工作，就是知道过去做的产品木已成舟，现在要关心的就是未来六个月和更远的未来要计划的产品。

销售有更强的人际交往能力和客户知识，而且也更能理解其他销售的运作过程。然而销售一般偏重一隅，不太了解全国乃至世界市场的信息，另外，销售一般没有流程管理和内部团队组织的经验，对于许多善于单打独斗、快速采取行动的销售，有时很难在复杂组织里找到自己的节奏。

6.2.3 转到产品市场方向是一条不归路

有时，工程师朋友可能要考虑自己究竟是否适合产品/市场这个方向。例如，是否平时有阅读商业书籍的习惯？做工程师是很满意还是很失意？失意的原因来自何方，是靠转行可以改善的吗？平时更喜欢与其他工程师聊天还是与产品/市场人员聊天？如果临时需要和客户通电话解释技术问题，是否能够很流畅地沟通？平时自己的想法能否很好地传达给他人？是否希望沿着工程师的路一直做下去，或者认为工程师只是自己成长路上的一环？

转到市场或销售方向是工程师的一条不归路，因为至少在外人眼里，开始做产品/市场，就意味着与技术研发正式脱钩，以后还要找工程师的工作就已经几乎不可能。虽然产品线经理一般还是很努力，希望跟上最新技术的节奏（我近年还单独申请了两个美国专利），但是要了解到自己已经很难还能自居是技术专家了。

有些工程师有一些固定的工作和思维模式，很难转变或者被劝服，我曾经也有这样的问题。如果具有这样的特质，就比较难以转到市场方面。如曾经某最新芯片的基础功能已经全部测试通过，因而我请某AE先把数据手册的初稿写出来以便客户推广，但是此AE坚持必须再花几周时间把各种技术细节全部测试完才能开始写数据手册，不愿意中途中断（实际上大部分细节都不影响客户前期验证），这几周就完全可能错过推广时机。另外，某些工程师在看到产品/市场人员的意见时，或者全盘照搬，或者固执己见，而能够提出建设性意见，能够使团队得出统一结论的工程师，才是以后转向工程管理或者产品/市场方向的合适人选。

6.2.4　做产品/市场经理的条件

如前所述，找到技术人员或市场人员都不难，但是找到综合两者特质的人，难度很大。近来中国大力扶持芯片产业，肯定需要更多的从业人员，对于希望进入芯片产业的人，有技术学位还是比较推荐的，未必一定要是电子工程学位，如果是计算机、数学、物理学位都可以，对于每天应对技术人员、技术问题，有共同语言总是一种优势。

近来我在公众号上收到一封留言是这样的：是不是只有微电子或者电子专业的人才可以转到芯片产业？学语言专业的想在半导体公司做产品经理，需要补哪些短板，有这样的成功案例吗？

其实我认为任何专业的人都可能在芯片产业取得一定意义上的成功——如果我们把成功的门槛定义为过上舒适的中产生活。如我自己本科是热能动力，研究生读的是控制工程，在正式工作以前完全不知道芯片是怎么回事。我认识能力最强的芯片销售之一的本科学的是旅游专业。TI最有名的芯片设计师Bonnie Baker本科学的是幼儿音乐教育。芯片产业里凌力尔特公司著作等身的模拟设计高手Jim Williams更是只有高中学历。

在芯片产业（或者任意行业），可谓英雄不问出处。

然而问题来了，年轻朋友们背景各异，而芯片产业细分的职业又那么多，应该向什么方向去努力呢？我有几个抛砖引玉的想法。

1. 从自己能够做的事出发，转一次行只偏一点点

我硕士读的是控制专业，非常偏数学理论，毕业以后觉得电力电子的工作最为简单，因为只有一个反馈环路，加一些零点极点，这点儿理论是控制专业最简单的基础（当然实际工作的细节很多），而其他EE的专业像芯片设计、无线通信，就不免隔行如隔山。后来从电源做到嵌入式，做到电动车，做到芯片产业的应用工程师，再做到产品管理岗位，一次只转一点点方向，回头一看，已经风景殊异，不过终于找到了自己的位置。

2. 利用别人没有的长处

如问问题的女生是语言专业的，乍一看似乎和芯片没有关系。但是如果她能懂意大利语，就该去ST申请工作；如果懂日语，就该去瑞萨电子申请工作；如果懂德语，就该去英飞凌申请工作；如果懂韩语，就该去三星申请工作。像这样的应聘者实在是很多非研发部门要打破头来争取的。半导体行业是非常错综复杂的，实质上很多问题的根源是来自不同文化背景沟通的问题。

3. 寻找合适自己的位置

如女生，个性比较外向，其实可以考虑申请销售的位置。芯片的销售与很多其他行业的销售不同，电子行业里女性稀缺，所以都很尊重女生，没有什么蝇营狗苟的事情，面向的客户都是男工程师，个性都比较单纯，挑一个以后做丈夫都不难。做销售的时间又比较自由，技术的问题丢给FAE就可以了。我见过有的女生原来在华为做研发，后来怀孕时无法加班，就到芯片产业来做销售。

个性略内向的人，可以考虑申请项目经理、商务运营的位置，不需要技术背景，追求的是办事仔细，绝不出错，主观能动性强。

芯片产业单从钱景来说是不如互联网的，不过很看重经验，几乎没有年龄歧视，所以算是一个长久的职业选择。芯片产业比起传统的电子、汽车、机械、化工等技术行业，薪水又算比较可观（对于毛利率较高的芯片公司）。

允许我总结时开一个交大工科男专属的玩笑，如果有女生居然想转进而不是转出我们这个行业，看来半导体行业真的是要在国内有大发展了。

也许不是在开玩笑。

从音乐老师到芯片工程师——Bonnie的故事

我记得TI的著名模拟芯片工程师Bonnie以前是音乐专业毕业的，然而一直没有机缘来问她，于是在LinkedIn上发消息问她有没有可以分享的心得。征得她

同意，把我们的交流翻译如下。

我：Hi Bonnie，我有一个中文博客，主题是关于芯片的市场和产品管理。最近有读者留言，说她是语言专业的，然后想切换到芯片产业，希望我有些建议给她。我想起看过你的模拟芯片的书，记得你以前的专业是音乐教育，所以我想，你有没有写过怎样决定转行到电子工程专业的故事？谢谢。

Bonnie：Hi，真的是很奇妙的旅程。我以前是音乐老师，还带过社区的合唱团。基本上是管独唱和合唱，不过我主要的乐器是圆号，也很喜欢低音提琴。曾经有人问我写一点儿发声练习的资料，我写好了，觉得很完美，结果一点儿好评也没收到。不过现在也无所谓了。

后来我发现，晚上音乐会结束以后，一边照顾高中小孩儿一边等他们家长来接，好像对我来说不是什么好的人生选择。所以我决定重新开始读书，去读一个数学的辅修专业。我去了一个暑期学校读微积分，简直如清风拂面！你看，我已经不需要为了别人的行为举止而负责，也不用担心班级里其他人能不能学得好，我只需要为我自己操心，那就非常简单了。我在暑期学校里表现特别好，然后开始看继续进修的机会。这时我申请到一个电子工程的硕士班，只要本科成绩不错就可以进。然后我爸爸非常开心我可以转行去读电子工程，说要负担全部的学费，所以我就利用了一下。

在读硕士的3年里，我又回头看自己教音乐时写的文章，发现了为什么人们不爱读，我第一次发现写文章也有需要"工程"的地方，然后就再也没有回头。

我：确实很有意思的是，对有些工作，人们成长是因为他们的工作反映在周边的人身上（老师、医生、律师……），但是其他一些工作是可以自我成长的（数学家、程序员……）。我想你的父亲肯定很为你感到骄傲，我有两个女儿，希望她们都能实现无论怎样的梦想。

Bonnie：很智慧的话！

6.3 产品线经理的自身修行

写作此书的目的之一，是给芯片产业产品/市场人员以外的读者以了解这方面工作的信息，同时也是给初次创业/接触芯片营销的读者一定的参考意见，对于芯片产业以外的读者或者也有一定意义，因为不同行业的营销其实都有相关之处。本节我总结了一些作为产品线经理的自我修行的内容。

承接上述各章，成功的产品线经理需要负责产品线"营"和"销"的两方面（见图6.1），包括从内部分析和制定产品策略，获得所需的技术和平台，开发新产品，团队和流程的管理；以及从产品线外部拓展客户群，与销售和FAE的协作，执行各种临时制订的商业计划和市场宣传。我刚开始接触产品线管理时，比较懵懂也不明方向，经过多年实践，总结了一些需要持续学习和取得进步的地方。产品线管理是随着市场动态而需要不断前进的职位，即使管理者们到了退休的年龄，仍然可以看到他们在不断汲取新知。

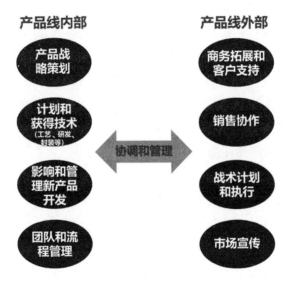

图6.1 产品市场经理"营"和"销"的两方面

6.3.1 培养良好的营销习惯

建立个人目标当然是重要的，但是如果没有培养成习惯，目标很容易被荒废。一旦形成了自己的工作习惯，许多动作已经不需要思考，只要保持住工作习惯，其实工作目标就自然而然能够达成，也不会为一时一刻的变动而打乱自己的节奏。以下是一些可以长期培养的营销习惯，对于已经在做营销和希望进入这个领域的朋友，都同样适用。

1. 要时刻增长见闻

这些见闻不是看很多灌水公众号里无意义的文章，而是要去寻找真正有内容的资料，包括经济、商务、管理、产品和竞争对手的信息。我自己订阅了十种左右的市场信息、电子杂志和业界动态的提醒，一直保持着买书看书的习惯。有时，我看到微信朋友圈里发布有对工作有用的内容，就主动去寻求合作；与供应商、合作方等，尽量设一个提醒，每过一段时间主动联系一次，看看对方是否有更新的产品可以提供。

2. 提高有所欠缺的能力

1）了解工艺和制程

对于非半导体科班出身的产品/市场经理，了解一些半导体工艺和制造流程对于合理计划产品和预见风险等会很有帮助，书末有一些我看过的推荐书目。

2）懂得市场和应用

对于产品线经理，即使很有经验了，也未必能够熟悉所有的应用市场，而市场本身又在不断地演化，因此需要不断地学习。如前段时间我们通过一些调研，认为某市场是可以进入的下一个战略应用，然而团队毫无任何实际经验，因此除了网上学习以外，还广泛地通过各地销售、FAE和代理商去了解该市场的主要客户、竞争者、产品技术规格等细节。综合了各方意见，了解了行业的趋势以后，就可以开始定义有竞争力的产品。

3）懂得实际产品的系统

懂得系统是比懂得应用更难的挑战。我自己在系统公司做过各种设计，对客户的设计有一些感性的认识，推荐起产品比较有的放矢，如果我们的产品不适合此设计规格也会诚实告知。有些其他的市场经理对客户系统认识不足，有时推荐的产品并没有竞争力，客户虽然会礼貌相对，但可能就没有后续了。要懂得系统的捷径是去看业内份额较高的竞争对手的标准参考设计，如在电源和模拟业界，经常翻翻TI的资料是很好的办法。

4）培养人际交往能力和个人魅力

我以前和朋友开玩笑说：自从做了市场工作以后，觉得追求女生就变得很有信心了。为什么呢？因为做工程师时主要是以我为主，解决问题用线性思维，把追女生和调试电路用同一套思维定式来处理，如果没有得到线性的正面反馈（答应交往），自然容易闹笑话或者应对不当。而对于做产品/市场，应该是以客户为主，学会倾听，先认识到别人的需求，自然更容易与人相处。

此外，做工程师时如果邋遢一点儿，因为见的人少，造成的影响有限。而做产品市场时，多少要收拾一下，也应该多注意一点儿自己的言行举止。

5）培养数据分析能力

产品/市场人员面临着大量的按照区域、客户、芯片名称、价格、竞争者、销售状态等各种信息划分的数据，有些公司的财务人员不进一步整理就全部展示在产品线经理的面前，为处理数千乃至数万条的客户信息，需要掌握一些工具。我自己常做的是基于Excel的数据透视表，制定了一些自己常用的模板，这样以后一旦有新的数据加进来，只要重新加载一下就可以了。近年来一直有人推荐用Python来处理大数据，如果有机会，我也想学习一下。

6）培养谈判能力

产品/市场人员在工作中有太多与上级、同事和客户的谈判，无论是要求更多资源，要求对方花时间来协助，希望客户接受高一点儿的报价……在生活中也应该时时锻炼这一能力，在超市、银行，出差住酒店时，都可以谈一下价格和条款，不在乎输赢，只是为了培养成习惯而已。

谈判话术的锻炼，对于产品、市场、销售、FAE等实在是必不可少，我曾经实际见到不少案例，客户本来觉得现在设计做得好好的，根本不想切换到我方的芯片来研究，但是经过我方某代表一番劝说后，态度发生180°转变。此中的艺术，很难用言语来描述。

3. 保持责任心

另外一个应该养成的习惯，是任何事情都尽可能跟踪到底——所谓责任心。每天可能有很多销售带来各种客户线索，有些需要跟进支持，有些必须放弃，有些需要进一步讨论，有很多项目待批复、待评论……特别是如果来自销售、代理商和客户的反馈，必须及时回复。我的习惯是把当天需要处理的邮件先归类到"待做"的文件夹，再一一处理，不管做到多晚，也要尽量把当天能够交代完的事情都处理完毕。这样养成了习惯，其实并不觉得辛苦。

4. 对各种文档和邮件的归类和整合

前面提到了一定要保持一个"待做"的文件夹。这样比较高效，产品线经理每天要收到大量邮件，我一天收到两三百封是比较正常的数量，先过滤一遍，把需要回复的部分先放在一边，就能确保不致遗漏。

另外，我喜欢对较为重要的邮件都分门别类归档以便未来查询，这样需要资料可以随时找出来。记得我曾经的上级说有兴趣投资某细分产品，但是不知道是否有这方面的客户线索，我说有的，然后迅速从某个目录里找出了过去三年关于某细分产品的全部线索（公司完全没有做过此类产品，我只是有心先做好了准备而已）。

5. 与下属要保持沟通

有时我太忙，很多事情都要自己处理，简直没有时间与下属开一对一的例会。但是既然排上日程，那么再忙也应该养成习惯，定期沟通一下。

6. 像乔布斯所说的 Stay hungry，Stay foolish

永远要保持饥饿感，永远要推进自己。就在今天，看到某芯片公司的新产品采取了一个比较独特的封装，我就问公司主管封装的部门哪里可以生产这种封装，然后又顺便把此芯片公司的年度报表看了一遍。这些都不会是上级要求我们做的，但是我们要自己保持这种好奇心。

有时也要争取做到别人想不到或者认为做不到的事情，此时乔布斯所说的"foolish"正好对应中文的"愚"，因为愚才能产生求知的欲望。我在瑞萨电子就做了一些之前从未涉及的领域、全新工艺、全新封装、全新产品，涉及全新的合作，不日将陆续推出。

7. 我再加一句自创的Stay impatient

特别是在大公司里，要做成一点儿事情，有太多的阻碍。很多不盈利的部门会拿放大镜来看此新业务是否符合公司规章，很多流程和规定都不是为销售、代理商和客户更加方便而制定的。

我已经记不清有多少次提出："我们不是在做一个垄断的生意，客户不会一直等着我们，因此，我们应该如何如何改进……"

当然，前提是有一个同样不耐烦的老板。

6.3.2 建立营销的思维

之前讲的是行为的习惯，现在可以讲一下市场/产品人员还应该具备的思维习惯。这些思维习惯是我们用于解决问题，做出决定的依据，然后通过领导力的各个方面来表达和实施。具备这些思维习惯以后可以培养出很多直觉，这些直觉是建立在业界经验和对公司理解的基础上的，加上创造力、好奇心、领导力等，构成了成功的营销人员特质。下面举一些芯片营销思维的例子。

1. 面临任何机会都考虑投资回报率

做任何芯片的投资，都是为了以有限的资源在最短的时间内获得最大的盈利。营销人员可能每天面临很多商机，经验稍逊者可能看到机会就很兴奋而开始做计划。然而，我们应该看到任何机会，就自动地考虑是否回报会显著超过投入，如果是好机会的话是否会影响目前的路线图，是否风险太大，等等。

2. 创造性思考

当面临困难局面时，产品线经理就应该考虑多种选择和方案。假设遇到客户索赔的问题，就应该有多种思路：问题的原因在哪里？如果是我方芯片的问题，责任如何界定？如果责任确在我方，能否避免赔偿？不能避免的话能否走其他形式？综合了技术和商务经验以后，加以创造性思考，就能做出最后的方案。

3. 乐观

如果功课做够，理解了市场需求，产品定义和设计完善，内部流程顺畅，产品线经理就可以保持乐观。乐观的情绪会影响所有的团队成员。特别是销售和FAE，如果他们感受到的产品线人员对即将推出的产品非常乐观，也会相应花更大的力气去推广。

举个反面的例子：我曾经见过几次美国某公司的销售资深副总裁，但是每次接触我都觉得他有些深层次的沮丧，后来过了一段时间就离职了，离职前透露是公司出了良率和质量的问题，使他良心上已经不愿意再为公司站台。

4. 怀疑精神

对于平时收到的大量信息，要能够培养起求得真相的怀疑精神。并不是说很多人会真的来欺骗或者有意夸大其词，但是人的认知上有很多空缺的部分——无论是信息或者执行上的缺失，而会不自觉地用揣测出来的信息来填满这些空缺。所以，做好产品线经理要经常多问一句，如如果客户突然变得友好，会不会是现有的供应商出现问题；如果销售说如果开发某产品，一定可以做进某客户，要问一下对方目前的方案、有哪几家在竞争、心理价位，等等。

5. 能够同时进行多重工作

工程师一般一段时间内只能连续地做同一个系统设计（如我曾经花一年时间做了某电动卡车充电器），这样的设计是将一个大任务先拆分成很多阶段，然后线性地进行。但是产品/市场经理就没有这样按部就班的幸运。如我现在同时管理30颗新开发的芯片和上百颗已经量产的芯片，可能前一个会议在定义明后年才会推出的新芯片，下一个会议就在讨论最新量产芯片的推广工作，当中还穿插着各种电话、各种打断和各类邮件。曾经有位设计工程师问我转移到市场工作最大的挑战，我想可能是一天24小时从全球各个角落涌过来的邮件吧。

6. 能够很快确认工作的优先度

特斯拉创始人Elon说过，他开始每一天的工作，是先把别人在等着回复的邮件先回完。我开始每天工作时，邮箱里就已经有了前晚来自亚洲和早上来自美国东部的无数邮件，这时不着急回，先简单看一下确认优先度，把同时抄送我上级的（可能会引起上级关注）和别人急等回复的（如报价等）邮件先挑出来回答。

同理，有些业务、产品、客户需要安排更高的优先级，在有了多年经验之后，应该可以由直觉来判定。

6.3.3 理解产品线经理个人成功的因素

对于工程师，衡量某人是否值得提拔的原因非常直接，就是交予他的工作能否按时而顺利地完成。然而对于产品线经理就没有明显的标准，首先每人负责的业务内容就可能从最新潮的无人驾驶，到一些因为客观市场而导致业务正在萎缩的产品线，其负责业务的潜力不同，因此管理层的期望值就不同。其次，产品线经理目前正在做的工作，总要到一两年后才能看出这颗芯片是否带来了真正的效益。所以产品线经理如果希望得到快速地晋升，要通过很多间接因素，如能否自信地表达立场和建议，建立一系列产品战略并且说服团队来相信此判断，能否表现出能够带领一个团队的能力，能否对公司其他部门造成正面的影响，等等。

如前文所述，产品线经理需要先能够说服公司内部的各个组织，然后才能到外部去推广。如果他的战略、他的分析和他的热情对于公司内部没有起到作用，那么对外部也不可能有效。产品线经理要带领一群员工设计生产一批大卖的芯片，需要对产品有真正的热情。

产品工作的特殊性是可能有几十到上百个隐形的评委（AE、FAE、销售、研发，等等），这些评委背后做出的评价，往往决定了我们在公司的前景。如遇到销售说"XX产品线推出的产品都非常好，我遇到的客户都愿意试用""XX产品线与我们的交流最为顺畅，支持也最及时"，这些正面评价很快都会传到我们直属领导和更上层领导耳朵里去。

负责单一产品的经理需要扩展到负责一系列产品，负责一定区域的商务拓展经理应该努力去覆盖其他地区，负责一小块业务的经理可以努力去负责更大范围的产品。产品、市场人员很难去要求别人给予我们应得的，当我们的业绩达到一定程度，管理的业务大到一定范围，旗下的员工达到一定数量，那么升职就是水到渠成的事情。

然而良禽择木而栖，也应该寻找最能够发挥我们能力的位置，不管是在公司内部还是外部。举例来说，日本的微处理器大厂瑞萨电子收购美国一家模拟和电源芯片公司Intersil和数字芯片公司IDT以后，公司打算成立一个新的系统方案部门，目的是整合三家的芯片于各种实际应用系统中一并推广。此时某印度市场经理，因为之前长期在日本的经历已经学会了日语，就主动来应聘管理这个部门，他可能是瑞萨电子数万员工里唯一身在中层，有市场管理经验，了解美国和日本的文化，而又能熟练使用英文和日语的人，自然就是最适合这个位置的，后来他也得到了这个位置。

芯片公司的产品、市场位置其实是个非常小的圈子，如果是限定于特别的芯片领域，如电源、模拟、MCU、FPGA等，基本每个人之间都有共同认识的人，而在招聘中上层经理时，往往口碑非常重要，所以要注意长期的个人品牌。

6.3.4 在路上

产品市场人员总是经常出差。有时，业务拓展经理可能每周都有近一半的时间在拜访客户。因为我们可能要花很多时间在飞机和火车上，这里可以给一点儿出差的建议。

如前所述，产品市场人员应该经常与销售和客户见面才能了解第一手、未经过缩减和加工的市场信息。市场经理不但常常出差，而且因为要去不同的国家而有时出差时间很长，而出差时因为时区和日程的变化，往往可能无法参加原定的公司内部产品和营销会议，有时造成产品开发的延误甚至导致自身影响力的下降，因此很重要的是要寻找此中的平衡。

为了优化出差的效率，一定要有清晰的出差目标——是针对某特定市场与主要客户沟通，还是参加QBR主要与内部销售和市场人员开会，还是出席展会并演讲等。产品经理应该确认不只是他自己，当地的销售也能完全了解他的出差目的，这样就方便帮助他安排行程。不要告诉当地销售："我这次来可以待一周或两周的时间，请随便安排吧。"这样的结果往往使销售觉得无所适从，反而觉得这种拜访成为一种麻烦。理想的信息是："我这次来希望调研XX应用的重点客户，因为有MCU/模拟/电源/传感器方面的芯片正在定义，所以希望能够约到客户相关的研发来了解一下需求和对此芯片的意见反馈。此外，还希望与当地的销售/FAE/代理商共同回顾一下今年的生意，展望一下明年可能发展的客户。"这样的信息就显得比较有备而来。

离开办公室的时候，我们应该有后备的方案，如安排谁可以临时批准某些方案，谁可以批准价格，谁可以代为参加会议，等等。在出差时，我们晚上的时间应该尽量留给准备第二天会议的材料，以求得最大的客户拜访效果。

另外，如果旅行涉及飞行，即使出差时间再久也尽量不要有大件行李，即使是预计酒店到酒店，托运行李也可能因为各种随机的变化而造成很大的不方便。我曾经有次先去日本再回国出差，因为顺便请年假回家而带了大箱子，结果在日本见客户时因为主要坐火车和地铁，在安排上就造成一些不方便。

最后，我们出差时一定不要冷落了家人，经常出差很有可能给家庭的关系造成影响。如果出差时间一周以上的一定要提前几周就把家里安排好，如果总是临时通知要出差，会给配偶带来我们把工作放在家庭之先的感觉，久而久之会带来很恶劣的影响。至少在欧美国家，很少有家庭生活不幸福而能当到高管级别的人。在硅谷有不少留守的中国家庭，丈夫在国内创业，妻子带着小孩儿在美国苦挨，有这样的一位创业大佬告诉我他的小孩儿都已经不和他说话了，我很理解这种内心对实现人生理想的召唤（而且我也能听到自己内心这种召唤），不过对我自己而言，这本书的写作几乎全都是在两个女儿睡觉以后完成的。

6.3.5　产品线经理的16条自问

产品管理和市场营销既是客观的，又是主观的，经常很难用数字来分析衡量，但是我认为，如果对以下的16条项目都能做出出色而理性的回答，不论目前的销售额如何，在不远的将来应该就是非常成功的产品线。

（1）我是否有精准的细分市场目标和相应的战略？

回到2.2节"作为芯片公司的任何产品线，其根本的核心目标，就是不断创造完整的产品（芯片），将其引入可防守的具体细分市场，使其占据有利的市场地位"。几乎只有确定了细分市场，才能去了解主要客户，安排会议，了解客户系统架构，分析可能的突破口，分析竞争对手，产生新产品想法，定义和设计新芯片，量产和推广，这一系列的产品动作。否则，我有些在其他芯片公司工作的朋友，其创业的想法只是基于无意中了解到某些客户在用一些不同的芯片，自认为其中还有不少可利用的利润空间，然而这些客户的市场大相径庭，很有可能费了极大的投入，却产出寥寥。

（2）我是否了解为什么客户会买此芯片？

我曾经见过不少产品商业计划书，充满了一些天真而不符合逻辑的论调。如因为工艺陈旧，在芯片成本高于市场价格的情况下，因为多加入一些功能就幻想客户会付出多一倍的价格（而又不知道这些客户在哪里，这些客户是否觉得这些功能有意义），这些表面增加的新功能可能会糊弄到一些管理层，而在大公司这样的项目即使后来失败，也总能找到各种理由来应付过去，很多大型公司的衰亡，往往始于这样的蚁穴。

我在最近的一次项目审批会上说了这样的话：如果今天我不在瑞萨公司，我不会做这颗芯片，因为市场虽大，然而我们找不到特别的卖点可以使我们有一定的市占率；然而今天在瑞萨公司，因为在整体系统里有多颗芯片的协作，单靠卖整体方案，就会很有吸引力。管理层也赞同这点。

（3）是否具有足够的热情？

即使今天我们已经有了能够影响行业的重要突破，然而仍然需要极多的工作在公司内部宣传这颗芯片，培训销售和FAE如何推广，与外部媒体沟通。除非具有极高热情，愿意主动出击来唤起他人共同的热情，否则很难使任何产品达到其最大的商业潜力。

（4）是否能保证客户的满意度？

芯片公司要使得客户满意，必须在全环节都不能有短板：产品的性能必须能够满足数据手册，要使芯片易于使用，文档易于理解，技术支持足够到位，样品和参考板发送及时，等等。如果有什么方面惹恼了头部客户，他们也会告诉其他同行，这样负面的印象，很难消除。

如果我们某种芯片性能或价格不如对手而输掉了某项目，这样的情况很正常，也不会有额外的负面影响，下次还有机会；然而如果客户要求的一千颗芯片晚到了一个月，造成的影响可能更恶劣。

（5）产品是否符合销售和代理渠道？

经常有公司为了拓展业务，开始研发某类全新的芯片，如微处理器公司开始做内存，RF公司开始做时钟和模拟芯片，问题是当意识到销售和代理商可能不具备这样的销售能力时，可能产品已经量产了。对于多数芯片的目标市场，其实培养销售渠道，往往比芯片研发所费时间更长。对于一些全球性的大客户，即使认为对方是某种特殊芯片的用户，往往一两年还摸不到对方的门。

（6）推广计划真的有用吗？

曾经我负责照明芯片业务时，公司每年会在某展会有固定摊位，后来发现此展会的主流观众是灯具厂商的采购和销售，而不是想象中照明电子和电源设计公司的工程师，觉得参加这个展会花的钱非常冤枉，后来就不再续订了。

有些大公司的推广计划之一，是到大客户那里去，由对方高层把所有研发工程师召集起来，去宾馆里开一天产品介绍会，但是如果没有FAE下沉到这些研发工程师旁边去聆听实际项目的需要，这样流于表面、非常费钱费力的推广，还不如拿同样的费用多招一个FAE。

（7）产品是真的有差异性的吗？

其实比起做性能好一点儿的芯片，还不如做有功能差异的芯片。不论是模拟或数字芯片，要在某特定的性能——频率、效率、精度等，要比国际领先的大厂更优越，是非常困难的事，尤其是在没有自己独特工艺的情况下。而功能差异，往往只需要有创造力的团队，在了解具体应用的情况下努力思考就可以达到。客户如果见到某芯片有国际上尚无前例的功能，自己又确实用得上，其他指标差一点儿都不要紧。

（8）产品计划是不是经常被追溯查询？

很多产品计划，做的时候足够完备，然而如果最终的结果却没有参照最初的计划，看是否达到当时的销售额、开发成本和各日期节点的目标，参与的人员年终评分也没有参考产品计划，那么这样并不构成真正的计划。

（9）产品计划是不是非常完备？

2.4节中的商业计划书之所以需要如此多的细节，就是为了在产品计划时，就保证种种细节早已被考虑和论证过，保证开发时的高效率。我们不能一边开发，一边还在谈供应商，测试机台还不知道去哪里采购，相关的AE还没有招聘到位，等等。

（10）报价是否总是够合理？

在初创公司，价格一般总是把握在核心管理层或产品线经理处，多少对市场有较好的观察。然而到不少公司成规模后，出于各种原因总是可能把定价权从产品线拿走，成立独立的客户服务部门来报价。我认为，凡是不与客户见面的人员，不应该有报价的权利。但是如果确实需要分权的话，那么销售和代理商必须有直接与产品线沟通的权利和愿望。

（11）产品线是否常常与客户保持接触？

切实了解芯片市场的唯一办法，就是到客户中去。我几乎没有一次不是去客户处访问而没有获得关于市场和竞争者的新知识的。我们经常忙于推广某芯片，而忽略了暂停一下，向客户寻求反馈。与客户接触时间长了，可以了解每个客户工程师的个性，进行最有效的互动。

（12）产品和市场人员与销售人员彼此尊重吗？

产品线往往基于公司总部，而销售人员遍及全球，在沟通不畅、销售额不佳的情况下，经常可以见到产品线和销售互相指责，产品线认为销售能力不强或者没有动力；而销售认为产品线缺乏沟通，芯片没有竞争力。

这里谁对谁错都无所谓，产品线和销售应该是互相成就的部门，不仅需要沟通完善，也要考虑如何帮助对方改进自己的组织，使其更加高效。

（13）产品线在驱动全公司吗？

公司存在的原因就是因为服务好了客户。因为产品线等于是客户与总公司之间的桥梁，要服务好客户，很难没有产品线在背后持续努力，改进流程，改进产品。如果产品线站在纵观全局的角度，而不能向公司管理层反映客户的实际痛点，那么谁能呢？

（14）产品在全生命周期内都被管理得很好吗？

开发新产品的项目总是最受人瞩目，最占用资源的。但是已经量产和更老的产品，哪怕已经不是重点推广的对象，同样值得去被好好管理，只要仍然是填补了产品线某种空缺，仍然值得让销售们都了解到这些老产品。如果不再推广而打算未来停产，也应该提早做好安排。

（15）公司是否有生产预测系统？

开发预测系统对公司是非常困难的工作，如果太过悲观，可能错过了很多客户，而太过乐观的结果是仓库里备满了没人买的芯片。其难度在于客户本身就很难预料到未来半年到一年的真实产量，销售也经常可能短视（疫情期间的芯片全球缺货，很大程度上是因为客户对未来的悲观估计，而主动调低了预测需要的芯片数量，等到发现实际需求并不低时，就面临了缺货问题）。开发预测系统因为是有过无功的事情（完美的运营系统因为无人抱怨，往往让人不知其存在），更加让公司很难贯彻下去。

（16）产品线本身是否有质量控制？

如果可能的话，我希望产品线能有"第二双眼"来监管所有产品线的对外沟通，包括PPT的质量监控、是否传递了正确的产品信息，包括报价和送样品的及时性，包括商业计划的准确性，包括客户问题是否及时得到处理，包括销售是否对产品线的支持感到足够满意，等等。产品线经理的工作，只有不多的部分能够用数字来衡量，在不能用数字来衡量的地方，需要足够的反馈，来验证团队是否走在正确的路上。

6.4 推荐一些有价值的书和网站

这里推荐的书特定于市场、销售、产品、管理方向，在写作本书时参考了其中的部分书目。

（1）Rakesh Kumar. Fabless Semiconductor Implementation. McGraw-Hill，2008.

对于无晶圆厂芯片设计公司的工艺选择、研发和流程管理等方面，这本书介绍得很细致，我推荐所有Fabless设计公司的管理层阅读这本书。Rakesh在半导体界资历非常深厚，曾经是Cadence的VP，现在运营半导体咨询公司。

（2）Michael McGrath. Product Strategy for High Technology Companies. McGraw-Hill，2001.

Michael曾运营一家很成功的企业管理咨询公司PRTM（现与PwC合并），现已退休。这本书内容极其丰富，可惜年代略久远。

（3）Al Servati，Anthony Simon. Introduction to Semiconductor Marketing. Simon Publication，2005.

本书的部分章节结构参考了这本书。两位作者写书时是Conexant的总监，15年后分别是NXP和高通的资深总监。

（4）On Strategic Marketing. Harvard business school press，2013.

哈佛商学院关于战略市场的官方教材。

（5）Don Sexton. Marketing 101，Trump University. John Wiley & Sons，2010.

特朗普曾经想组织一批教授来搞商学院，这是此商学院自编教材之一，作者秉承了特朗普写书非常简单直接的风格。

（6）Mark McCormack. What they don't teach you at Harvard Business School. Book Views，1984.

Mark McCormack是最早开创体育经纪人事业的创业者，他的书尽管年代久远，然而都很值得一读，充满了他亲身经历的丰富案例。

（7）Carmine Gallo. The presentation secrets of Steve Jobs. McGraw-Hill，2010.

（8）RayZinn. Tough things first. McGraw-Hill，2016.

Ray是硅谷芯片公司Micrel的创始人和长期总裁。

（9）Andrew Grove.High output management.Penguin，1983.

Andy Grove是英特尔前总裁，这本书在管理学上很出名。

（10）William Davidow. Marketing high technology—an insider's view. The Free Press，1986.

William曾经是英特尔资深副总裁，后长期运营风险投资基金。这本书虽然是三十多年前根据英特尔的早期市场经验写的，然而今天看来丝毫没有过时。

（11）Geoffrey More. Crossing the Chasm. Harper Business，1991.

最早的谈论高科技营销的杰作之一，美国的商学院至今仍常常用作教材。

（12）Sasan Khajavi. Win IC designs— principles of field applications and sales engineering. 2008.

这本书是作者作为FAE写的，写得不错。

（13）RayDalio编写的 *Principles* 一书和他的所有讲座，作者认为是对于宏观和微观经济学的最直观教材。

（14）Bill Barnett的个人博客和所有讲座，网上可以查询。

我认为他是斯坦福商学院最让人惊叹的教授，上他的课完全不会有任何一分钟想开小差。

（15）斯坦福商学院GSB 网上杂志。

（16）Eric Schmidt. Trillion Dollar Coach. Harper Business，2019.

谷歌创始人写的关于企业教练Bill Campbell的企业管理理念。

（17）Robert Pirsig. Zen and the Art of Motorcycle Maintenance.

最近读完的奇书，先读了网上的中文版，感觉翻译并不到位，意犹未尽又买了英文版来读。

（18）胡运旺."胡"说IC——菜鸟工程师完美进阶. 电子工业出版社，2014.

此书对现在开始进入芯片产业的毕业生可以说是必读的指引。

（19）张立恒.芯跳不止——身边的集成电路江湖.电子工业出版社， 2015.

（20）林宏森.芯片营销. 南方日报出版社，2014.

以上两本都由代理商老板亲自编写，对了解芯片代理商体系有帮助。

（21）何明雄. 点矽成金——晶片设计创业实记. 美国洛杉矶世界日报，2014. 讲的是作者在硅谷做半导体公司直到上市的职业经历。

（22）产品开发和管理组织PDMA。

（23）咨询公司麦肯锡的半导体工业咨询文章，在其官网可以免费查询。

全书总结

在中国的芯片产业，无论现在是否有过度投资的嫌疑，总是应该承认从业者现在都面临着行业发展的巨大机会和相应带来的巨大变革。对于任何在中国新兴的或者已经成熟的芯片公司，都需要形成团结的力量，需要每个员工都具有营销的意识，运用一些营销的原则来帮助公司成功。只有从产品和市场出发的角度来打造每一个公司，优势互补，才有希望涌现一批公司屹立于世界之林。

这本书主要是介绍了产品线经理的营销职能，分别是从芯片由无到有，规划产品，规划路线，做商业计划书，启动和管理项目，打造市场团队，打造奋发的公司氛围（所谓"营"的部分），以及如何推广芯片，回顾业务，与其他团队的互相管理和互动，如何赢得客户的心和生意的种种侧面（所谓"销"的部分）。最后是一些帮助读者更好地了解国际市场，以及如何向营销岗位转型的建议。

为读者方便日后查询，下面列举了一些谈过的要点。

（1）产品线经理的职责解析。

- 与业务副总裁/市场副总裁和CFO团队制定团队的年度研发预算。
- 制订当年年度和未来二至三年的产品路线图。
- 了解设计团队的年度目标和资源。
- 与设计和产品工程团队探索新的工艺和其他供应商。
- 组织和负责产品的具体定义。

- 撰写商业计划书。
- 推动项目立项，规划项目节点，规划量产和推广时间表。
- 追踪所有项目进度，调整相应市场策略。
- 与多个部门共同优化成本。
- 和全国或全球客户的沟通，报价，各项支持，售前和售后服务。
- 定期拜访重要客户。
- 与营销宣传（Marcom）团队共同制定新产品推广材料。
- 与合作友商的前期引入，沟通，共同制作和推广应用方案。
- 组织和全球各地销售，现场工程师和代理商的定期沟通和产品培训。

（2）产品线经理首要的任务就是负责市场经营（marketing），大致分为三块：

- 市场的划分和市场的分析。
- 针对细分市场而有所为。
- 研发合适的产品来销售到该细分市场。

（3）产品线经理的核心任务是用尽量少的投资，在最短的时间内创造满足公司愿景，而长期利润最大化的产品。

（4）做产品路线图有以下的准备工作：

- 公司内部调研。
- 客户调研。
- 竞争对手分析。
- 了解客户系统。
- 对成熟产品的路线图做进一步思考。

（5）产品线经理需要从产品定义，制订路线图，到后续的产品开发管理，到最后量产推广，做全过程的负责人。

希望读者可以从这本书汲取到一些有价值的信息，不论读者是否已经在做产品营销的工作，还是在芯片产业的任何一个环节贡献自己的力量，都可以具有营销的思考，或者对以后的职业生涯有所帮助。如果有问题希望咨询，可以关注公众号"硅谷硅事"然后留言，谢谢！

最后引用一句毕加索的名言："Life is art, business is art, so be an artist and best yourself."——"生命是艺术，商业也是艺术，所以当一个艺术家然后完善你自己吧。"

附录 A　书中部分英文缩写关键词索引

AE：应用工程师（Application Engineer）
ASP：预计平均销售价格（Average Selling Price）
ATE：自动测试设备（Automatic Test Equipment）
BD：商务拓展经理（Business Development Manager）
BOM：全物料（Bill of Materials）
BOM-to-BOM：全物料替换（BOM-to-BOM replacement）
COGS：产品的成本（Cost of Good Sales）
DBC：代理商拿货价（Disti Booking Price）
DC：代理商成本（Disti Cost）
DE：设计工程师（Design Engineer）
DI/DWP：得到设计（Design In/Design Win Pending）
DW：赢得设计（Design Win）
EVB：参考设计板（Evaluation Board）
Fabless：无晶圆厂的芯片设计公司（Fabless semiconductor design companies）
FAE：现场工程师（Field Application Engineer）
FCF：自由现金流量分析（Free Cash Flow Analysis）
IDH：独立设计公司（Independent Design House）

IDM：自有晶圆厂的芯片公司（Integrated Device Manufacturer）

IoS：（芯片）最初目标规格（Initial objective Specification）

IRR：内部回报率分析（Internal Rate of Return Analysis）

Marcom：营销宣传团队（Marketing & Communications）

NDA：保密协议（Non-Disclosure Agreement）

NPI：新产品引入（New Product Introduction）

NPV：净现值分析（Net Present Value Analysis）

NRE：一次性工程费用（Non-Recurring Engineering Cost）

PE：产品工程师（Product Engineer）

Pending：设计待定

Pin-to-Pin：脚对脚替换（Pin-to-Pin replacement）

PLM：产品线经理（Product Line Manager）

PM：产品经理（Product Manager）

PME：产品市场工程师（Product Marketing Engineer）

PR：新闻稿（Press Release）

QBR：季度业务审查（Quarterly Business Review）

Resale：代理商转售价（Resale price）

ROI：投资回报率（Return On Investment）

SAM：可服务市场（Serviceable Available Market）

SOM：可获得服务市场（Serviceable Obtainable Market）

SWOT：强弱危机分析（Strength Weakness Opportunity Threat）

TAM：潜在市场范围（Total Available Market）

TME：技术市场工程师（Technical Marketing Engineer）

TE：测试工程师（Testing Engineer）

附录B　书中部分英文芯片公司名索引

ADI: Analog Device Inc （亚德诺半导体）

LT: Linear Technology （凌力尔特——现属ADI）

INF: Infineon Technologies （英飞凌）

IR: International Rectifier （国际整流器——现属英飞凌）

Onsemi: On Semiconductor （安森美半导体）

MPS: Monolithic Power Systems （芯源系统）

Renesas（瑞萨电子）

TI: Texas Instruments （德州仪器）